PPP 实战系列丛书

名家谈PPP

2017年PPPwiki 精选集

PPPwiki ◎主编

经济日报出版社

序言

这是一个微信自媒体的时代，我们日常的碎片时间被小小手机屏里的一个个公众号塞满。

这是数百万公众号中普通的一个，专注于小众而专业的领域——政府和社会资本合作（PPP）。

这可能是关于PPP最早的微信公众号，诞生于2014年9月18日，比推广PPP的首个官方政策文件财金（2014）76号文还要早一个星期。

这是个一出生就站在巨人肩上的公众号，小编的背后是亚洲开发银行、世界银行、亚洲城市发展中心CDIA、International Institute on PPP (IP3)、财政部科学研究院、普华永道、毕马威、清华大学、同济大学、东南大学、品诚梅森律所、锦天城律师事务所、金杜律师事务所、中伦律师事务所、世泽律师事务所、德恒律师事务所、奥雅纳（ARUP）咨询、济邦咨询、大岳咨询、金准咨询、E20环境平台、P3带路群和明树数据等机构的专家。

这是个不擅长自媒体运营的公众号，没有吸睛的标题，没有狗血的八卦，也没有炫酷的排版，有的只是很“干”的内容，但又恰恰是这些干货，吸引了 170000+ 关注者，平均每天超过两万人次浏览。

这是个充满了行业使命感的公众号，坚持专业知识分享，无心插柳却成林荫，面对各种诱惑和压力，在过去的 1000 多天里日复一日地坚持了“专业、独立、共享”的原则。

这是个没有固定运营团队的公众号，先后几十位小编志愿付出，怀着对行业的热情与公众号一起成长。他们每天通过网络远程协作，其中的很多人甚至都从未见过面。

这是个不断挑战持续创新的公众号，开设过线上讨论社区，组织过线下沙龙培训，独创了知识索引体系方便读者查询，新推出的百科政策小程序成为从业者的随身宝典。

感谢为 PPPwiki 投稿的作者们，无法在此一一致谢。真知灼见，撑起了业内最大的专业平台；涓流汇海，引领着行业发展的方向。

感谢经济日报出版社，致力于 PPP 行业优秀内容的传播，为 PPPwiki 专栏出版过两本书后，再度为 PPPwiki 出版精华合辑。

感谢公众号的联合创始人毕马威咨询的张宓女士，以及为这个公众号付出过的小编们：王苗苗、赵静宇、秦士坤、贾斯佳、张文博、郭霁月、张子亚、刘娜娜、赵欢欢、孙迩溪、李璇、毕玮、黄泽苑、王若珺、马俊伟、李波、刘璐璐、魏佳璇、王若珺、方桦。

感谢这个伟大的时代，我们一起经历公共服务供给改革的大潮，还可以用这样的方式，与一群志趣相投的朋友，一路行走，一起成长。

肖光睿

PPPwiki 创始人

目录

CONTENTS

明树数据：2017年中国PPP发展年报（摘录）

2017 年是 PPP 理性规范之年，也是监管深化的一年，PPP 政策频发，将防风险放在突出位置，引导 PPP 项目由量到质进行转变。在强监管、重合规的政策引导下，2017 年 PPP 项目成交的数量与规模整体仍保持上升态势，但入库项目数量与规模明显下降。

一、明树数据

明树数据基于全国 PPP 综合信息平台统计显示，截至 2017 年 12 月 31 日，全国入库项目数量达 14059 个，项目规模共 17.74 万亿元，其中 2015 年至 2017 年 PPP 项目入库数量与规模呈逐年下降趋势。

全国 PPP 综合信息平台显示，50.67% 的入库项目处于识别阶段，仅 19.38% 的项目进入执行阶段。入库项目集中为 BOT 模式，呈现运作模式单一的特点，且政府付费类项目数量最多，可行性缺口补助类项目规模最大，政府仍存在较大的潜在支出责任。入库项目的区域与行业分布不均衡现象明显，西南和华东地区 PPP 模式入库项目较多，入库项目数量总和占比达 46.94%，东北和华南地区 PPP 模式入库项目较少，入库项目数量总和仅占 9.12%；入库项目集中在市政工程及交通运输行业，其中交通运输、城镇综合开发和保障性安居工程行业项目的平均单体投资规模较大。

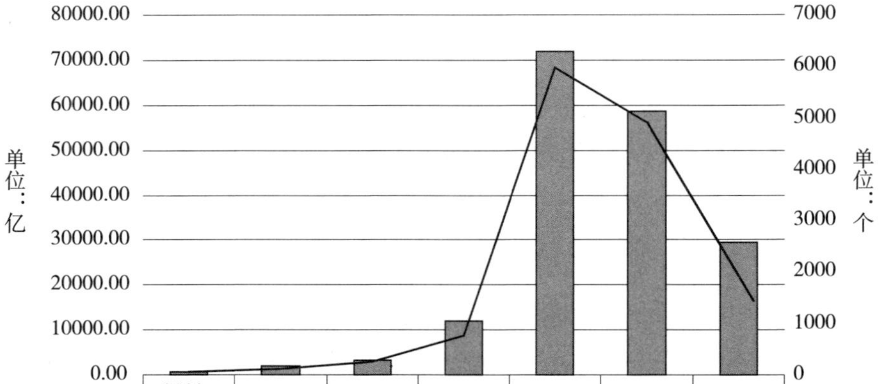

	2002–2011	2012	2013	2014	2015	2016	2017
项目规模	613.24	1916.00	3138.92	11977.24	71764.20	58663.63	29364.70
项目数量	43	118	244	769	5992	4912	1981

图 1　入库项目发起时间分布图

以明树数据库为基础统计全国 PPP 项目市场成交情况显示，自 2014 年起全国 PPP 项目成交情况呈逐年上升态势，其中 2017 年全国共成交 3269 个 PPP 项目，总投资规模达 4.7 万亿。

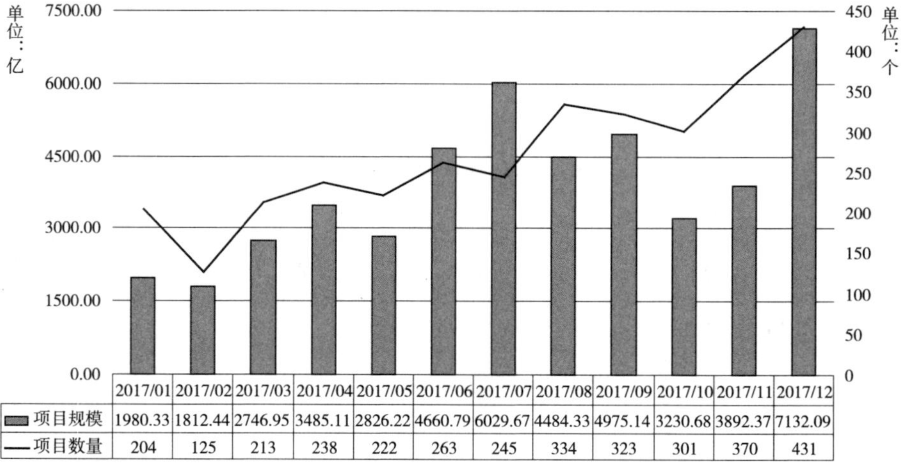

	2017/01	2017/02	2017/03	2017/04	2017/05	2017/06	2017/07	2017/08	2017/09	2017/10	2017/11	2017/12
项目规模	1980.33	1812.44	2746.95	3485.11	2826.22	4660.79	6029.67	4484.33	4975.14	3230.68	3892.37	7132.09
项目数量	204	125	213	238	222	263	245	334	323	301	370	431

图 2　2017 年 PPP 项目月度成交情况分布图

2017 年新疆成交的 PPP 项目数量与规模均为最高，与 2016 年相比，山西省成交 PPP 项目数量增速最快，天津市成交 PPP 项目规模增速最快。2017 年交通运输和市政工程类项目成交数量及规模依旧保持领先，其次是城镇综合开发类 PPP 项目，与 2016 年相比农业类项目的成交数量与规模的增速均为最快。

无论是项目规模还是项目数量，建筑承包商都是当之无愧的主力军，2017 年共斩获 2.8 万亿项目，运营商在 PPP 市场的参与度逐渐上升，2017 年共中标项目约 3266 亿。2017 年国有企业仍是中标社会资本的主力军，中标项目规模占总成交规模的 77.1%。民营企业中标项目数量为 1435 个，占总成交数量的 43.8%，但民企中标项目平均单体投资额小于国有企业。

截至 2017 年底，全国共有 3478 个，合计 5.59 万亿的项目成立 PPP 项目公司，已成立的 PPP 项目公司平均成立历时 79.8 天，政府直接或间接参股的项目公司共有 2504 个，占比为 72%，但一般来说政府参股比例较低。按区域分布，项目公司成立比例较高的地区有上海、西藏、海南、吉林、宁夏、重庆、黑龙江、四川和北京等，均超过了 65%。各区域项目公司成立历时最短的地区为青海省，历时最长的地区为上海市。按行业分布，PPP 项目成立项目公司比例最高的为科技类型项目，各行业项目公司成立历时最短的为能源类项目。

2017 年成交的 PPP 项目以政府付费或可行性缺口补助为主要的付费方式，但社会保障类、养老类等重运营的项目则大多为使用者付费和可行性缺口补助模式。与 2016 年相比，2017 年不同合作期限、不同规模的 PPP 项目平均投资回报率及建安下浮率，除 10 亿到 30 亿 PPP 项目建安下浮率略有上涨外，其余均有不同程度的下降，其中下降幅度最大的为 10 年以下、投资规模 5 亿到 10 亿的 PPP 项目。

二、明树榜单①

表 1　2017 年单体项目投资规模排名

排名	项目名称	项目规模（亿）
1	乌鲁木齐至尉犁等公路项目政府和社会资本合作（PPP）项目	708.00
2	四川省资阳市临空经济区管理委员会天府国际机场资阳临空经济区产业新城 PPP 项目	490.62
3	武汉国家航天产业基地建设 PPP 项目	452.07
4	杭绍台铁路 PPP 项目	412.00
5	长春新区城乡建设和管理委员会长春新区新型城镇化建设项目（一期）PPP	350.00
6	云南省墨江至临沧公路 PPP 项目	313.04
7	新疆伊犁哈萨克自治州直属 G577 精河至伊宁县公路工程、G577 特克斯至昭苏段公路改建工程等经营性公路 PPP 项目包	275.50
8	长春市百里伊通河水系生态治理工程 PPP 项目（政府和社会资本合作）	268.99
9	田林至西林（滇桂界）公路工程 PPP 项目	260.60
10	长春市旧城改造 PPP 项目	251.30

表 2　2017 年十大社会资本投资人

排名	企业名称	总中标规模（亿）	2016 年企业排名
1	华夏幸福基业股份有限公司	1503.94	2
2	中国建筑股份有限公司	1397.66	1
3	云南省交通投资建设集团有限公司	1284.97	13
4	中国中铁股份有限公司	1101.22	3
5	中国交通建设股份有限公司	1072.44	4
6	中国葛洲坝集团股份有限公司	959.23	6
7	中国铁建股份有限公司	901.39	5

① 本文榜单排名：
（1）项目规模以明树数据库中该企业在 2017 年独立中标或作为联合体牵头方中标的 PPP 项目规模为准，非联合体牵头方中标的 PPP 项目未列入统计范围；
（2）榜单排名以实际中标企业名称进行统计，未考虑集团公司合并报表等因素；
（3）表中“—”代表该企业在 2016 年无相应的 PPP 项目中标经历；
（4）明树数据团队自 2014 年来持续追踪 PPP 项目信息，PPP 交易数据来自于项目成交公示信息。如有疑问，欢迎联系明树数据（contacts@bridata.com）进行核实。

续表

排名	企业名称	总中标规模（亿）	2016 年企业排名
8	中建方程投资发展有限公司	897.63	—
9	中建三局集团有限公司	840.91	23
10	河南省收费还贷高速公路管理有限公司	734.30	24

表 3　2017 年十大民营企业投资人

排名	企业名称	总中标规模（亿）	2016 年企业排名
1	华夏幸福基业股份有限公司	1503.94	1
2	北京东方园林环境股份有限公司	477.74	3
3	浙江复星商业发展有限公司	412.00	—
4	北京碧水源科技股份有限公司	363.17	8
5	内蒙古蒙草生态环境（集团）股份有限公司	330.14	36
6	龙元建设集团股份有限公司	320.78	4
7	深圳市铁汉生态环境股份有限公司	216.16	7
8	杭州金诚新城镇投资集团有限公司	193.18	282
9	中轨投资控股有限公司	180.00	—
10	江苏中南建筑产业集团有限责任公司	155.31	16

三、明树分析

1. 2017 年 PPP 热点政策

2017 年，PPP 模式依旧是推动供给侧结构性改革的重要途径。各部委在多个领域的“十三五”规划中明确鼓励引入社会资本参与投资建设，并细化在已有领域的应用，尤其在农、林产业大力推进 PPP 模式的创新应用。

2017 年是 PPP 理性规范之年，是监管深化的一年，党中央、国务院要求将防风险放在突出重要位置。整顿 PPP 市场的“乱象”，引领中国 PPP 项目由量到质的转变是本年度政策的着力点。2017 年 PPP 发展“防风险”的重要性愈发凸显，财政部强化地方债务管理，规范地方政府融资行为，

2017.01.19
国办发〔2017〕7号
国务院办公厅关于促进开发区改革和创新发展的若干意见

2017.04.13
国发〔2017〕27号
国务院批转国家发展改革委关于2017年深化经济体制改革重点工作意见的通知

2017.04.25
发改办财金〔2017〕730号
国家发展改革委办公厅关于印发《政府和社会资本合作（PPP）项目专项债券发行指引》的通知

2017.04.26
财预〔2017〕50号
关于进一步规范地方政府举债融资行为的通知

2017.05.04
保监发〔2017〕41号
中国保监会关于保险资金投资政府和社会资本合作项目有关事项的通知

保监发〔2017〕42号
中国保监会关于保险业支持实体经济发展的指导意见

2017.05.12
发改地区〔2017〕922号
关于支持“飞地经济”发展的指导意见

2017.05.16
财预〔2017〕62号
关于印发《地方政府土地储备专项债券管理办法（试行）》的通知

2017.05.28
财预〔2017〕87号
关于坚决制止地方以政府购买服务名义违法违规融资的通知

2017.06.07
财金〔2017〕55号
关于规范开展政府和社会资本合作项目资产证券化有关事宜的通知

2017.07.01
财建〔2017〕455号
关于政府参与的污水、垃圾处理项目全面实施PPP模式的通知

2017.07.03
发改投资〔2017〕266号
关于加快运用PPP模式盘活基础设施存量资产有关工作的通知

2017.07.14
财金〔2017〕76号
关于组织开展第四批政府和社会资本合作示范项目申报筛选工作的通知

2017.07.21
基础设施和公共服务领域政府和社会资本合作条例（征求意见稿）

2017.09.01
国办发〔2017〕79号
国务院办公厅关于进一步激发民间有效投资活力促进经济持续健康发展的指导意见

2017.11.10
财办金〔2017〕92号
关于规范政府和社会资本合作（PPP）综合信息平台项目库管理的通知

2017.11.17
国资发财管〔2017〕192号
关于加强中央企业PPP业务风险管控的通知

中国人民银行关于《关于规范金融机构资产管理业务的指导意见（征求意见稿）》公开征求意见的公告

2017.11.28
发改投资〔2017〕2059号
国家发展改革委关于鼓励民间资本参与政府和社会资本合作（PPP）项目的指导意见

2017.11.29
交办财审〔2017〕173号
交通运输部办公厅关于印发《收费公路政府和社会资本合作操作指南》的通知

图 3　2017 年热点政策发布时间线

详列政府购买服务负面清单，严禁利用 PPP 违规举债。PPP 资产证券化、保险资金、专项债券，PPP 融资途径在 2017 年进一步得到创新与规范。本轮 PPP 热潮中的央企被要求加强投资风险管控，规范参与 PPP 投资建设行为，政策上对民企参与 PPP 呈倾斜趋势。国务院将 PPP 立法提上日程，但是政府和社会资本平等合作的法律环境尚未完全建立。进一步强化监管、提质增效、完善法律环境等，将是 2018 年 PPP 政策推进的重要方向。

2. 2017 年 PPP 热点话题

2017 年，财预〔2017〕50 号、财预〔2017〕62 号、财预〔2017〕87 号、财办金〔2017〕92 号、《基础设施和公共服务领域政府和社会资本合作条例（征求意见稿）》、国资发财管〔2017〕192 号、发改投资〔2017〕2059 号、《关于规范金融机构资产管理业务的指导意见（征求意见稿）》、银监发〔2017〕55 号等政策，以及武汉地铁 8 号线、贵阳地铁 2 号线、包头地铁项目停建等事件引发 PPP 业界广泛讨论，讨论主题集中在以下主要方面：地方政府债务管理、项目的合规性审查、公共领域界限划分、PPP 条例广泛研讨、绩效挂钩按效付费、资管业务统一监管、金融机构充当社会资本、轨交收缩调整过度举债、PPP 大数据时代来临。

3. PPP 与精准扶贫

2013 年 11 月 3 日，习近平总书记首次提出扶贫要“实事求是、因地制宜、分类指导、精准扶贫”。精准扶贫是国家扶贫方略，要求针对不同贫困区域环境、不同贫困农户状况，运用科学有效程序，以“六个精准”为核心手段，即扶贫对象精准、项目安排精准、资金使用精准、措施到户精准、因村派人精准、脱贫成效精准，实现扶贫资源的精准化、瞄准式和高效化利用。

我国共有 14 个片区，592 个扶贫开发工作重点县，自 2014 年以来，PPP 项目在贫困县的成交数量与规模均呈迅速增长趋势。截至 2017 年底，全国贫困县共成交 PPP 项目 654 个，成交规模 3997.90 亿元，其中贵州、河南和云南的贫困县 PPP 成交规模最大，内蒙古、新疆、河南的贫困县

PPP 成交数量最多。

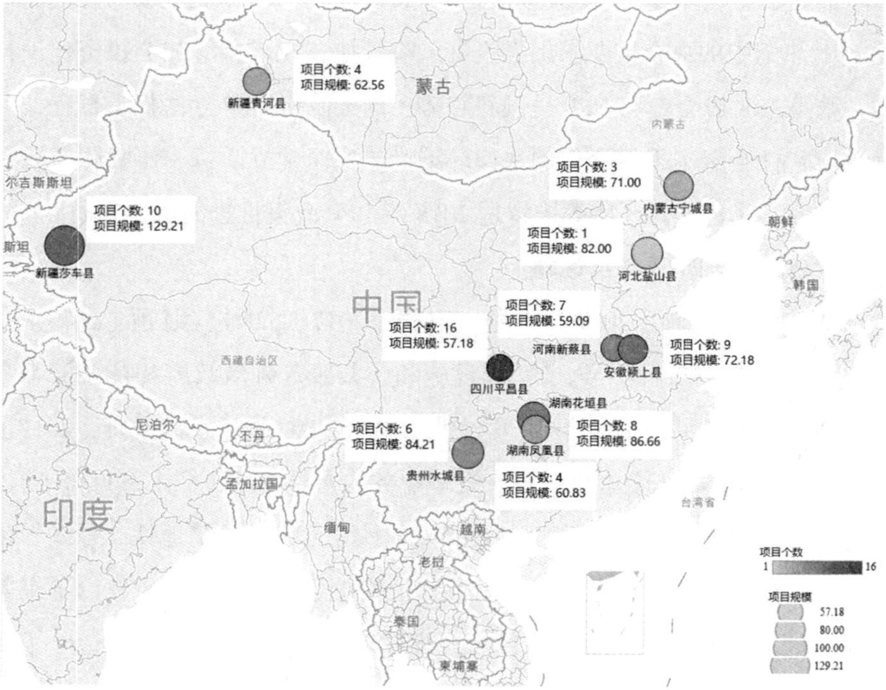

图 4　PPP 成交规模前十的贫困县分布图

4. PPP 与“一带一路”

发改委、外交部、商务部 2015 年联合发布的《推动共建丝绸之路经济带和 21 世纪海上丝绸之路的愿景与行动》一文中明确提出，基础设施互联互通是“一带一路”建设的优先领域。目前“一带一路”沿线国家主要存在基础设施发展落后、基础设施需要更新和基础设施亟待重修等状况，必将产生大量的基础设施建设需求，但单纯的财政体系并不能满足基础设施建设的资金需求。另一方面，基础设施的公益性也决定了其不可能全部由社会资本承担。PPP 模式作为一种市场化的公共产品和服务供给方式，将成为沿线国共建“一带一路”特别是促进基础设施互联互通的重要推动力。

截至 2017 年 4 月，数据显示[①]，“一带一路”沿线 64 个国家 PPP 项目总计 865 个，总投资约 5029 亿美元。从区域来看，南亚 8 国的 PPP 项目总规模较大，独联体 7 国的单体项目规模较大。从单个国家来看，印度、希腊、土耳其、菲律宾和俄罗斯的项目数量较多，分别为 376 个、72 个、54 个、42 个和 41 个，总计 585 个，占到“一带一路”沿线国家 PPP 项目总数量的 68%，其中仅印度一国的 PPP 项目数量就超过“一带一路”沿线国家 PPP 项目总数量的三分之一。

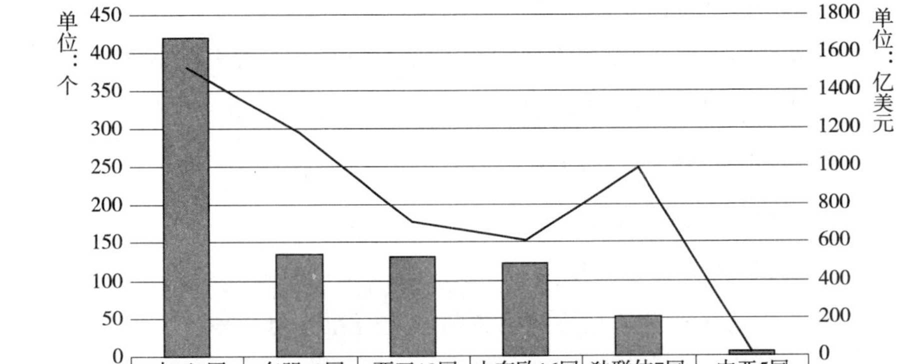

	南亚8国	东盟10国	西亚18国	中东欧16国	独联体7国	中亚5国
项目数量	420	135	131	122	51	6
项目规模	1526	1175	707	607	992	21

图 5 “一带一路”沿线国 PPP 项目规模统计

中国企业参与“一带一路”沿线国 PPP 项目将面临诸多挑战，包括各国 PPP 法律制度差异较大，企业国际化不足导致的对东道国风土人情、技术标准等投资环境的不熟悉，以及政治风险、经济风险、社会风险在内的多种风险。

针对以上投资环境特点，对中国企业参与“一带一路”投资提出如下建议：首先，要充分了解东道国的 PPP 政策，全面把握东道国的 PPP 政策特点，规避项目风险。其次，注重分析当地国情，做好东道国的产业结构、经济发展特点、自然资源储备、风俗文化、技术标准、项目审批流程

① 肖光睿，王忆南．“数”说“一带一路”（上）．来源：微信公众号 PPP 知乎，2017.5.13.

等方面的前期调查，因地制宜地运用 PPP 模式。最后，做好风险防控工作，中国企业在充分掌握东道国 PPP 政策和国情的基础上，应重视项目前期论证、合同签订与履约过程中的风险控制。并进一步发挥多边金融合作机制，广泛分担风险①。

四、2018 年 PPP 展望

2017 年 PPP 发展从正向推动转向强约束，规范 PPP 发展中的不合规行为。从发展趋势来看 2018 年会是 PPP 模式的规范发展关键年、可持续发展关键年，将在 2017 年整体层面约束的基础上，进一步细化完善 PPP 规范要求，防范 PPP 发展的隐性风险。

1. PPP 管理机制

（1）PPP 法规细化完善

2017 年《基础设施和公共服务领域政府和社会资本合作条例》（征求意见稿）发布，但其内容的高位指导性与低位实操性均较低，从征求意见稿至其内容完善并发布，还有很大调整空间，短期内难以成型，并且该条例不能替代 PPP 顶层法律设计，因此 2018 年 PPP 上位法可能继续缺位。

2018 年 PPP 法律法规文件，可能在 2017 年年中及年末的多项约束性政策的基础上，细化对 PPP 的约束及规范要求，从对 PPP 项目的前期合规，逐渐转向 PPP 项目中后期的绩效考核、项目监管、资产移交等运作机制完善。随着 PPP 落地项目数量的增加，加强对 PPP 实施全过程的合规管控。

（2）严控财政承受能力 10% 红线

PPP 项目的财政可承受能力分析通过评审是 PPP 项目落地的先决条件，严控 10% 红线有利于控制地方债务风险，打击违规变相融资行为。

① 罗煜，王芳，陈熙．制度质量和国际金融机构如何影响 PPP 项目的成效——基于“一带一路”46 国经验数据的研究［J］. 金融研究，2017（4）：61-77.

目前随着大量 PPP 项目的落地，各地一般公共预算支出已基本逼近财承红线。目前滥用政府购买服务行为被强力约束，地方政府违规举债被禁止，使得政府违规行为大幅被限，财办金〔2017〕92 号文中将 10% 红线作为 PPP 项目合规检查和入库的重要前提条件，因此未来财承 10% 的红线将严格控制。

（3）PPP 信息全面公开

全国 PPP 综合信息平台是 PPP 信息公开的基础平台，财办金〔2017〕92 号文通过对综合信息平台的规范管理，提出对 PPP 项目的合规性要求。PPP 项目合规性的审查是对 PPP 信息和文件的全面审查，同时 PPP 项目信息全面公开有利于实现全社会的项目监督，提升社会公众的参与感，保障 PPP 项目的合规性。

目前全国 PPP 综合信息平台存在信息更新不及时、项目信息不全面等情况，未来信息公开管理要求将进一步结合实操落实，全面公开 PPP 相关法律法规、政策文件、项目进展、专家库等信息。

（4）社会诚信体系完善

2017 年政策强调加强社会信用体系建设，建立守信联合激励对象和失信联合惩戒对象名单制度。一方面，落实关于加强政务诚信建设的指导意见，完善政府守信践诺机制。政府方要严格履行各项约定义务，做出履约守信表率，坚决杜绝“新官不理旧账”现象。另一方面，民营企业也要认真履行合同，持续稳定提供高质量且成本合理的公共产品和服务，全国 31 个省级建筑市场监管与诚信信息基础数据库与住房城乡建设部中央数据库已实现实时互联互通。

PPP 项目各方信用记录，将纳入全国信用信息共享平台供各部门、各地区共享，并依法通过“信用中国”网站公示。将严重失信责任主体纳入黑名单，并开展联合惩戒。2018 年有望在政府信用度监督和公开上有进一步提升，倒逼地方政府珍惜自身信用。

（5）监管趋严促项目规范

2017 年是监管大年，财预〔2017〕50 号文严禁地方政府变相举债；财办金〔2017〕92 号文以规范项目库为手段，强化项目全过程合规管理与绩效管理；国资发财管〔2017〕192 号文着眼于央企的风险管控；资管新政致力于规范 PPP 项目资本金融资。各政策明确 PPP 项目的边界与流程，正本清源，从根源上控制项目执行过程中可能的风险隐患。

2017 年大规模监管政策的出台，瞄准 PPP 发展中的痛点，“纠偏”并“回归初心”。2018 年是 2017 年相关监管政策的落地期，需要在政策推进的同时发现落地过程中的问题，解决政策落地的难点，促进政策的稳步推行。未来监管机制的健全与完善依旧是 PPP 管理机制中的关注重点，通过出台监管机制，规范 PPP 发展、纠正 PPP 乱象、管控相关风险，以推动 PPP 的理性发展。

2. PPP 市场发展

（1）PPP 市场减速提质发展

2017 年 PPP 落地项目呈过山车式发展，分别于《基础设施和公共服务领域政府和社会资本合作条例》（征求意见稿）发布及 2017 年底达到两个峰值。征求意见稿的发布代表国家将 PPP 纳入立法层面，增加社会资本的投资信心，在这一段时间达到了本年度第一个成交峰值，而年底又迎来了 PPP 项目成交的传统高峰期。但是，2017 年 PPP 整体发展呈收缩状态，约束性文件明确禁止了地方政府、社会资本、金融机构等在违规 PPP 项目中的常用手法，市场各方主体需要花费较长时间对新规定深化理解。

随着 2018 年更多细化的强约束规定出台，PPP 项目的各参与方需要按照合规合法的程序和手段推动 PPP 项目落地，这对于已进入 PPP 市场并形成 PPP 发展惯例的企业，是一次专业的考验与公司管理制度的改革，必然导致 PPP 项目落地速度的降低，而按照规范进行的项目操作有利于提高 PPP 项目的质量。

（2）PPP 成交增量收缩，存量扩张

我国 PPP 模式经过三年的快速发展，全国各省市大量 PPP 项目落地，很多地方政府已逼近甚至超过财政承受能力 10% 的红线，主推项目类型急需从政府付费模式转为使用者付费或可行性缺口补助模式。具有良好经济性的项目对 PPP 模式的需求度较低，且在发展大潮中已基本通过招商引资或补贴形式落地，而目前增量 PPP 项目的营收点难以挖掘；另外国企收缩、民企放量，但民企的实力无法在短时间内弥补央企收缩带来的市场空缺，央企市场占有率的骤减必将导致 PPP 市场总体的放缓，因此增量 PPP 项目成交情况将呈下降趋势。

目前已落地 PPP 项目中，存量项目比例均较小，优质的存量项目尚存较大的市场容量。为缓解地方政府负债压力，响应财政部和发改委鼓励运用 PPP 模式盘活存量资产的号召，以及鼓励民营企业投资存量项目，未来 PPP 模式运用于存量项目将有较大发展空间。

（3）PPP 投资主体从国企向民企倾斜

国资发财管〔2017〕192 号文对央企在本轮 PPP 热潮中过热投资、非规范投资进行约束，强调防风险、控负债，同时国务院和发改委发文鼓励民间资本参与 PPP 项目，从政策层面创造民间资本参与 PPP 项目的良好环境，尤其鼓励民营企业运用 PPP 模式盘活存量资产。

对民营企业参与 PPP 投资进行政策倾斜，是国家调动各类主体积极参与 PPP 投资的重要举措。民企是否能够抓住机遇，还有赖于市场环境的实际完善及其自身实力的增加。短时间内，民企无法填补央企的收紧所带来的市场空间，PPP 项目的大格局难以发生变化，远期效应有待观察。

（4）PPP 咨询提质，推进全过程咨询

2017 年“工程咨询单位资格”认定的取消，关于 PPP 咨询服务是否需要咨询资质的争论也基本告一段落。咨询成果质量终身负责制的实行，促使市场对咨询人员要求趋高。PPP 咨询不仅需要具备投资、法律、财务、金融、工程等方面的综合能力和经验，还需要具备较强的沟通能力和较高的职业修养，成熟的团队及专业的咨询人员依然紧缺。

全过程咨询覆盖前期、建设、运营至移交全过程，管理思想统一化有助于 PPP 模式的一致性与全生命周期物有所值的实现。全过程咨询将成为一种趋势，服务会在面上变广、点上变深，中期评估和绩效评价等业务也将到来，脚踏实地、立足客户的综合性机构方能走得更远。

（5）PPP 与“一带一路”紧密推进

目前，我国已成为推广 PPP 模式的大国之一，我国的经验得到国际社会的广泛关注，我国专家学者积极参与了联合国欧洲经济委员会、联合国亚太经济委员会、联合国国际贸易法委员会全球基础设施中心等国际机构的立法、研究和标准制定等活动，为 PPP 模式的发展贡献了智慧与中国经验。随着我国 PPP 模式的逐渐规范化，国有企业改革的深入，2018 年 PPP 与“一带一路”的联系将会更加紧密。中国政府将完善“一带一路”PPP 工作机制，与沿线国家在基础设施领域加强合作，加大 PPP 模式的推广力度，鼓励和帮助中国企业参与沿线国 PPP 项目，并给予更多的政策扶持。中国企业将积极应对“走出去”所面临的挑战，拓宽投融资渠道，重视国际交流合作，加强自身建设，推动更多“一带一路”PPP 项目完成交易。PPP 与“一带一路”的融合也将反过来促进我国 PPP 法律体系的完善。

3. PPP 结构调整

（1）政府付费减少，关注绩效评价

对政府地方债务、政府购买服务以及 PPP 模式的进一步规范，使得 2018 年完全政府付费类的 PPP 项目会减少，但是由于 PPP 项目一般提供公共产品，具有一定的公益性，完全能够采用使用者付费的项目也很难大幅增多。可行性缺口补助类会继续占据较高的比例，以少量财政性支出带动较大投资的项目，发挥“四两拨千斤”的作用。同时，一些政府付费类 PPP 项目会尝试通过政府性基金支出的方式推动 PPP 项目的发展。

PPP 项目的合规性审查中明确要求项目建立按效付费机制，且挂钩占比不得低于 30%，并确保财政支付平滑连续。PPP 项目全生命周期包含了设计、融资、建设、运营维护等不同阶段，其项目周期一般在 10 年以上，只有将项目绩效与付费机制有机地结合在一起，才能够进一步推动 PPP 的可持续发展。

（2）市政项目降温，行业分布优化

根据明树数据的统计，2017 年交通运输类项目和市政工程类项目成交规模及数量依旧保持领先，分别有 1.6 万亿和 1.3 万亿的项目成交，共占总成交规模的 61%。市政项目对资金的要求较高，历年投资不断满足市政项目建设需要，结合央企 PPP 收紧、存量项目受关注的趋势来看，市政类 PPP 项目或将热度大减。

作为目前政策重心的环保生态建设类项目则可能占比提升。2017 年国家制定的各项环保法律法规在不断的落实，相关的法律法规也在不断地完善，同时也组织了环保检查、督查来确保具体措施的执行，国内绿色经济市场潜力巨大。数据显示，2016 年全国节能、环保和资源循环利用三个行业产值已超过 4.5 万亿元。“十三五”期间规划的全社会环保投资将达 17 万亿元。2018 年，PPP 模式将为环境提升方面的供给侧改革作出更大贡献。

农林类项目占比或将提升。2017 年财政部在田园综合体建设领域提出积极探索 PPP 模式，并且深入推进了 PPP 模式在农业领域的应用，发改委在林业生态和农业领域也推出了第一批试点名单。可以预见的是，2018 年在农林牧等行业会更加深入的推进 PPP 模式的应用，助力第一产业供给侧结构改革，助力广大贫困县的脱贫攻坚。

此外，2017 年 12 月，发改委和水利部联合发布了《政府和社会资本合作建设重大水利工程操作指南（试行）的通知》（发改农经〔2017〕2119 号），提出“除特殊情形外，水利工程建设运营一律向社会资本开放，原则上优先考虑由社会资本参与建设运营”，2018 年，PPP 项目中水利项目占比预计将会提高。

（3）地方债务严管，投融资平台转型

从 1998 年的探索开展，到 2008 年 4 万亿的野蛮生长，至 2014 年城投债的规模达到 1.8 万多亿元后，地方债务风险持续累积。为此国发〔2014〕43 号文出台，不断强化地方债务管理，理论上新发的城投债不再属于政府债务，在此背景下，地方政府投融资平台步入衰退转型期。城投公司要实现政企分开、规范融资、重新定位和战略转型。

PPP 模式的应用成为投融资平台转型的契机。以往地方政府与融资平台政企不分，两者之间缺乏科学明晰规范的责权利关系。PPP 的应用可使融资平台以社会资本方的身份参与政府 PPP 项目建设，与政府构成公平对等的合作关系。PPP 模式中，融资平台不再代政府举债融资，不再由政府提供偿债保证，企业和项目的信用取代了政府的隐性担保，将形成独立经营、自负盈亏的经营模式和完全市场化的融资模式。可以预见 2018 年 PPP 模式将继续促进地方投融资平台的转型。

（4）融资难度加大，可融资性成重点

2017 年以来，金融监管层层加码，监管套利、刚性兑付等被严格监管，通道业务受限。加上货币政策的收紧，资金成本的上升以及正在酝酿的资管新规，更高的监管要求使银行只能选择更为优质、风险更小的项目去做，从行业整体看，未来资金面呈紧缩趋势。

财办金〔2017〕92 号文之后，各地都在清理入库 PPP 项目，银行投资的 PPP 项目如果被清理出库，意味着 PPP 合同要整改或取消，银行贷款面临合规风险。目前有些银行对于 PPP 项目开始采取观望态势。预计 2018 年 PPP 项目的融资难度会有所增加，银行风控预计趋严，项目可融资性将成为 2018 年 PPP 项目关注的重点。

（5）投资受限，PPP 资产证券化提速

2016 年底发改委和证监会联合发文推进资产证券化在 PPP 领域的应用，2017 年 6 月财政部与中国人民银行、中国证监会联合发文，再次明确 PPP 领域开展资产证券化活动的要求。目前我国已有 9 个 PPP 资产证券化项目落地，PPP 资产证券化从政策支持到实践都已有较为完善的支撑。

3 年快速发展中企业投资 PPP 项目而支出大量自有资金，随着国资发财管〔2017〕192 号文对央企投资空间的收缩，资管新政对 PPP 资本金融资通道的限制，企业融资途径减少且可融资额度降低，PPP 项目资产证券化成为企业增加自有资金的主要途径。在政策支持与实践丰富的背景下，2018 年 PPP 资产证券化将提速发展。

（6）PPP 项目收益率将提升

2017 年 PPP 政策的规范引导性加强，严监管的环境背景下，PPP 项目融资难度提高，融资成本上升；央企 PPP 投资受限，数量降低后将更关注项目质量提升；施工企业将无法仅依靠施工利润获利，运营的重要性凸显。因此 PPP 项目的收益率必将提升，企业才更易获取融资并确保自身收益率。强调运营是政策发展的趋势，也是提升 PPP 项目收益的关键，良好的运营有助于提升项目质量，提高 PPP 项目规范性，从而提升融资落地率。

4. PPP 前瞻方向

（1）PPP 大数据时代到来

PPP 项目多为关系国计民生的基础设施建设与公共服务项目，项目周期长，涉及多个利益相关方，与政府财政支付密切相关，因此单个 PPP 项目数据作为项目推进与产出的直观表现，是各方共同关注的重点。同时为保证区域规划发展、企业投资规划、金融机构融资支持等决策的科学合理性，应基于多 PPP 项目大数据分析，因此一定范围内全面覆盖的 PPP 项目数据是政策规划与投资计划等战略层面的重要依据。明树数据已经成为 PPP 数据管理服务业中的领军企业，2018 年的业务也将迎来快速增长。

覆盖全国已成交 PPP 项目的交易数据、产业链数据和资产数据，可以进行 PPP 项目成交信息统计分析和监测，协助地方政府建立 PPP 全生命周期综合管理平台，提高 PPP 项目决策和执行效率；为社会资本提供目标区域、行业的 PPP 市场环境分析和风险评估，以及竞争对手分析；为金融机构提供目标区域和目标客户的 PPP 项目成交信息汇总分析，协助评估地方政府的财政可承受能力和社会资本履约能力；为交易所提供 PPP 资产评估和相关金融产品评级服务。

（2）基于 BIM 的全生命周期管理

对 PPP 项目开展全生命周期管理，与 PPP 模式要求提高工程质量，主动降低运营成本，提高运营管理效率和服务水平，不断深化创新的意识，以市场化的理念和专业化的管理运作项目的理念完全吻合。

PPP 项目全生命周期管理过程中，需要调查、收集、分析、运用大量项目信息，这些信息来源于项目各个阶段，被 PPP 项目各参与方所掌握。如何实现信息共享，将分散、杂乱、海量的 PPP 项目信息转为信息资源，服务于 PPP 项目各方决策和管理需要，需要借助“互联网 +”思维，引入大数据、云计算、BIM 技术来完成项目信息集成和共享，实现 PPP 项目全生命周期管理和咨询服务的目标，即追求公共利益最大化和获取合理回报的协调统一，在公平和效率之间找到最佳实现路径。因此，构建基于 BIM 的 PPP 项目全生命周期管理和咨询信息服务系统具备重要意义。

（3）全生命周期 PPP 项目和资产管理系统

对于金融机构，需要识别目标项目，并评估 PPP 项目风险、相关地方政府和社会资本的履约能力；对于有大量已成交 PPP 项目的社会资本，需要同时兼顾未来可投资 PPP 项目的分析以及已成交 PPP 项目的建设运营管理；对于政府部门，需要及时掌握管辖范围内 PPP 项目的相关信息，作为投融资规划、项目合规性审查、财政承受能力 10% 红线控制、绩效评估和履约管理的依据。

基于 PPP 各利益相关方对多个 PPP 项目信息的不同需求，应构建全生命周期 PPP 项目和资产管理系统，充分运用信息化手段和大数据促进 PPP 项目的可融资性、成交率和公共治理能力，落实习总书记于 2017 年 12 月提出的大数据国家战略。

PPP是中国经济的正能量

【作者简介】

颜立群，博士，现任龙元建设集团副总裁、龙元明城投资管理（上海）有限公司总经理

【文章内容】

PPP模式为民企打开了一扇门

PPP模式即为政府与社会资本合作模式，这种模式在原有的政府主导的基础设施投资中引入了社会投资人，使得民间资本有机会参与到类似项目中来，从已经落地的PPP项目中标人所有权背景来看，这里的社会投资人同时包含了国有企业和民营企业。

2014年被称为PPP元年，从这一年开始PPP模式在基础设施建设中得到了大量的运用，据龙元明城PPP研究中心的统计，截止到2017年1月，全国已公布中标信息的PPP项目总规模约有3.18万亿，成交项目个数1922个，其中由民营企业单独或作为联合体牵头人中标的PPP项目个数约占52%，可以看出民营企业在PPP行业中的参与活跃度很高，且如下图所示，从2014年到2016年，民营企业参与中标的PPP项目个数也在成倍增长，民营企业已经成为PPP市场上重要的一部分社会资本方。

民营企业参与PPP项目是自发行为，更是受到政府政策鼓励，据统计，截止到2016年底国家级和各省级政府部门发布的与PPP项目的政策约有200余项，其中更有近40项文件提到了鼓励民营企业参与PPP项目

的投资，激发了民营企业参与 PPP 项目的热情。作为 PPP 项目的社会投资人，中、小型民营企业在资金实力、业绩能力和专业资质等方面确实与大型国有企业还有较大差距，故大多民营企业比较适合做一些中小型体量的 PPP 项目，从中标落地的项目数据来看，中小型体量的 PPP 项目个数较多，类型也较广泛，能够满足不同类型民营企业的需求。在未来的 PPP 市场中，相信会有更多的民营资本参与到 PPP 的市场中来。

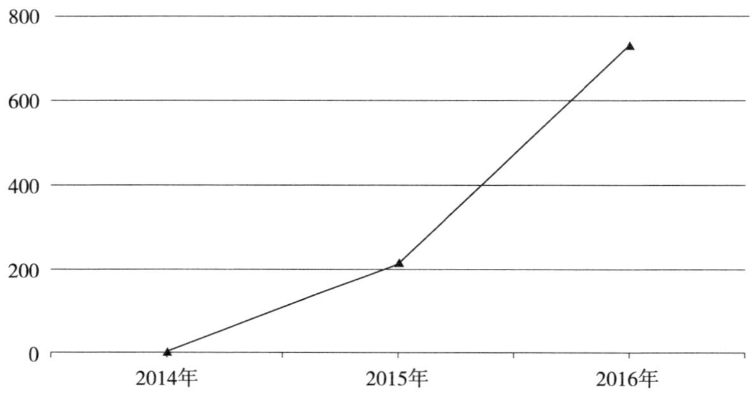

图 1　年度民营企业中标项目个数情况

PPP 是一种更为规范化的基础设施投资模式

对于一些合作期限长达十几年甚至数十年的基础设施投资项目，地方政府可能换届多次，只有从国家层面完善法律和制度体系才能更好地保证企业的权益，才能更有效地吸引社会投资参与。与传统模式相比，PPP 模式更加重视顶层和框架设计，通过完善的制度建设来规范 PPP 项目操作。此轮 PPP 项目过程中财政部和发改委以及其他部委均颁布了各个环节的操作指引来规范项目的实施流程，其细致程度用“手把手”教来形容亦不为过。再进一步结合各项目库的建立，核心流程的规范化以及信息披露政策等措施，项目合法合规性的风险实质性地降低，进一步提升了市场的活跃程度，有利于构建良好的 PPP 生态环境。

PPP 模式较传统项目（如 BT 项目）另一个规范化的地方在于项目采购过程的公正性，过去不少传统项目依托于《招商引资协议》和《战略合作协议》，缺乏实质性的公开竞争程序，导致大量的地方政府和投资人之间的履约纠纷，甚至引发腐败问题。而这一轮 PPP 项目在实施过程中，绝大部分项目都经过了实质性的公开竞争程序，这一过程和项目前期准备工作的合规性相结合，为后期双方的履约都划定了明确的边界，实现了更好的风险分配，从而提升项目的价值含量，也压缩了地方政府部门的寻租空间。

在健全国家层面的制度规范的同时，近期发布的《政府和社会资本合作（PPP）综合信息平台信息公开管理暂行办法》强化了 PPP 模式全生命周期的监管，以信息公开和全生命周期的监管来促进制度的落实，进一步推动了 PPP 模式操作的规范化。

综上，相较于政府在基础设施领域的传统投资模式，PPP 模式无疑拥有顶层设计优势，是一种更为规范化的基础设施投资模式，它能够更好地管住政府部门的"有形之手"，明确政府与社会资本间的权利与义务，有利于项目有效率地运营，提升公共品服务质量。

既非地方政府债务问题的因，也非债务问题的果

PPP 模式本质上说是政府在基础设施投资领域的一种投资模式，引入社会资本一方面可以通过充分竞争和市场化运营提高基础设施领域投资效率，另一方面，由于 PPP 模式合作周期较长，也有利于平滑政府支出。PPP 模式对于一些投资金额大，投资期限长的项目而言有其明显优势，各发达国家在其经济高速发展阶段，在基础设施领域也都是通过举债集中建设的，PPP 模式具有必要性与经济性。政府推动 PPP 模式更多地还是从制度创新、提高公共品服务质量以及推动基础设施领域全生命周期投融资期限匹配的角度考虑，并非单纯地从解决地方政府债务角度思考，从这个角度上说，PPP 模式很大程度替代了原来的"城投模式"，并非政府债务增

加的果。

站在政府资产负债表的角度上看，PPP 模式不改变政府全口径债务的总量，政府债务不因采取何种模式实施而改变，PPP 模式非政府债务增加的因。相反地，PPP 模式是国家自上而下推动的顶层设计，完善的制度建设对少数“投资饥渴”的地方政府起到制约。财政部《关于印发政府和社会资本合作模式操作指南》就明确规定了“每一年度全部 PPP 项目需要从预算中安排的支出责任，占一般公共预算支出比例应当不超过 10%”。对摊大饼式的 PPP 投资套上了紧箍。从实际情况来看，根据我们统计的数据，截至 2017 年 1 月，以中标口径衡量，PPP 项目落地金额累计 3.18 万亿元，峰值支出不超过每年 5000 亿元，而根据《关于 2015 年中央和地方预算执行情况与 2016 年中央和地方预算草案的报告》，2015 年地方一般公共预算支出总额 150219 亿元，占比约 3%，远低于 10% 的限额，考虑到财政收入的增长，这一占比还会更低。从规模上说，当前的 PPP 项目总量并不大。

最后，从世界范围来看，中国政府负债率并不高。根据中国社科院发布的《中国国家资产负债表 2015》，地方政府在全口径下（包含国有资产和经营性资产）资产负债率约为 27.99%，明显低于企业部门资产负债率，远没有到资不抵债的水平。从偿债能力的角度考虑，中国政府部门负债占 GDP 的比重显著低于主要国家平均水平，整体债务水平是可控的。

PPP 模式是基础设施领域的一种投资模式，在一定程度上推动着科技创新

PPP 项目本身主要投向是公用事业，基础设施领域，是一种投资模式，这与我国在技术创新领域投入没有必然联系，不是一个非此即彼的问题，两者间没有逻辑上的因果关系，并非发展 PPP 就不发展科技创新。以国家统计局发布数据来看，2015 年我国研发经费 1.4 万亿，2012–2015 年复合增长 11%，按汇率折算，我国研发经费继 2010 年超过德国之后，

2013 年又超过日本，目前我国已成为仅次于美国的世界第二大研发经费投入国家。

事实上 PPP 项目的推进带有很强的政策导向，是具有宏观调控功能的，国家通过 PPP 模式引导资金到基础设施建设上来，各种政策吸引资金到研究创新中去，被抑制的是参与到资产泡沫中的资金。因此，PPP 本身不构成创新抑制，都是国家支持的领域。

同时，PPP 项目中也有诸如园区开发、学校建设、科研中心建设等项目，有丰富经验的社会资本介入后对于项目的开发、经营、管理是有一定提升的，能更好地服务于科研创新企业，有利于提高科技创新环境。

最后，PPP 模式作为政府基础设施投资领域的一种投资手段，通过完善的制度建设和监管体系，引入社会资本，通过充分竞争和市场化运营提高基础设施领域投资效率，是一种提升公共产品供给质量与效率的制度安排，PPP 模式较传统基础设施投资模式有其优越性，大可不必戴上有色眼镜来偏颇对待。

PPP 立法的国际标准与发展趋势：基于联合国 PPP 法律改革研讨会的观察

【作者简介】

曹富国，中央财经大学 PPP 治理研究院

肖光睿，北京明树数据科技有限公司

周　芬，中央财经大学 PPP 治理研究院

【文章内容】

2017 年 10 月 22–23 日，联合国国际贸易法委员会召开第三次 PPP 立法研讨会，邀请贸法会 PPP 法律改革专家组成员、部分成员国推荐的代表、有关国际机构、私人部门和非营利组织代表等 60 多人，围绕 PPP 项目风险分配与政府支持、特许经营者的选择、项目建设与运营、特许经营协议的变更、争端解决等五个议题展开讨论。受国家有关部委邀请，中央财经大学中国 PPP 治理研究院院长、法学院曹富国教授，北京明树数据公司首席执行官肖光睿先生，中央财经大学中国 PPP 治理研究院院长助理周芬博士参加了本次会议。我们基于参加本次研讨会及以往各次专家组和研讨会的经验，从以下几个方面简要对联合国贸法会 PPP 法律改革工作的主要方面进行初步评述。

一、联合国贸法会 PPP 法是一项重要的 PPP 法国际标准

联合国国际贸易法委员会（以下简称“贸法会”）是联合国系统在国

际贸易法领域的核心法律机构，其职责是致力于国际商事规则的现代化和统一。其中，公约和示范法是其主要法律工具（前者如被法律界广泛认知的《联合国国际货物销售公约》，后者如《联合国公共采购示范法》）。PPP 领域是贸法会的一个重要立法领域。贸法会在 2000 年第三十三届会议上通过了《联合国贸易法委员会私人融资基础设施项目立法指南》（以下简称《指南》），并于 2003 年制订了《贸易法委员会私人融资基础设施项目示范立法条文》（以下简称“示范条文”）。贸法会制定的国际法律规范是建立在成员国广泛共识的基础之上，因而被认为是有关领域的重要国际标准。《指南》和《示范条文》也是 PPP 领域的重要国际标准，对有关国家 PPP 立法产生了重要影响。然而，近年来各方面逐步认识到，这个以鼓励私人投资为中心的法律文件，需要与时俱进，回应这一领域实践的新的诉求，尤其是，使其升级为一部名副其实的 PPP 法。

贸法会于 2012 年开始启动《指南》和《示范条文》的修订工作（贸易法委员会第四十五次会议，纽约，2012 年 6 月 25 日 –7 月 6 日），其目标是使《指南》和《示范条文》现代化，将其提升为一部综合性的 PPP 法。贸法会秘书处为此成立了专家组为其 PPP 法律改革提供建议和支持，并多次召开现场和远程专家组会议，就《指南》和《示范条文》颁布以来被成员国采纳的情况以及 PPP 实践和国际立法的发展情况进行专题研究，提出 PPP 法律改革的范围及主要议题。为了进一步识别有关 PPP 立法工作的范围和可能需要处理的主要立法议题，尤其是为了在更大范围内协调其他机构在这一领域的工作，并凝聚更多共识，贸法会还先后召开了三次 PPP 立法专题研讨会，邀请贸法会成员国和其他国际机构的代表、私人部门、非营利性组织以及学界的广泛代表参加了这些研讨会。秘书处基于研讨会专家的意见提供一份专家报告，提交给委员会大会供其决策参考。当然，无论是专家组或是研讨会，都是贸法会组织的非正式立法工作。贸法会正式的立法工作机制由联合国贸法会成员国组成的工作组来承担，而法律改革方案最终要经过贸法会委员会会议决议通过才能生效。截至目前，贸法会还没有启动工作组机制，其就 PPP 立法的主要工作还在专家组和研讨会的层面。尽管如此，有关联合国贸法会 PPP 法律改革工作已经形成了一些重要共识。

二、联合国采取单一 PPP 立法模式

PPP 法是否涵盖以使用者付费为主要特征的特许经营合同？专家组注意到了在现阶段一些法域的发展。比如，现阶段欧盟 PPP 立法采取区别立法模式，也即欧盟制定了专门的特许经营合同授予法。在 PPP 与政府采购的关系上，欧盟将政府付费型的 PPP 纳入到公共采购法下。当然，专家组也观察到，欧盟这种分别立法的做法，有其自身的立法政策考虑和选择理由。欧盟法只是一个个案，联合国 PPP 立法并不打算将其视为一个具有普适性的国际标准，相反，联合国 PPP 法采纳了更为广泛的共识，也就是将不同类型的 PPP 交易合同纳入一部 PPP 法加以规范。概言之，联合国贸法会有关 PPP 立法形成的一个共识是，它采取单一 PPP 立法模式，也即贸法会的 PPP 立法将涵盖政府付费、使用者付费及其他付费形式所形成的 PPP 交易合同。这一共识主要是基于贸法会在这一领域的立法传统。现行的《指南》和《示范条文》虽然主要考虑了类似于 BOT 方式的 PPP 交易形式，并且以“特许经营”来标示这种这种交易结构，但是，立法者仍然考虑了政府付费等各种付费形态。单一立法模式也符合简化和统一立法的国际趋势。所以，尽管国际上有将 PPP 法与特许经营法分别立法的实践，但是用单一 PPP 法律涵盖所有形态的 PPP 交易模式，在贸易法委员会的 PPP 法律改革中，存在着广泛的共识。值得注意的是，贸法会专家组认为，“特许经营”在《指南》和《示范条文》中没有任何特指的含义，它只是一个一般性标示私人融资基础设施交易的一个符号。既然联合国启动了 PPP 法的改革工作，用 PPP 来代替这一符号，在委员会、秘书处和专家组有着广泛的共识。

三、突出物有所值与财政承受能力评价等项目前期工作的重要性

本次研讨会回顾了以前就 PPP 前期准备工作所达成的一项重要共识，也就是要在现在《指南》的第二章（风险分配与政府资助）之前增设一章，专门讨论 PPP 项目的准备与识别工作（Preparatory measures and Project Selection）。专家组认识到，PPP 项目准备和选择工作对项目成功至关重要。这一工作不仅有助于项目成功落地和实施，它也能够在整个项目生命周期内确保项目可支付 / 可使用以及财政可持续性。这些问题虽然在《指南》中的许多地方都有所涉及，但是总体上看对它们的强调不够，因此新修订的 PPP 法需要对这些问题重新梳理并加以强调，其中尤需要增加对可行性研究、物有所值评价以及财政可持续性评估的要求。

专家组尤其认识到物有所值评价在现代 PPP 良好实践和 PPP 法中的核心地位[1]。专家组认识到，虽然 2000 年版《指南》与 2003 年《立法条文》都没有提到物有所值这一个概念，但是物有所值评价制度在现代 PPP 法上的重要地位是一种客观存在。在 PPP 法中采纳这一个概念已经成为一个全球趋势，无论是普通法系国家或是大陆法系国家都是如此。在 2016 年 10 月华盛顿的专家组会议上，专家组认识到，“物有所值将成为选择 PPP 模式的必不可少的选择标准，在大多数普通法系国家以及大陆法系国家都得到了适用”。[2] 在 2017 年 3 月份举行的维也纳专家组会议上，专家组就物有所值制度在 PPP 法上的重要地位形成一个重要共识：应按给予物有所值评价制度在 PPP 法上应有的重要地位。专家组认为，这种认识变化（从 PPP 法不涉及这一概念到 PPP 法确立其重要地位）可以被视为是对修订 PPP 法定位变化的必然要求，也是对国际 PPP 立法发展趋势的重要回应。专家组认可物有所值制度作为选择 PPP 或其他方式提供公共服务的评价选择工具的重要地位，同时也认为物有所值制度是检验 PPP 最终能否实现资源利用最优化和效果最大化的客观评价体系。可以认为，通过物有所

值评估是政府方选择 PPP 模式的合法性基础之一。

当然，专家组也意识到目前物有所值制度存在实际操作障碍，并倡导积极完善具体的操作方式。从专家组会议的总结材料来看，物有所值制度评价标准应当是综合性的长期经济效应，而非简单的价格因素。同时，委员会认为物有所值评价标准应当尽量精确，过于宽泛的评价标准将有可能导致该制度的滥用。现实中，也存在多种定量分析模型，未来应当对物有所值的定量分析继续进行优化，以期发挥最佳价值的功能。

新的贸法会 PPP 立法在引入物有所值评价制度的同时，也将引入财政承受能力分析。鉴于贸法会 PPP 法包含各种类型的 PPP，财政承受能力评价将覆盖各种类型的 PPP，即使特许经营型的 PPP 也不例外。

四、风险分担和政府资助

关于风险识别 / 分配与控制，《指南》比较充分地讨论了项目风险分担的原则。这些原则反映了风险理论成果和商业风险分担的一般原则。贸法会新的 PPP 立法需要考虑的方面是，是否考虑到最近 PPP 立法针对 PPP 的不同类型所发展出的新的风险分担原则以及考虑新的风险评价和分配工具。比如就欧盟公共采购与 PPP 法的发展而言，欧盟在确定一个 PPP 项目是否属于特许经营的安排时，强调风险实质性转移给私人伙伴方。政府采购型的 PPP 则要求需求风险主要由政府方承担。世行 PPP 指南中所指引的风险识别工具也需要在贸法会 PPP 立法指南中列举。PPP 新的立法也需要考虑控制和削减风险的方法。建议引入保险机制来削减风险。PPP 立法有其需要增加公共部门管理和控制风险的制度和法律机制。

关于政府资助问题，《指南》认识到减少项目风险，增加项目吸引力的一个重要方面是政府就具体项目所提供的支持。新的贸法会 PPP 立法会进一步明确政府资助的类型，尤其是利用项目附属资源支持 PPP 的形式；

强化政府义务履行的保障措施，澄清政府担保形式及其与风险的关系；增加有关政府资助形式和风险分配对国家预算赤字和债务影响进行评价的条款；财政部门应该负责控制和管理每一种政府资助可能形成的直接或间接负债。新的立法还要包含处理预算风险及削减这种风险的措施。

总之，可以观察到，现行《指南》和《示范条文》就 PPP 风险分配已经确立了一般性原则。本次法律改革除了完善和澄清原有法律文件之外，新的立法将基于项目财政可持续的角度，在风险分配与政府资助问题上，侧重强化政府支付义务的保障措施，各种政府资助形式所可能形成的直接或间接有支付义务的财政风险防范。新的立法也将强化公共部门管理和控制风险的制度和法律机制。

五、PPP 法中的采购程序及其与公共采购法的关系

本次研讨会的另一个重要议题是项目公司的选择程序问题。无论在《指南》《立法建议》或是《示范条文》中，私人伙伴方的选择都占有举足轻重的地位。私人伙伴方的选择涉及 PPP 采购法与公共采购法的关系问题。

PPP 是相对于传统采购而言的一种新型采购形态，有关立法涉及一个更一般性的公共采购法律体系问题。PPP 的含义及其与政府采购和特许经营的关系就成为这一法律体系需要协调解决的重要立法问题。就此而言，从全球范围来看，在这一法律体系之下，PPP 立法模式呈现出多样性。比如从比较法上看，存在着三种模式，一种是 PPP 法专门规定其有其采购的规定，PPP 采购不适用政府采购法（单独立法模式）；一种模式是将政府付费型 PPP 纳入其政府采购法（包容立法模式）。第三种模式是将 PPP 采购作为政府采购法的特别问题加以处理，也即 PPP 法规定 PPP 采购的特别问题，PPP 法未予规定的采购问题，仍然适用一般政府采购法（特别立法模式）。

贸法会的PPP法，将PPP采购问题作为其重要立法议题详细加以规定。但同时，贸法会还制定有《公共采购示范法》——它通过PPP法的援引，一般性地适用于PPP的采购。

然而，就PPP采购与一般公共采购的关系而言，至少有两个问题需要解决。第一，公共采购示范法已经进行了彻底改革，《指南》需要修改，以反映公共采购示范法改革的成果；第二，新的PPP法需要解决PPP采购所特有的问题，比如融资问题、基于运营与绩效进行技术规格定义及付费问题、大合同与中小企业问题等。就前者而言，反腐败与利益冲突防止议题，集中发布采购公告的议题、资格预审和中标结果公示期议题，中小企业发展等议题，PPP法要与时俱进。就后者而言，联合体投标议题、对不同的私人伙伴方适用不同要求的议题、不同的付费方式可能对采购程序的影响，选择程序纳入广泛的社会经济和环境政策议题、以绩效和产出为标准的技术规格定义和选择标准问题、金融服务参与PPP的议题、二次招标议题等。

非要约性建议（由社会资本发起的项目）一直是贸法会有关立法的一个重要议题，也是本次修法的一项重要内容。专家组认识到，这一议题对于PPP项目具有独特的价值。但是有关这一议题，立法存在难度，过度严格的规制，可能会限制PPP所追求的创新，而过于宽松的政策，又会导致被滥用—不仅可能会引入不适当的PPP项目，而且可能会带来额外的财政风险。原有立法考虑适用非要约邀请建议程序的情势过于狭窄，只考虑到了新项目问题。而实践中存在着其他类型的非要约建议，比如基于原有项目所提出的新的建议。因此，立法必须确定，究竟什么可以构成一个非要约建议。专家组还建议，应该对所有这种类型的项目，适用严格统一的审查程序和标准，进行公共利益分析，并将竞争性程序作为一种缺省选择程序。另外，PPP立法还要处理好这种采购方式与直接授予合同的程序的关系等问题。

六、基础设施的建设与运营：立法框架与项目协议

贸法会有关 PPP 的现行立法文件在第四章专章处理了基础设施建设与运营问题。这一议题也是本次贸法会 PPP 法律改革的重要议题。专家组的一个共识是，贸法会的 PPP 法应该集中处理有关 PPP 的立法问题，而不是项目协议本身问题。换句话说，PPP 法应该清楚，哪些问题是 PPP 立法应该处理的，哪些议题是协议应该处理的。然而，PPP 立法也应该处理项目协议的一系列核心条款。贸法会修改后的法律文本会包括一系列 PPP 法应该加以处理的核心条款。专家组还认为，PPP 立法应该确认 PPP 标准合同（条款）的重要性。PPP 合同变更时本次 PPP 立法改革的一项十分重要的议题。专家组认识到 PPP 合同变更的必要性，同意 PPP 法应该将其作为一个重要议题加以处理。但同时，合同变更涉及一个至关重要的立法议题。第一，它与竞争性选择程序的关系：变更是否构成需要重新竞争的新合同；专家组建议，将与第一中标候选人的“谈判”表述，改为“澄清”比较符合实际。因为，“谈判”在采购法上有其特殊的含义。第二，合同变更对合同经济利益再平衡的影响；立法政策尤其应该政府在合同变更中的信息不对称与不利地位；第三，因合同变更而导致的项目自身稳定性的变化可能对第三方，尤其是对借款人的影响。专家组认识到，合同变更问题，尤其是 PPP 合同变更问题是 PPP 立法的一个新兴议题。在以后的立法工作中，贸法会还会就这一议题进行深入的研讨，以利于反映良好实践，形成更为广泛的共识。

七、其他议题

本次研讨会还讨论了项目期限的确定和展期、协议终止问题。其中涉及的一个重要立法议题是金融机构（借款人）在私人伙伴方出现重大违约情形的时候的介入权。专家组认识到借款人介入权相对于政府介入权的

价值。

本次研讨会讨论的另一个议题是争端解决，新的 PPP 法倾向于将 PPP 争端纳入多元的争端解决机制，包括仲裁以及其他争端解决机制。

在以往的专家组会议上，有关 PPP 法中的治理和社会责任议题被反复讨论。PPP 法的治理职能和社会责任的规定是本次法律修订的重要内容，是对《指南》和《示范立法》的重要改进。有关社会治理的问题，必然涉及诸多社会关系的调整，极大地扩充了 PPP 法的职能，将导致一部综合性 PPP 法的产生。专家组和委员会一致认为今后关于治理的立法案文应当涉及：（1）如何查明、阐述和评价公共需要、社会和其他发展目标；（2）如何促进政府职能转变和不同部门之间的协调；（3）如何平衡兼顾公共部门和私营部门的需要；（4）项目公司如何改善治理，并承担更多社会责任；（5）如何制定适当的行为标准；以及（6）如何避免将众多且相互冲突的政策目标纳入项目。这一重要议题，既涉及 PPP 法的维度，也涉及体立法条文。

八、结语

联合国贸法会的立法工作是建立在广泛共识之上的，这是贸法会立法工作的优势；也即，反映在联合国贸法会 PPP 法中的法律规范，反映了 PPP 立法的国际趋势，也代表了 PPP 法律的国际标准。但是，联合国贸法会 PPP 法的局限性也源于这一立法机制本身，也即它的个体适应性不是很强。这说明，我国的 PPP 立法工作及立法研究工作，应该重视反映在贸法会 PPP 法律改革中立法成果，同时，也不能指望联合国 PPP 法律能够给我国立法提供可以照搬的范本。实际上，从一定意义上讲，中国 PPP 改革实践和立法工作已经使我们可以积极参与、甚至引导联合国贸法会立法工作中的话语权。中国 PPP 的实践已经超越西方，基于这一实践产生了大量的立法政策议题。将这些年中国 PPP 的改革成果放在联合国国际社会这个平台上进行分享，将基于中国 PPP 实践所形成的立法议题放在联合国这个国际平台上进行研讨，不仅可以校验我们的改革成果，而且可以贡献中国的智慧和解决方案。基于联合国立法决策机制的局限性以及联合国立法资源有限等局限性，这次 PPP 法律改革的成果将可能是有限的，除非中国能够在联合国立法中能够承担适当的领导作用。

参考文献

[1] 主要见于 2017 年专家讨论会文件（Draft Chapter 1 March 2017：General framework for PPPs，见附件）。

[2] 参加专家委员会内部讨论文件 Intro UNCITRAL LG Update BdC 101016，见附件。

异化政府购买服务融资整改路径探讨

【作者简介】

张　宇，沈阳市于洪区投融资管理中心副主任

【文章内容】

伴随着《关于坚决制止地方以政府购买服务名义违法违规融资的通知》（财预〔2017〕87号）（以下简称87号文）的下发，起于2013年，疯狂于2016年的违法违规异化购买服务融资终于告一段落。财政部87号文并不是对政府购买服务本身予以否定，而是地方滥用《政府购买服务管理办法（暂行）》（财综〔2014〕96号）文中地方可自行制定政府购买服务目录的权限，将本属于工程建设领域的投资项目按照所谓的"服务"进行分类，规避进行政府和社会资本合作（PPP）模式识别，不根据公共财政预算支出上限确定支出责任，而是超财政承受能力、超中期财政规划的期限进行违规融资，最终在所谓的购买服务承接主体——通常为本级政府的平台公司形成无效资产，政府对提供购买服务的承接主体形成了事实上应付义务，承接主体又以上述对政府形成的应收账款向金融机构融资贷款投入项目建设，威胁了金融机构资产安全，产生政府债务风险，甚至超过地方政府之前的违规举债的规模，到了必须下定决心整改的地步了。而87号文要求在2017年10月底之前整改完毕，那么在剩下4个月左右的时间如何能完成庞大的异化政府购买服务融资工作显得特别重要，那么，如何进行整改呢？

一、金融机构提供政府购买服务融资的操作路径

提到整改，解铃还须系铃人，就得清楚金融机构是如何给政府购买服务进行违规融资的，才能反其道行之。金融机构提供政府购买服务违规融资通常需以下几个步骤：

1. 由财政部门根据贷款项目的类别与地方制定的政府购买服务目录对应，满足符合购买服务目录的要求，在所谓的“先有预算，后采购”的前提下，对实施项目购买服务承接主体进行竞争性选择（通常采用竞争性磋商方式，如不能提供合适备选主体，则采取单一来源采购方式）。

2. 承接主体通常由本级政府的平台公司取得（包括为某一项目新成立的国有公司），在取得中标通知书的基础上，由国有承接主体进行发改立项，办理环评等相关建设手续，同时由合作金融机构对购买服务总体的购买服务费用进行测算（主要是本金、利息、税费及象征性的服务费用）。

3. 国有承接主体根据金融机构对购买服务费用的测算结论，与政府指定的购买服务主体签订《政府购买服务合同》，将合同项下的应收账款向金融机构质押（通常也需要另一家国有单位担保），在人大将购买服务的全部费用列入中期财政规划及逐年列入财政预算的前提下，启动贷款的评审并发放贷款（以上还是不需要国有承接主体筹集购买服务贷款资本金的前提下）。

二、异化政府购买服务融资整改路径

异化政府购买服务整改的难点就是金融机构已放款，已通过政府采购的程序对购买服务的承接主体进行选择，购买服务的承接主体多为政府平台公司，项目以承接主体的名义立项。也就是上述项目在工程尚未完工，贷款已经使用并接近本金偿还期，项目实施主体为本级国有平台公司的前提下进行整改，若没有借助外力，上述为死循环，无法实施整改。有的专家说整改为 PPP 项目啊！那么是否可以将政府购买服务项目整改为 PPP 项

目？如何整改呢？

笔者认为异化政府购买服务违规融资整改分为以下两种情况（已完成政府购买服务承接主体采购程序，尚未提取贷款的，向金融机构声明贷款按照 87 号文的规定，不允许继续操作，由政府采购主管部门对购买服务采购程序声明作废，项目重新走主管部门立项，整改为 PPP 项目）：

1. 项目已经完工，提取贷款已经全部支付完毕工程款的购买服务违规融资整改方式

在政府不能提供资金注入国有公司用于整改和贷款金融机构配合的前提下，将利用融资贷款形成于国有公司的基础设施项目资产，划转至政府主管部门，由主管部门发起 TOT 模式的 PPP 项目，将资产转让收入注入国有公司用于偿还金融机构贷款完成违规融资整改，并逐步完成之前政府购买服务手续整改。同时参照财政部首单 PPP 资产证券化项目——鞍山市兴业环城大道（东环段）PPP 项目的操作方式，在 PPP 运营期间履行社会资本应承担的权利义务同时，鼓励社会资本通过资产证券化等方式提前完成投入资金的收回。

2. 项目正在实施，提取贷款用于支付部分工程款的购买服务违规融资整改方式

此种情况形成死循环，必须借助外力，通常在本级财政资金紧张的情况下，通过新增地方债、政府平台自主化市场化融资（包括发行债券及票据类产品）、地方政府成立融资担保公司用于本级平台公司贷款担保等符合相关文件规定的前提下，偿还已经使用的金融机构贷款（含借入资本金），解除金融机构的限制，收回出具的相关文件，撤销对国有公司的项目立项及购买服务中标通知，将项目回归给主管部门，再通过 PPP 等合规模式进行操作。

以上为笔者对购买服务违规融资进行整改的探索性分析，期间还会有诸多本文尚未提及的问题，希望对异化购买服务融资整改工作起到一定的推动作用，清除 PPP 推广的障碍。

50 号文后政府融资平台介入 PPP 的路径分析

【作者简介】

丁伯康，博士，江苏现代资产投资管理顾问有限公司董事长，国家发改委和财政部 PPP 专家库双库专家

陈超群，江苏现代资产投资管理顾问有限公司 PPP 事业部合伙人、副总经理

【文章内容】

摘　要：PPP 与融资平台公司作为地方政府发展城市基础设施与公共服务过程中的两种不同类型的重要工具，在本质上存在一定的替代和补充效应。在中央持续推进政府财税体制改革、政府债务风险控制以及公共服务供给机制创新的背景之下，特别是六部委 50 号文发布后，笔者尝试从角色分类的视角，论证和探索地方政府融资平台介入 PPP 业务的路径，以及能力塑造和快速介入的建议。

关键词：地方政府　融资平台　PPP　战略转型

一、背景

由于经济增长持续乏力，可以预期未来社会消费仍然会延续增速下滑态势，而贸易保护主义和地区战争因素又在一定程度上影响了进出口增长

水平，同时民间投资依旧信心不足，因此看来，以政府投资项目拉动GDP的责任依然重大。

伴随着货币政策和信贷政策的宽松化，地方政府融资平台作为地方政府落实城镇化建设和固定资产投资任务的经济组织，经历了一轮快速的发展过程，随之也带来了庞大的政府债务隐患。与此同时，在后经济危机时代全面降杠杆的背景之下，中央开始要求地方政府融资平台剥离政府融资职能，推动地方政府债务的透明化和公开化。

2017年5月出台的六部委50号文，则对地方政府举债融资的规范问题提出一系列的要求。为了防止地方政府违规举债融资造成系统性金融风险产生，国家对债务风险控制的政策陆续出台。同时出于推进政府行政职能转变和投资体制改革的考虑，中央在传统政府投资领域积极引入并大力推广PPP，吸引社会资本共同参与基础设施投资，推进基础设施和公共服务的市场化改革，PPP已成为地方政府发行债券之外政府投资项目的合法融资渠道。因此，地方政府融资平台的发展，已经进入到了被动转型的时期。如何通过迅速发展PPP投资业务，实现政府融资平台的角色转型和能力转换，已成为地方政府融资平台实现突破式发展的一个重要机遇。

二、PPP与地方政府融资平台转型

地方政府融资平台作为地方政府体系内部深度介入市场化融资的功能性载体，是地方政府对本地经济、社会发展要求与地方实际财力、投资能力之间的矛盾冲突的产物。地方政府赋予的类垄断性质的市场特权以及委派经营层的行政服务观念导向，在一定程度上导致了平台公司在业务经营管理过程中的单一化、粗放化和低效率。然而在土地财政下行和政府举债规模受限的背景之下，地方政府借助PPP模式大力推广的东风，吸引社会资本介入尚未全面市场放开的基础设施与公共服务行业，对地方政府融资平台的功能和作用造成了一定的削弱，也在一定程度上促进了地方政府融资平台的市场化转型。

首先，PPP 作为一种创新的政府投融资管理体制与公共服务社会化供给方式，有利于彻底转变政府行政职能，建立平等的市场化交易关系，倡导社会资本获取合理回报的理念。对地方政府融资平台而言，参与 PPP 项目投资和组建 PPP 项目公司，意味着正常的政企合作关系和科学合理的良性造血机制，是一次角色重塑和能力再造的绝佳良机。

其次，PPP 不仅仅是一种政府项目融资模式，更是一种综合性的政府投资运作管理方式。通过向社会公众提供投资、融资、建设、运营一体化的公共服务，给了地方政府融资平台更多的参与空间和发展空间，有助于其在传统投融资职能之外逐步培育发展建设管理和自主运营能力，为平台公司未来可持续经营创造了基础条件。

最后，PPP 的长期导入和规范运作有助于释放社会创新活力、激励市场公平竞争，打破地方政府融资平台在基础设施与公共服务投资领域的垄断局面，激活其作为市场参与主体的竞争意识和危机意识，加快推动其完善公司治理架构和经营管理体系，实现内部效率优化，真正地从理念到行动全面走向市场化转型之路。

三、地方政府融资平台介入 PPP 的路径分析

按照地方政府融资平台的能力成长规律，在介入新兴 PPP 业务的过程中应当坚持投资主体的身份，充分利用和发挥投融资方面的资源和专长，做到存量项目优先、本地项目优先、社会效益优先，通过发起和参与一些工作进度明显迟滞、投资回报明显偏低、社会资本兴趣不足的项目以积累自身的 PPP 运作经验，发展自身的主动投资能力，为后期介入更多领域更多地区的 PPP 项目储备力量。

地方政府融资平台的特殊性在于参与 PPP 过程中的身份可选择性：（1）可以按照财政部《关于印发政府和社会资本合作模式操作指南（试

行）的通知》（财金〔2014〕113 号）中“政府可指定相关机构依法参股项目公司”的要求，作为政府出资主体参股 PPP 项目公司，发挥市场化的股东监管职能；（2）根据《国务院办公厅转发财政部发展改革委人民银行关于在公共服务领域推广政府和社会资本合作模式指导意见的通知》（国办发〔2015〕42 号）中“大力推动融资平台公司与政府脱钩，进行市场化改制，健全完善公司治理结构，对已经建立现代企业制度、实现市场化运营的，在其承担的地方政府债务已纳入政府财政预算、得到妥善处置并明确公告今后不再承担地方政府举债融资职能的前提下，可作为社会资本参与当地政府和社会资本合作项目，通过与政府签订合同方式，明确责权利关系”的政策精神，作为社会资本参与到本地或附属地区的 PPP 项目，与政府建立市场交易关系的同时继续践行区域城镇化建设和运营主体的重要使命。

基于以上两种不同的身份定位，结合项目运营属性、政府分红要求、收益回报水平、平台业务能力等要素分析，笔者认为地方政府融资平台介入 PPP 实现转型的路径有四个方面：

（1）继续作为地方政府的功能性主体，弥补地方政府部门中融资经验和运营管理能力不足的问题，以人力资源培育和案例经验积累为目标，主动协助政府筛选整理适用 PPP 运作的项目清单，根据政府投资要求，被动式发起 PPP 项目，全面负责或协助推进 PPP 项目的前期立项、识别、准备和采购工作，配合完成政府出资责任，放弃分红权利以降低政府整体支付义务或维持社会资本方的合理回报。

（2）以追求财务投资回报和发展主动投资业务为导向，针对由各行业主管部门列入 PPP 储备项目库的项目进行科学筛选，重点利用自身融资优势，可以作为政府出资主体或作为非牵头社会资本联合体成员的身份介入，尤其是联合具备丰富建设、运营或投资经验的潜在社会资本共同推进项目运作，着力承担项目建设资金的筹措工作，逐步建立科学有效的风险管控机制，保障作为财务投资者的资金安全和合理回报，同时通过与社会资本的长期合作培育团队的投资价值判断和项目过程管理能力，完成向投资主体转型的经验和能力积累。

（3）充分利用好地方政府的各类资源，发挥好自身在城市规划和部门沟通等方面的便捷优势，针对本地范围内市场相对空白、竞争性不足且又具有市场潜力和经营前景的 PPP 项目（如新能源充电桩、停车场、综合管廊等），主导进行项目投资决策工作，独立或联合其他社会资本公平参与项目采购工作，完善提升主动投资能力和市场竞争水平，通过实际控制 PPP 项目公司实现业务经营单元的培育和发展，从而构建起以平台公司为核心的具有实体化运营能力的资本运作体系。

（4）依赖于前期积累的国有资本运作的经验和能力，独立或牵头作为合格社会资本，主动发起与新型城镇化任务匹配且具有一定竞争优势的 PPP 项目，进行科学的投资评估和价值分析，充分利用自身的融资成本优势和实体运营能力，公开公平参与本地或外地的 PPP 项目竞标，全面介入 PPP 市场竞争，实现真正的市场化主体身份的确立。

（5）利用地方政府融资平台在城市资源和本地国有资本经营、管理方面的优势，不断优化政府投资项目的投资和运行管理体系，强化国资国企在本地经济社会发展中的带动力和盈利能力，通过自身的有效运营，减轻政府对社会资本投资的回报压力，摒弃政府投资项目中的政府承诺和违规担保等不良现象的发生。

四、结论

站在市场化的视角来看，地方政府融资平台坚持国有资本投资主体的身份，要加快通过介入 PPP 业务，实现经营观念转变、运作业务延伸、组织功能调整的整体转型，将有利于维护地方国有资本对区域城镇化建设的长期支持和维护稳定的地位。但是基于 PPP 项目规范运作要求和融资平台职能定位方面的考量，还需要地方政府在其先期介入阶段进行政策倾斜和行动支持。

具体表现为：贯彻政府参股PPP项目公司的政策要求，指定融资平台作为PPP项目的政府出资主体；落实推动成立政府引导性质的PPP基金，为融资平台参与PPP运作提供杠杆运作资金；坚持同股同权要求，创造优化项目公司现金流状况，保障融资平台的参与动力；支持将融资平台承担的政府债务纳入财政预算，剥离其政府融资职能，建立健全现代企业制度和公司治理结构，为融资平台参与PPP项目社会资本采购创造基本条件；放开对融资平台的功能定位限制，鼓励其与不同行业的标杆企业互动合作，共同组建联合体以平等市场主体参与PPP项目采购竞争；积极挖掘探索存量资产的PPP运作，鼓励融资平台参与此类财务投资回报较低的PPP项目，通过杠杆撬动社会资金实现资产盘活和债务化解目标。

总之，PPP模式的推广和运用，对于基础设施和公共服务行业的改变已成为地方政府融资平台内部变革和转型发展的重要促进因素。而地方政府融资平台也是目前为止在PPP运作过程中，最乐意实质性承担全过程项目风险和长期取得投资回报收益的市场法人主体。因此随着大量的地方政府融资平台快速介入PPP业务，可以预见的是地方政府融资平台与PPP之间一定会产生良性的化学反应，推动地方政府投融资运作朝着更加规范、更加开放和更市场化的方向前进。

地方债与PPP的和谐共生

【作者简介】

曹　珊，上海市建纬律师事务所

【文章内容】

背景一

最近一个月来，中国市场股市大跌、债市大跌、商品市场大跌，根据经济参考报的最新报道，2017年金融市场的整体基调就是“去杠杆”。一方面货币政策将保持稳健中性以维持资金面紧平衡，从而打压套利空间，导致债券发行成本大幅升高、大量债券取消或推迟发行。在刚刚过去的4月中，共有154只债券取消和推迟发行，涉及规模达到1406亿元。以往受市场推崇的城投债的票面利率甚至有些已接近7%。

可以看到，去年开始央行发放的流动性几乎被房贷和地方债截流殆尽，无法进入实体经济领域。在房地产泡沫和地方债乱行的局面下，央行只能维持稳健的财政政策，这意味着资金面收紧、市场利率增长、政府投资减少、居民企业收入减少、供给侧改革不得不放缓。

背景二

4月26日，特朗普政府公布了税改计划，将企业所得税从35%降到了21%、降低中产个人所得税、取消遗产税、对美国公司留存在海外的利润开征惩罚性税收，被称为史上最大减税计划。巨幅减税加上美国便宜的土地成本、燃料成本、物流成本、关税成本会拉扯全世界的资金回归美国。

虽然减税计划能否通过参众两院仍存悬念，但该消息的公布无疑对我们正在进行的供给侧改革带来影响。如果我们的地方债问题不解决，财政负担无法降低，就几乎不可能进行减税，也很难跟上美联储的升息步伐。

背景三

同一天，4 月 26 日，财政部、发展改革委、司法部、人民银行、银监会和证监会六大部委行会联合发布《关于进一步规范地方政府举债融资行为的通知》（财预〔2017〕50 号，后称“50 号文”），司法部出现在了发文名单中，其中的警示作用值得深思，为地方债的解决增加了强力监管主体。目的就是在眼下复杂的国内外局势下，彻底解决地方债问题，松绑国家财政、货币政策的施展。去年起的房地产市场严调控和目前的严打违规地方债都是为了牢牢守住不发生区域性系统性风险的底线。此次 50 号文中，虽然在解决地方债问题的方法上没有新的举措，但是语气明显变得严厉，目标底线和个人责任被重点提及。显示解决地方债问题已经刻不容缓。

一、地方债与 PPP 的前世今生

地方债问题可以被认为是 PPP 模式的催生剂，应当将地方债和 PPP 的密切关联放在一定历史环境下进行审视。我国利用外部资金进行基础设施、公用事业领域建设的过程大致分为以下几个历史阶段：

2002 年之前，我国的商品经济还基本处于供不应求的状态，大多数行业有了钱扩大生产还来不及，当年的 GDP 不足现在的六分之一。在这一大环境下，基础设施短缺还没有成为经济发展的主要矛盾。

在沿海较发达地区，一些华侨发扬爱国情怀，在政策的鼓舞下，开始以合资企业的形式探索进入国内的基础设施建设领域。至今，在想起吴晓波老师著作《激荡 30 年》中，霍英东投资白天鹅宾馆的故事仍觉得心情激荡。在 1994 年的分税制改革中，中央切走了地方财政的一大块，但基础设施建设、提供公共服务等事权却层层下放到地方，于是“跑部钱进”，跟中央要钱成了某些地方官员执政能力的代名词。

2003 年至 2008 年，由建设部主导推动市政公用行业市场化改革。2002 年底，建设部发布了《加快市政公用行业市场化进程的意见》《市政公用事业特许经营管理办法》，允许私有资本进入法律法规不禁入的基础设施、公用事业及其他行业。如，30 个北京奥运会场馆中，约半数是以特许经营的方式建设的[1]。

2009 年至 2012 年，为应对全球性的金融危机，2008 年中央政府推行积极的财政刺激计划，这个阶段的投资由政府主导，但是地方政府在分税制后基础设施的投资款除了向中央要就只有借债了。但是修订前的预算法规定，地方政府不能发债，也不能直接向银行借钱。于是，创新性的地方融资平台登上了历史舞台，地方政府成立一些投资公司，注入城市土地及国有资产，以这些资产为抵押向银行借钱，用借到的钱对土地进行一级开发，再出让土地获得收益。于是出现大量以公司债名义发行的“城投债”，而实质上其发行的却是政府债。

就这样，地方政府有了土地出让的收入，地王这个名词也开始频现报端。地方政府有了向金融机构借款的平台，如果抵押物不够了，还会做个“还款承诺书”“担保函”。于是，信托机构的政信项目也一时间大行其道。地方政府以此绕过了预算法，开始了轰轰烈烈的城市建设……

2013 年后，由于经济过热，产能过剩，地方债务比例进入警戒线等问题开始显现。原因就在于平台是不列入财政预算监督管辖的，而国有资产的管理又以经营性指标为准。各级地方官员盲目上马的很多项目前期的建设已经完成，后期如不继续借款建设就不能发挥效用。于是，地方债就像滚雪球一样，越滚越大，呈现不可遏制之势。

2014 年《国务院关于加强地方政府性债务管理的意见》（国发〔2014〕43 号，后称 43 号文）横空出世，后续整理规范地方债务的文件连续出台。我国经济发展逐渐进入新常态，地方财政收入增长放缓。当海水褪去，地方债的风险也日益严重，维持基建投资规模和控制地方债务成了硬币的两面。党的十八届三中全会明确提出允许社会资本通过特许经营方式参与城市基础设施的建设与运营。财政部、发改委及相关部委密集出台了大量推广 PPP 模式的政策性文件，将 PPP 模式提升到了国家战略的高度。

二、原有地方债模式，条条大路都封杀

“43 号文”仅仅是中央管控地方债的开始。首次全面明确了建立“借、用、还”相统一的地方政府性债务管理机制，明确政府债务的融资主体仅为政府及其部门，不得通过企事业单位等举措，剥离融资平台的政府融资职能，切实做到谁借谁还。通过不限于以下所列的一系列措施，逐条封杀了地方举债的各种途径：

（1）我国《预算法》第三十五条规定，“除法律另有规定外，地方政府及其所属部门不得为任何单位和个人的债务以任何方式提供担保”。而《担保法》第八条就规定，“国家机关不得为保证人，但经国务院批准为使用外国政府或者国际经济组织贷款进行转贷的除外”。中国银监会印发《关于银行业风险防控工作的指导意见》（银监发〔2017〕6 号）强调不得违规新增地方政府融资平台贷款，严禁接受地方政府担保兜底。

可见，政信项目的“政府承诺书”形式一再被确认无效。《预算法》更是将禁止担保兜底为“任何方式”，此类担保合同因违反了法律强制性规定而无效，银监会更是从资金供应层面也禁止被监管金融机构接受政府担保兜底。

本次“50 号文”更是将监管重点放在了政府担保行为上，要求：“尽快组织地方政府及其部门对融资担保行为摸底排查，督促相关部门、市县

政府加强与社会资本方的平等协商，依法完善合同条款，分类妥善处置，全面改正地方政府不规范的融资担保行为。上述工作应当于 2017 年 7 月 31 日前清理整改到位，对逾期不改正或改正不到位的相关部门、市县政府，省级政府性债务管理领导小组应当提请省级政府依法依规追究相关责任人的责任。金融机构为融资平台公司等企业提供融资时，不得要求或接受地方政府及其所属部门以担保函、承诺函、安慰函等任何形式提供担保。”

（2）2016 年 11 月 14 日，国务院办公厅当日对外公布《地方政府性债务风险应急处置预案》，明确我国将把地方政府性债务风险事件划分为四个等级，实行分级响应和应急处置，必要时依法实施地方政府财政重整计划。文件中更有重磅条款：“地方政府对其举借的债务负有偿还责任，中央实行不救助原则。”

可见，中央已经看到了可能爆发的风险，提出了解决预案。同时预警地方政府和企业，明确将地方信用和中央的信用脱钩，将“不救助”确认为一种原则。按照“50 号文”的表述其目的无非是为了防止区域性、系统性风险的发生。

（3）中国证券投资基金业协会关于发布《资产支持专项计划备案管理办法》及配套规则的通知（中基协函〔2014〕459 号）中，配套的资产证券化负面清单，也将地方政府及平台类收入列入其中。即，现有平台公司的资产证券化融资道路也基本被封杀。

在利用融资平台进行融资方面，“50 号文”中规定“不得承诺将储备土地预期出让收入作为融资平台公司偿债资金来源，融资平台公司在境内外举债融资时，应当向债权人主动书面声明不承担政府融资职能，并明确自 2015 年 1 月 1 日起其新增债务依法不属于地方政府债务”。并再次申明了土地收支应当做到两条线，在资本市场上不能使用地方政府的信用开展融资行为。

（4）“43 号文”对地方政府依法举债进行总额控制、限额管理。经国务院批准，省、自治区、直辖市政府可以适度举借债务，市县级政府确需举借债务的由省、自治区、直辖市政府代为举借。“43 号文”封堵了城投债，平台公司举债，地方发行债券只能由省、直辖市级政府在限额内代为发行。

“50 号文”规定地方政府不得将公益性资产、储备土地注入融资平台公司。这一规定，彻底断绝了原有融资平台的操作模式。没有了融资的担保资产和还款来源，融资平台今后将难以为继。

（5）“43 号文”和《地方政府存量债务纳入预算管理清理甄别办法》财预〔2014〕351 号发出后，各地方政府发行了大量置换债券，用于提前偿还平台公司存量的高利息贷款。这一做法使地方政府从此名正言顺发债，而且成本还低。对于接盘置换债券的银行，这至少比地方政府还不上钱要好啊，也都欣然接受了。只是各地的置换债券利息有的甚至低于同期国债，也是让人感叹的。

（6）《财政部关于印发政府和社会资本合作模式操作指南（试行）的通知》（财金〔2014〕113 号）第二条指出本指南所称社会资本是指已建立现代企业制度的境内外企业法人，但不包括本级政府所属融资平台公司及其他控股国有企业。

《国务院办公厅转发财政部发展改革委人民银行关于在公共服务领域推广政府和社会资本合作模式指导意见的通知》（国办发〔2015〕42）号明确对已经建立现代企业制度、实现市场化运营的，在其承担的地方政府债务已纳入政府财政预算、得到妥善处置并明确公告今后不再承担地方政府举债融资职能的前提下，可作为社会资本参与当地政府和社会资本合作项目，严禁融资平台公司通过保底承诺等方式参与政府和社会资本合作项目，进行变相融资。

对于融资平台公司参与 PPP 项目的相关规定，有效封堵了地方政府通过其控制的平台公司利用原有借贷模式，借用 PPP 名义进行项目投资的渠道，为 PPP 成为名副其实的政府与社会资本合作奠定了基础。而“50 号文”更是着重限制了在 PPP 模式中变相举债，笔者将在后文中详述。

（7）《地方政府存量债务纳入预算管理清理甄别办法》财预〔2014〕351 号，对存量债务的甄别提出了标准，并将 PPP 模式作为解决地方政府债务问题的解决途径。其中在要求地方政府认真甄别筛选融资平台公司存量项目的同时，对适宜开展政府与社会资本合作模式的项目，要大力推广 PPP 模式，达到既鼓励社会资本参与提供公共产品和公共服务并获取合理回报，又减轻政府公共财政举债压力、腾出更多资金用于重点民生项目建设的目的。

351 号文以限期的形式要求地方政府上报存量债务，并要求各部门、各单位负责人，各级财政部门负责人、政府主要负责人按财政管理级次对本地区清理甄别结果及各项统计情况签字确认。这一规定对各地政府造成了很大的压力，也基本打消了地方政府继续通过各种途径举债的念头。

同时，在甄别标准的第十一条中，明确了对通过 PPP 模式转化为企业债务的，不纳入政府债务。即不再将因 PPP 模式承担的政府合同付款责任定性为地方政府债，这使得各地政府推行 PPP 模式的热情空前高涨。这一举措彻底堵住了地方债的污水，放进了 PPP 的活水。

而“50 号文”中，更是强调了对相关负责人的追责力度。对地方政府及其部门融资担保行为没有限期清理整改到位的，对逾期不改正或改正不到位的相关部门、市县政府，省级政府性债务管理领导小组应当提请省级政府依法依规追究相关责任人的责任。财政部驻各地财政监察专员办事处要密切跟踪地方工作进展，发现问题及时报告。此次司法部参与发文，财政部监察专员密切跟进，限期整改不到位就要全盘追责。如此力度也显示中央封堵原有地方债模式的决心。

三、平台公司名亡实存，变相举债困扰 PPP

虽然各类地方债管理文件层出不穷，也无法统计平台公司目前的存在状况，但是笔者在平台公司上班的同学、朋友目前还没有一个下岗的。可见，平台公司大都还在，甚至连大门口的牌子都没换。地方政府面对巨大的资金缺口，显然没有下定决心将招财猫一关了之。在地方政府强大的变通博弈能力下，各种变相举债模式更是防不胜防。

本次“50 号文”中规定：“地方政府不得以借贷资金出资设立各类投资基金，严禁地方政府利用 PPP、政府出资的各类投资基金等方式违法违规变相举债，不得以任何方式承诺回购社会资本方的投资本金，不得以任何方式承担社会资本方的投资本金损失，不得以任何方式向社会资本方承诺最低收益，不得对有限合伙制基金等任何股权投资方式额外附加条款变相举债。”

（一）明股实债

2015 年之后，资金面一直处于较为宽松的状态，平台公司融资依然较容易，成本也低，地方政府为了稳增长，稳定基建规模，仍然还在变相使用融资平台。可以说平台公司如百足之虫，死而不僵。政策严管，平台公司却仍名亡实存。在变相举债的模式中，最常见的就是“明股实债”。

在 PPP 项目中，明股实债，保底承诺，项目回购等方式变相融资问题比较突出，也有地方政府或其指定的国有企业在 PPP 基金中承担劣后方，承担对社会资本的还本付息保底责任；基金的亏损由政府补足等；对社会资本承诺保底收益等变相举债模式仍然时有发生。

究其根本，投资人对于风险的厌恶和对收益的喜好决定了社会资本或资金方更倾向于在 PPP 项目中获得固定收益。但收益总是与风险相对应的，目前 PPP 项目的风险还处于不确定的状态。基于以下原因，明股实债模式更符合参与方的实际需求，也是变相借债成为目前地方债务治理的重点关注对象的原因：

（1）国务院办公厅、发改委、财政部为规范 PPP 项目频繁发文，但文件效力都不高。还没有 PPP 法律法规立法来从法律层面规范 PPP 项目参与各方的行为。在此情形下，社会资本偏爱固定收益模式是理性资本的合理诉求。相对应的，地方政府为项目顺利落地，也就会选择变相签订 PPP 协议，并承诺兜底社会资本的固定收益。

（2）明股实债形式中，项目投资风险实际由政府方承担，这不符合 PPP 模式要求的权责对等、风险合理共担的本质要求。社会资本的收益应当与项目收益形成激励相容机制，确保社会资本有足够的动力做好项目的建设与运营工作。但是各地政府还是普遍将 PPP 模式视作一种融资手段，在项目初始洽谈时更关注融资方案等因素，这不免让社会资本将自己的角色定义为垫资施工人，而长期垫资本该拿的就应是利息。

（3）PPP 项目本该以平等作为主要原则，但实践中，几乎不可能做到。合同是由政府方起草的，从投标保证金到履约保函到运维保函，项目公司只要一违约，政府方就能直接去银行提款了。但是政府方的支付担保在哪里？一旦违约，社会资本只能通过诉讼，且执行还是未知数。社会资本在进入项目前就看到了如此凄惨的未来，又如何敢放心和政府方合作，且担更多风险呢？

（4）对于地方政府拍脑袋上马的项目，能有多少经济收益及社会效益呢？一般社会资本都是不看好的。而真正好的项目，地方政府又不愿做成 PPP 模式。对于啃骨头的项目，理性的投资人自然偏好固定收益。

（二）产业基金引起的地方债危机

近日华尔街日报在《中国 PPP 融资模式雪藏地方债风险》一文中报道了我国产业基金对地方债务提高的影响，文章称：“迄今为止，中国已经启动了数百只产业基金，这些基金支撑着广东省的可再生能源新项目，上海的港口扩建项目，湖北省的高科技制造业项目，以及河南省总计 450 亿美元的房屋建设、污水处理和养老设施项目等等。”

文章以温岭产业基金为例，地方政府贡献了 1.9 亿美元种子资本中的大约 20%，中国银行提供了剩余部分。该基金之后控制了两家市营建筑公司，拥有包括金清港大桥在内的三项当地公路建设合约。之后，中国银行就开始在线上推广一系列投资该基金所发行优先股的 91 天期理财产品；承诺提供大约 4% 的年化回报率。中国银行温岭城市产业发展基金期限为六年，之后市政府有义务全盘收购中国银行的投资，并支付 8.5% 的年化回报率。

我们知道产业基金一般是政府投入种子资金，由金融机构认筹其他部分，该基金以股权形式参与 PPP 项目。一直以来产业基金的形式的确起到了四两拨千斤、引导社会资本投入基础设施建设的积极作用。但是如果政府对入股的金融机构进行了回购及固定收益的承诺，这实际上也构成了地方政府的债务。而且产业基金的规模发展迅速，不久的将来在地方政府债中所占的比例也会越来越大。这一动态值得警醒。

“50 号文”中，特别对利用基金形式的明股实债做了明确规定。比如明确界定不得以借贷方式出资设立各类投资基金。设立政府出资的各类投资基金时，不得以任何方式承诺回购社会资本方的投资本金。不得对有限合伙制基金等任何股权投资方式额外附加条款变相举债：

（1）PPP 基金入股资金的借贷属性

要知道，很多金融机构即使入股 PPP 基金，其入股资金的实质或多或少是一种借贷资金，只为完成地方政府的任务。另一方面，通常一个 PPP 基金的年限为 10 年，低于大部分 PPP 项目的运营期。金融机构如没有完善的退出机制保证是不会参与的，而此时政府就会对其退出渠道做出一定的承诺。而这就可能符合了 PPP 基金变相举债的要件。

（2）有限合伙制基金投资变相举债

就单个项目而言，如果构建分层的投资结构，以基金形式进行项目股权投资时，通常由社会资本、上一层基金或是地方政府指定的机构担任普通合伙人，由金融机构担任有限合伙人。普通合伙人对外承担无限责任，有限合伙人在出资范围内承担有限责任。这种夹层融资的模式介于债券和股权之间，非常适合养老资金、保险资金、商业银行、对冲基金等投资结构的完善。但是，实践中经常出现政府指定的普通合伙人承诺对金融机构的入股资金以固定收益率进行回购，这实际上造成地方政府承担了保底责任，造成了政府或有债务的增加。根据《合伙企业法》第三条，国有独资公司、国有企业、上市公司以及公益性的事业单位不得成为普通合伙人。也就是说，以这些主体作为 PPP 基金的普通合伙人也已经违反了《合伙企业法》的规定，而这些企业通常就是参与承诺回购的合同主体。

"50 号文"首次对该模式进行了限制，虽然行文中并没有明确何种形式的保底承诺应受到限制，但这一模式的确符合政府担保的实质，应当在实践中予以扬弃。

四、新增地方债务逐级设限

基于前三节的讨论我们可以看到，目前平台公司融资模式已经趋于式微，PPP 模式方才兴起但已身负各种顽疾。好在目前主管部门及时注意并重视了这一问题，这无疑会提高落地 PPP 项目的质量，控制好地方债规模。

2017 年印发的《新增地方政府债务限额分配管理暂行办法》财预〔2017〕35 号，对省级下属行政地方间如何就本省的举债限额进行分配做了详细规定，在给予省级政府一定自主权的同时，对分配方法做了定性且定量的规定。以下梳理我国新增地方债务逐级设限的法规体系：

（一）对于新增债务设限的法律法规体系

《预算法》第三十五条规定经国务院批准的省、自治区、直辖市的预算中必需的建设投资的部分资金，可以在国务院确定的限额内，通过发行地方政府债券举借债务的方式筹措。举借债务的规模，由国务院报全国人民代表大会或者全国人民代表大会常务委员会批准。省、自治区、直辖市依照国务院下达的限额举借的债务，列入本级预算调整方案，报本级人民代表大会常务委员会批准。举借的债务应当有偿还计划和稳定的偿还资金来源，只能用于公益性资本支出，不得用于经常性支出。

“43 号文”对上述条文进行了进一步明确：

（1）规模受限，审批受限：地方政府举债不得突破批准的限额。地方政府一般债务和专项债务规模纳入限额管理，由国务院确定并报全国人大或其常委会批准，分地区限额由财政部在全国人大或其常委会批准的地方政府债务规模内根据各地区债务风险、财力状况等因素测算并报国务院批准。

（2）程序受限，主体受限，用途受限：严格限定地方政府举债程序和资金用途。地方政府在国务院批准的地区限额内举借债务，必须报本级人大或其常委会批准。地方政府不得通过企事业单位等举借债务。地方政府举借的债务，只能用于公益性资本支出和适度归还存量债务，不得用于经常性支出。

（3）全口径预算管理：把地方政府债务分门别类纳入全口径预算管理。地方政府要将一般债务收支纳入一般公共预算管理，将专项债务收支纳入政府性基金预算管理，将政府与社会资本合作项目中的财政补贴等支出按性质纳入相应政府预算管理。地方政府各部门、各单位要将债务收支纳入部门和单位预算管理。或有债务确需地方政府或其部门、单位依法承担偿债责任的，偿债资金要纳入相应预算管理。

《新增地方政府债务限额分配管理暂行办法》财预〔2017〕35 号：

第七条　新增限额分配应当体现正向激励原则，财政实力强、举债空间大、债务风险低、债务管理绩效好的地区多安排，财政实力弱、举债空间小、债务风险高、债务管理绩效差的地区少安排或不安排。新增限额分配用公式表示为：

某地区新增限额 =［该地区财力 × 系数 1+ 该地区重大项目支出 × 系数 2］× 该地区债务风险系数 × 波动系数 + 债务管理绩效因素调整 + 地方申请因素调整。

（二）限额管理是地方债市场化的重要前置程序

在 43 号文中，要求地方政府发债应建立地方政府信用评级制度，逐步完善地方政府债券市场。《新增地方政府债务限额分配管理暂行办法》中，使用的限额计算公式考虑了各地区财力、重大项目支出、地区债务风险、债务管理绩效，以及当年全国新增地方政府债务限额规模等因素。

为什么说限额管理是地方债市场化的前置程序？因为债券最根本的条件是信用评级。放眼观望目前的地方债产品，满眼都是 AAA 级的。作为投资者想要确保地方债的还本付息，首先应当确保债券规模处于当地政府可以承受的范围之内。通过《限额管理办法》，政府通过因素法确定了合理的债券规模，无形中反映了债券的信用评级，中央政府也无形中对该限额内的债券发行进行了背书。各地方政府的信用能力通过债券的限额有了量化的表现。当信用出现了差异，资金就是评选资产优劣的标志。

（三）增加倒逼机制、公平债额分配、防止“跑厅债进”

地方政府总是缺少资金的，省级政府可以发行的地方债券的数额又受到了中央层面的限定。如果没有一个量化的在地方间分配地方债额度的指标，免不了各地方政府要为了争夺更多的债券额度而进行公关。

有了明确的指标，明确的系数，每个地方政府都能马上意识到，要提高自己的额度需要先做好准备工作，包括处理好存量债、规范债务管理程序、争取重大工程、降低本地区债务风险等，通过倒逼机制提高地方政府解决地方债问题的主动性。

五、新形势下地方债与 PPP 模式的和谐共生

应该说，在历史的坐标系上，PPP 和地方债应该是两条共生的平行线，各自解决各自的问题，服务的则是同一个目标，那就是经济的平稳增长、人民生活条件的逐步提高。

另一方面，在历史的花园里，地方债却像杂草般生长，难以控制。过多的杂草就会稀释土地的养分，阻挡普照的阳光。而 PPP 就像一株娇贵的葡萄，从地下慢慢地长出藤蔓来，人们需要早早地就携手搭出一个葡萄架来，为这株植物未来的生长确定好方向，扩充出空间。待藤蔓长到高高的葡萄架上才好开枝散叶，过了几年之后，在一个金秋的时节，终于结出累累硕果。PPP 的发展需要合适的土壤、充足的养料、适宜的阳光，需要日常的修剪和众人齐心协力的计划，更重要的是几年等待的光阴。

一个漂亮的花园里，必然离不开春华秋实的大树，也一定离不开一年四季默默生长、填补季节空档的草本植物。PPP 和地方债模式的顶层设计出发点本就是不一样的，对政府承担的责任和对经济总体发展的影响也不同。总体来说，为了转变政府职能、助力经济转型、扩大融资渠道，应该首先考虑使用 PPP 模式，并将地方债看作是 PPP 模式的后备力量，对于无法或难以采用 PPP 模式落地的项目，政府专项资金也不足以承担的时候，才考虑使用地方债模式进行筹措。

如今正是 PPP 项目推广的关键阶段，大量 PPP 项目已经顺利进入执行阶段，达到了较好的社会与经济效果，社会各界都对 PPP 模式充分重视。财政部已经公布了三批 PPP 示范项目，众多相关企业成立了自己的 PPP 业务部，各类 PPP 产业基金也纷纷组建。但是，目前 PPP 项目的落地比例还比较低，项目的集中落地还存在着各种各样的制约因素。

中央政府应当知道，地方政府并不完全是刻板服从行政命令的下属单位，从地方政府的角度来看，如果能够方便的举借到政府债，那么利用 PPP 模式实施项目的动力就会大大减少。所以，应当一方面需要通过后续法律及政策的制定，把控住地方政府的投资行为偏好，又要放开一定的地方债务口子，让不能通过 PPP 模式落地的项目获得社会资金的支持。也即，只有将地方债的发行从程序上、实质上进行全面监管，才能平衡好两者间的关系，确保地方政府能够按照政策导向实现“先 PPP，后举债”的模式。并慢慢形成两者和谐共生、相互补充、各司其职，共同完成好稳定经济增长的历史使命。

在目前复杂多变的国际国内经济局势下，在目前房地产泡沫、地方债危机、经济增长放缓的三座经济大山的压迫下，必须两手抓。一方面抓好地方债务清理，避免系统性风险的发生，另一方面抓好 PPP 项目，扩大基建投资的同时，稳定企业生产性投资。只有一手做好金融防御，一手扩大投资和消费，抓紧落实供给侧改革，确保国内经济稳定和谐发展。

参考文献

[1] 林华主编.PPP 与资产证券化，中信出版集团

财预〔2017〕50、62、87号文的拙见

【作者简介】

张盛族，大连市城市建设投资集团有限公司，基础设施投资部部长

【文章内容】

短短一个月，50号文一波影响还未平息，62、87号文一波又起，上至财政部门下到金融系统和城投类企业都产生了极大的震动和影响。4月26日财政部等六部委联合发布财预50号文，就加强地方融资平台融资管理及规范PPP等事项作出了相关规定，62号文对规范土地储备专向债的规定随即出台。时隔一天，最猛烈的87号文发布，就规范政府购买服务管理，制止地方政府违法违规举债融资做出详细要求。那么三个文件到底分别讲点啥：

结合之前出台关于规范地方债务的国发〔2010〕19号、财预〔2012〕463号、新《预算法》、国发〔2014〕43号、财预〔2016〕5号、国办〔2016〕88号、财办〔2016〕94号、财预〔2016〕175号等文件，可以看出近期发布的三个文件本质上更多的是对近三年来的政策从执行层面的强化和对被异化政策的一次纠偏。核心在于全面堵住地方政府及其部门违规进行融资担保或变相融资担保形成地方政府或有债务的可能性，确保地方政府只能通过地方债形成政府债务。

一、先唠唠50号文

此次六部委联合发文意在结合各自权限立体化、全方位的监管地方政府债务，防止债务风险和金融风险相互交叉感染。此刻出台是在几轮摸底后对地方政府违法违规举债融资问题的一次反思和总结，内容主要针对融资平台和PPP等方式隐性举债的纠偏，而非否定模式本身，通过规范化使之达到当初设计制度的本意。

近年来对政府官员考核指标转变了，不单纯考核GDP；雪花般文件的下发从政策上也基本建立了相对完善的体系，可为什么地方政府违法举债就屡禁不止？抛开投资拉动经济，实质上来讲还是日益增长的城镇化需求和地方财力不足之间的矛盾。所有政策都在堵不在疏，地方政府便必然自己去找出口：按住表外，就会冒出表表外；不让担保，就用回购，因此造成问题与政策相伴相生的发展。

（一）规范融资平台

针对融资平台，50号文重申，“地方政府不得将公益性资产、储备土地注入融资平台公司，不得承诺将储备土地预期出让收入作为融资平台偿债资金来源，不得利用政府性资源干预金融机构正常经营行为”“融资平台公司在境内外举债时，应当向债权人主动书面声明不承担政府融资职能”。实际上早在国发〔2010〕19号文、财预〔2012〕463号文就已明确“政府办公楼、学习、医院、公园等公益资产不得注入平台公司”；43号文及新预算法也早已划清融资平台和地方政府债务界限、弱化平台背后的政府隐性担保。因此对于2015年后新成立或已转型为市场化运营的国有企业来说并无太大意义。

目前，各地城投公司仍是政府相关实体，也都在完善着法人治理结构，地方政府仍将从以下方面影响城投公司信用质量：

1. 作为城投公司股东，地方政府可以合规的增加投资，而不是注入公益性等不便处置的资产。

2. 地方政府或通过其设立或参股的担保公司提供间接的信用支持。

3. 作为城投公司服务的客户，地方政府应按与城投公司签订的合同及时足额履行付款义务。

（二）纠偏PPP

2014年财政部和发改委先后力推PPP的初衷主要是转变基础设施和公共服务项目融资方式、发挥市场机制的决定性作用，但在实操中一开始就异化成新的融资工具，丢掉了初心：其一，撬动社会资本投资功能逐渐减弱，目前参与PPP项目的社会资本以央企和国企居多，民企相对较少。其二，一些地方政府违规出具担保函、兜底函，对项目进行回购或承诺固定收益等，显然不符合PPP风险共担、利益共享的理念。增加了地方政府性债务风险。其三，部分不规范的PPP项目形成了地方政府或有债务，导致地方政府隐性负债增加。

据财政部的统计，截至2017年3月末，全国PPP综合信息平台项目入库数前三位的省份是贵州、山东和新疆。可以看出财力强的地方政府不太急于推广PPP，越是财力吃紧的地方越热衷于PPP。分析PPP项目对地方政府负债的影响，需要区分项目的不同类型，如果是使用者付费充足的特许经营类项目，不涉及政府未来的支付义务，不会增加政府债务，但如果是使用者付费不足或不收费项目，政府将在PPP合同期承担确定的未来支付义务。

50号文有助于社会资本合作方和资金提供方对地方政府在PPP项目中的角色和义务形成清晰稳定的预期，长期推动PPP项目健康运行。在规范PPP融资操作的同时，政府也相继出台了鼓励PPP项目资产证券化和债券融资等相关文件，比如发改办财金〔2017〕730号文，在资本市场端为社会资本参与PPP基础设施项目融资提供了有限的融资渠道。

从内容看，50号文首次提出允许地方政府设立或参股担保公司依法依规提供担保（地方政府只承担有限责任），这已成为地方政府向企业输送信用支持的唯一合法途径。

二、再聊聊62号文

62号文的出台依旧是对43号文等相关文件的继承、细化和确认。

开篇便言“2017年先从土地储备领域开展试点，发行土地储备专项债券，规范土地储备融资行为，促进土地储备事业持续健康发展，今后逐步扩大范围”。表达保守，因为毕竟62号文针对的是专项债券。专项债券必须对应有专项收入的项目，但对于无收入的公益性城市基础设施项目是否可通过PPP或政府购买服务来实现此处并未明确。

62号文一大特色便是实现专项债券与项目的严格对应，可第28条第2款“因储备土地未能按计划出让、土地出让收入暂时难以实现，不能偿还到期债券本金时，可在专项债务限额内发行土地储备专项债券周转偿还，项目收入实现后予以归还”算不算又留个口子，会不会产生借新还旧的现象呢？

其中，第32条“地方各级政府不得以土地储备名义为非土地储备机构举借政府债务，不得通过地方政府债券以外的任何方式举借土地储备债务，不得以储备土地为任何单位和个人的债务以任何方式提供担保”，但此条并未明确否定采用政府购买服务进行一级土地整理。尚且给人留以遐想空间。

三、最后谈谈87号文

无论50号文还是62号文实际上都存在很多表述模糊的地方，正当本人遐想政策也许故意留了几条口子作为缓冲时，87号文便以迅雷不及掩耳之势而至。详细列举政府购买服务负面清单并首次将非金融机构的融资列入禁止范围。

2014 年《政府购买服务管理办法（暂行）》规定，政府向社会力量购买服务的内容为适合采取市场化方式提供、社会力量能够承担的公共服务，突出公共性和公益性，要逐步加大政府向社会力量购买服务的力度。并且只要纳入政府采购目录的事项都可以做政府购买服务，而禁止纳入的范围又比较模糊，再加上县级政府就有列入政府购买目录的权限，因此，政府购买服务确有日益泛滥之势。不少地方政府扩大政府购买服务的范围，把采购工程变成了采购服务，用工程代建服务、购买基础设施服务等变通方式做成了政府购买服务，变相举借债务，隐性债务风险不断积累累加。

针对上述乱象，财政部 87 号文严肃进行了规范。在政府购买服务的范围上，财政部要求不得将原材料、燃料、设备、产品等货物，以及对建筑物和构筑物的新建、改建、扩建及其相关的装修、拆除、修缮等建设工程作为政府购买服务项目。严禁将铁路、公路、机场、通讯、水电煤气，以及教育、科技、医疗卫生、文化、体育等领域的基础设施建设，储备土地前期开发，农田水利等建设工程作为政府购买服务项目。严禁将建设工程与服务打包作为政府购买服务项目。严禁将金融机构、融资租赁公司等非金融机构提供的融资行为纳入政府购买服务范围。政府建设工程项目确需使用财政资金，应当依照《中华人民共和国政府采购法》及其实施条例、《中华人民共和国招标投标法》规范实施。就是以列举的方式，明确将有形的建设和物品的采购与无形的服务分开，将融资行为与政府的服务分开。

从预算管理上，要求先有预算，然后才能购买服务，不得把政府购买服务作为增加预算支出的依据。签订购买服务合同，就当确认财政支出已在年度预算和中期财政规划中安排。防止以购买服务的名义增加将来政府的支出责任，增加政府的负债。

并且 87 号文提出不得利用或虚构政府购买服务合同为建设工程变相

举债不得通过政府购买服务向金融机构、融资租赁公司等非金融机构进行融资，不得以任何方式虚构或超越权限签订应付（收）账款合同帮助融资平台公司等企业融资。

至此，三个文件完美地从融资平台、PPP、土地储备融资、政府购买服务等方面给予全方位、立体化、无死角的规范。但治理种种乱象的规范，应该是具体问题具体分析，重堵更应重疏。保持政策的稳定性、可预测性才更有利于政策的权威性，否则一脚油门一脚刹车的政策，辛苦的是一线从业人员、更伤害的也许是政府工作人员的积极性。搞不好造成不敢作为、不懂如何作为就事与愿违了。此外，例如只能依靠地方政府土地储备专项债去解决全国土地整理问题等政策我觉得绝不会是永久的、科学的。估计不久的将来会继续出台更多号文儿，我们就观望着去学习吧……

如何防止 PPP 项目的泛化和异化

【作者简介】

连国栋，发改委、财政部 PPP 双库专家、山西省财政厅 PPP 专家、英国皇家工料测量师

【文章内容】

2014 年以来，PPP 模式得到了大力推广，根据财政部政府和社会资本合作（PPP）综合信息平台统计中心数据统计，截至 2017 年 6 月底，入库项目已达 13554 个，入库金额 16.3 万亿元，其中签约落地项目 2021 个，投资额约 3.3 万亿元，落地率约为 34.2%。在看到成绩的同时，也应看到某些地区 PPP 项目出现泛化和异化的苗头，也应有足够清醒的认识，不容忽视。本文试图通过对 PPP 项目泛化的表象及产生的原因进行分析，并对防范PPP项目的泛化提出一些建议，希望能够对PPP项目规范发展有些益处。

一、PPP 项目泛化和异化的表象

1.PPP 项目模式的泛化

主要体现在，基础设施和公共服务是无 PPP 不欢，对项目的适格性考虑较少，发改委、财政部等相关部委颁发了一系列政策文件，对 PPP 项目识别、筛选、执行、移交等程序进行规范，但在执行过程中，效果不尽如人意，主要体现在：

PPP 项目筛选泛化，由于投资冲动和地方政府对融资路径的依赖，各

地对 PPP 项目热情高涨，但对项目建设的必要性、合理性、及时性、地区整体性考虑不足，容易造成必须且亟待建设的项目在需要建设时，但因项目整体决策平衡不当，有可能政府 10% 的红线内的额度已经用完，最终造成两难境地。因此应加强项目筛选，科学抉择，既要满足当下，也要兼顾长远。

PPP 模式泛化，各行各业均都想采用 PPP 模式实施，而没考虑行业和项目的特质。PPP 模式主要应用于基础设施和公共服务领域，项目是否应采用 PPP 模式，应从是否提高了运营绩效服务水平、是否降低项目全生命周期的成本、是否实现了项目增值、是否提高项目的绩效来判定，而不仅仅是从实现融资目的来决策，更不是所有项目都 PPP 了之。如某地棚户区项目，政府将本应政府出资的资本金部分用 PPP 模式来融资；如某地将地产项目与其他项目打包，借道 PPP 来融资。

2.PPP 项目出现打包泛化

在 PPP 项目运作中，出现了一些苗头，PPP 的项目包越做越大，投资总额是数不惊人誓不休，投资不大就没有冲击力、没有业绩，PPP 项目包从初期一个项目几十亿，到现在动辄上百亿到几百亿，没有几百亿的 PPP 项目，都不好意思说是在做 PPP 一样，唯独对大项目包背后的负面效应分析较少。

项目打包的泛化，使得打包金额大的项目，设置了较高的竞争壁垒，扼杀了竞争活力，造成了竞争力减弱。投资大的 PPP 项目包对参与社会资本方的能力提出了更高的要求和参与限制条件，使得能够参与大项目包竞争的社会资本沦为某些大型企业的独角戏，如某地 70 亿管廊项目招标，要求注册资本金为 180 亿元以上，致使能够参与的社会资本有限。对项目包设置的大小，应尽力避免投资金额攀比，应从项目的可竞争性，项目运营管理可实施性、合理性等方面综合考虑。

项目包的泛化，对参与项目的社会资本也带来了不小的挑战，打包太大的项目，要求参与的社会资本应具备更强的投融资实力，更高的资源整合水平，更专业的项目管理水平、成本管控能力和运营实力。否则将会陷入泥沼，难以自拔，如近来纷纷扰扰的成都路桥 82 亿元公路项目，由于融资未能落地，致使成都路桥毁约，既造成了企业失信，也造成经济损失，因此社会资本参与大的打包项目也应对自身的实力，资源调动水平综合分析，来判断参与风险科学决策。

3.PPP 项目社会资本联合体出现异化

PPP 项目的联合体，本来是为使项目增值，实现联合体强强联合的效应，但目前趋势是联合体成员目标各异，未体现出 1+1>2 的效果。各成员之间同体异梦，存在捞一把就走的思想，甚至目前出现很多联合体中部分成员不出资，仅仅是为了规避二次招标的竞争，提前锁定施工利润，施工完成后实现快速退出，来钻联合体的空子。

二、PPP 泛化和异化的原因分析

1. 地方政府投资冲动是 PPP 泛化的原因之一

地方政府为加快基础设施建设，但是限于目前条件，为了能够搭上 PPP 的车，也只能够采取打包泛化来建设。

经过 43 号文、50 号文、87 号文多轮文件的清理规范，目前政府可用融资渠道狭窄，仅剩下债（专项债）+PPP 的模式，但发债一般都由省财政厅负责发行，额度有限，难以解决政府投资建设对资金需求的饥渴，因此各地纷纷利用 PPP 来实现投资拉动增长的目的，因而也就对于项目的必要性、可行性、及时性、整体性方面考虑较少，一切以能上项目为考量，出现 PPP 项目泛化也就不难。

2. 政策要求 PPP 项目加入绩效考核

根据目前 PPP 项目政策，完全政府付费的项目要审慎开展，对某些 PPP 项目缺乏可经营性，但为达到通过评审目的，把政府付费的项目与一些具备使用者付费的项目进行打包，在打包时并未考虑项目之间的内在关联性，是拉郎配式打包，如某地将人民医院、社会综合福利中心、客运中心、公交站等进行打包，这种打包是将运营“淡化”，难以实现提高项目供给效率和运营效率的目的。

3. 为了减少竞争，设置必要的竞争壁垒

某些 PPP 项目打包，是完全基于设置竞争壁垒的考量，通过项目打包，增加项目的体量，变相提高了项目竞争条件的标准，限制某些潜在竞争对手的投标，来达到控制竞争的目的。如某些公路项目，体量设置为 400 亿 –500 亿的项目包，要求注册资本不少于 100 亿元，投资施工业绩根据项目包来设置，有效地限制了潜在竞争对手的参与，增加的中标的成功概率。

三、加强顶层设计，防范 PPP 项目泛化的建议

1. 建议政府聘请大咨询、全咨询的咨询机构，是解决 PPP 泛化的重要途径。

具备大咨询、全咨询咨询服务能力的咨询机构，能协助政府统筹建立地区 PPP 项目库，科学评估，统筹安排，根据中长期发展规划，对地区的社会发展、公众需求、政府财政可承受能力等各方面进行综合评估，设计出符合当地发展的 PPP 项目实施的总体路径，以保证 PPP 项目决策科学合理。避免因单项目决策，缺乏宏观把控，对面临的风险和不确定性估计不足，造成决策失误、失灵。

2. 建立健全 PPP 项目评审体系、监督体系和考核体系，是防范出现 PPP 泛化的重要制度保证。

建立完善的 PPP 项目评审体系，对项目的可行性、必要性、财政承受能力的可行性、物有所值等综合分析评估，确保项目评审手段科学，评估过程合理，防止评审走过场。

加强项目过程监督，要对项目的绩效目标、运营维护成本、责任风险

分担、投融资方案、财政补贴等进行过程审计监督，确保项目平稳、有序的实施，达到预期目的。

建立科学、合理的绩效指标考核体系，对 PPP 项目的建设运营、融资成本、资金运作、工程质量、公众满意度等内容进行绩效评价，建立健全激励约束机制，确保 PPP 项目真正物有所值，提高绩效水平。

3. 加强对 PPP 项目信息的公开透明度，是防范项目暗箱操作，出现 PPP 泛化的重要手段。

加强 PPP 项目信息在财政部、发改委等信息平台披露的及时性、有效性及真实性，以保证 PPP 项目在财政承受能力评估、物有所值评价时的数据真实性，可靠性，有效防止决策过程的虚化。

加强 PPP 项目数据资料的积累，通过大数据分析等手段，解决目前在分析决策过程中定性分析多、定量分析少、决策不科学等难题，通过数据支撑，提高项目决策的科学性。

加强 PPP 项目数据信息的发布，确保信息平台的数据公开透明，通过数据比对、数据分析等科学手段，减少在项目决策过程中的人为操纵、暗箱操作，提升项目决策水平，减少决策失误，避免造成项目泛化。

结语

在 PPP 大热的当下，要规范发展 PPP，就应从制度入手，从大咨询和全咨询的角度出发，抓好项目的源头管控，做好顶层设计，科学策划、量力而行，统筹安排，综合平衡，既要顾及当前，也应与地区长远发展规划相结合，实现代际公平，防止出现 PPP 项目的泛化和异化，PPP 才能行稳致远。

“拨云见日”or“雾里看花”

——《基础设施和公共服务领域政府和社会资本合作条例（征求意见稿）》要点解析

【作者简介】

刘　飞，锦天城律师事务所 合伙人律师

方　帅，锦天城律师事务所 律师

【文章内容】

2017年7月21日国务院法制办公布了《〈基础设施和公共服务领域政府和社会资本合作条例〉（征求意见稿）》（以下简称《条例》），该《条例》虽未正式颁行，但从其制定和公布的主体来看，相比之前的部门规章和政策性文件，其正式颁行后将会以行政法规的形式成为我国PPP领域效力级别最高的法律文件。

无疑，《条例》的内容牵动着无数PPP人的心，笔者对文件中的要点问题进行逐一解读，仅供各方参考。

一、社会资本方

《条例》第二条：“……本条例所称社会资本方，是指依法设立，具有投资、建设、运营能力的企业。”第六条：“国家保障各种所有制形式的社会资本方依法平等参与采用政府和社会资本合作模式的基础设施和公共服务项目。”

第二条对“社会资本方”进行了定义，要求社会资本方必须是“依法设立，具有投资、建设、运营能力的企业”。而《条例》第六条又进一步要求保障“各种所有制形式的社会资本方”公平地参与基础设施和公共服务 PPP 项目的权利。

《条例》中对“社会资本方”的规定相较于之前颁布的 PPP 法律文件中对“社会资本方”的要求，呈现出一种形态模式扩大、而能力要求提升的态势。形态方面不再要求社会资本具有法人资格，且未再对地方政府融资平台公司作为社会资本进行限制，而能力方面要求必须具备“投资、建设、运营能力”。

对该条款笔者有两点疑问：（1）社会资本必须是同时具备投资、建设和运营能力的企业，还是可以是仅具备投资、建设或运营能力中任一种或两种能力的企业？（2）社会资本如为联合体，联合体各方的能力可以作为社会资本整体考虑，还是各联合体成员均需满足对社会资本方的能力要求？

二、PPP 模式的适用范围

《条例》第三条：“国务院有关部门根据前款规定的条件，制定可以采用政府和社会资本合作模式的基础设施和公共服务项目指导目录，并适时调整。”

本条规定了适用 PPP 模式的基础设施和公共服务项目条件，同时提出了由“国务院有关部门”制定“基础设施和公共服务项目指导目录”的概念，有助于防止 PPP 模式的泛化使用。

但同时，为防止地方政府采取各种变相模式规避 PPP 的制度设计（如政府购买服务、代建、ABO 等），凸显 PPP 模式的政策优势和政策地位，笔者建议进一步明确，“在第三条规定的基础设施和公共服务项目中引入社会资本投资和运营的应当适用 PPP 模式”，即将 PPP 模式确定为政府与社会资本就第三条规定的基础设施和公共服务项目进行投资和运营合作的唯一合法模式。

三、PPP管理协调及主管部门确定

1. 中央层面

《条例》第七条:"政府和社会资本合作的综合性管理措施,由国务院有关部门共同制定……国务院建立政府和社会资本合作工作协调机制,及时协调、解决政府和社会资本合作工作中的重大问题。"

此条中提出的"综合性管理措施共同制定"和"国务院建立政府和社会资本合作工作协调机制"都将有助于协调目前各部委分别对PPP项目进行管理而造成的一定的交叉、冲突。

2. 地方层面

《条例》第八条:"县级以上地方人民政府有关部门依照本条例和本级政府确定的职责分工,负责本地区合作项目的组织实施和监督管理。"

本条将确定地方PPP项目中各部门职责分工的权力明确下放到地方政府,由地方政府确定各部门在PPP项目中的职责分工。根据该条款,第二章中多次提到的"有关主管部门"将由各地政府在PPP项目的职责分工中确定。

四、PPP项目的发起主体

《条例》第九条:"县级以上人民政府有关主管部门(以下简称有关主管部门)根据经济社会发展需要、社会公众对公共服务的需求、相关发展建设规划以及本条例第三条的规定,在组织开展前期论证的基础上,可以提出拟采用政府和社会资本合作模式的基础设施和公共服务项目。公民、法人和其他组织可以就基础设施和公共服务项目采用政府和社会资本合作模式向有关主管部门提出建议。"

本条明确了作为 PPP 项目发起主体应是“县级以上人民政府有关主管部门”，而参照上述第八条的规定，“有关主管部门”是指地方政府在职责分工中确定的 PPP 项目主管部门，这一规定改变了之前 PPP 法律文件中要求行业主管部门作为项目发起主体的要求。

此外，本条还规定了“公民、法人和其他组织可以就基础设施和公共服务项目采用政府和社会资本合作模式向有关主管部门提出建议”，这一规定仅赋予公民、法人和其他组织的“建议权”，而其不再具有《财政部关于印发政府和社会资本合作模式操作指南（试行）的通知》（财金〔2014〕113 号，以下简称“113 号文”）中规定的社会资本对 PPP 项目的“发起权”。

五、实施方案的编制及联合评审

《条例》第十条：“对拟采用政府和社会资本合作模式的基础设施和公共服务项目，有关主管部门应当拟订合作项目实施方案。”第十二条：“本级人民政府应当组织有关部门对合作项目实施方案进行联合评审……本级人民政府审核同意合作项目实施方案的，应当确定相关部门、单位作为政府实施机构，负责合作项目实施的相关工作。”

上述两个条款的规定明确了“有关主管部门”是 PPP 项目实施方案的编制主体，改变了之前 PPP 法律文件中规定的先由政府指定项目“实施机构”，然后由项目实施机构负责编制项目实施方案的项目操作流程，赋予了各地 PPP 项目主管部门在具体 PPP 项目实施中更多的职责，同时，PPP 项目将在实施方案经本级人民政府审核同意后才确定具体的项目“实施机构”，“实施机构”在 PPP 项目中的职责范围相应缩小。

另外，本条中确立了“有关部门对合作项目实施方案进行联合评审”的制度，将之前 PPP 法律文件中的“可以”或“鼓励”明确为“应当”。

六、实施方案的评估

《条例》第十一条:"有关主管部门拟订合作项目实施方案,应当会同同级发展改革、财政等有关部门,从经济效益、社会效益等方面对采用政府和社会资本合作模式的必要性、合理性组织开展评估;涉及政府付费、政府提供补助或者补偿以及政府分担风险等财政支出事项的,应当提请同级财政部门进行财政承受能力评估。"

本条中提到了对实施方案的"必要性、合理性评估"和"财政承受能力评估"两种评估。笔者理解:(1)"必要性、合理性评估"是指包括物有所值评价等可以起到必要性、合理性评估作用的各类评估,而"必要性、合理性评估"应适用于所有 PPP 项目;(2)由于所有 PPP 项目都涉及政府分担风险,因此可以理解为所有 PPP 项目也都需进行"财政承受能力评估"。

七、合作项目协议签订前的协商

《条例》第十四条:"政府实施机构与其选定的社会资本方应当在协商一致的基础上签订合作项目协议。"

本条款中"协商一致"的措辞意图应是体现了合作双方的"平等关系",但招投标法、政府采购法中均规定"招标人和中标人不得再行订立背离合同实质性内容的其他协议",此条款可能会引发政府方和社会资本方对"协商"的泛化误解,建议根据招投标法和政府采购法对"协商"给予明确限制。

八、社会资本方对项目公司的担保责任

《条例》第十五条:"设立项目公司的,合作项目协议应当载明项目公司的注册资本、股权结构、股权变更限制以及社会资本方对项目协议履行

的担保责任等事项。”

本条提到“设立项目公司的，合作项目协议应当载明社会资本方对项目协议履行的担保责任”，可以理解为对社会资本就项目公司履行项目协议承担一定的担保责任做出了法定要求。

笔者认为，在 PPP 项目中，社会资本是否需要就项目公司履行项目协议承担一定的担保责任属于商业谈判的内容，取决于社会资本设立项目公司隔离项目风险和责任的需求以及政府方对社会资本方自身融资、建设、运营能力的依赖需求的相互博弈，而社会资本最终是否接受承担一定的担保责任则取决于社会资本的风险承受能力、双方在具体项目中的商业地位等各种因素，因此应由政府方考量项目具体情况、并在市场测试中充分征求社会资本方意见或在完成项目采购且经由双方充分协商后在项目协议中进行约定，而不适宜在立法的层面上对该种担保责任进行强制性规定。对此，笔者建议将本条中针对社会资本方的担保责任由“应当”修改为“可以”。

九、合作期限

《条例》第十六条：“合作项目期限根据行业特点、项目生命周期、公共服务需求、投资回收期等因素确定，一般不低于 10 年，最长不超过 30 年；法律、行政法规另有规定的，依照其规定。”

本条款字面上可以解释为“一般不低于 10 年且一般最长不超过 30 年”，也可以理解为“一般不低于 10 年但最长不超过 30 年”，建议此处进一步明确。

另外，笔者认为由于 PPP 项目存在投资金额、回报周期、行业特征的差异，将最长期限限定为 30 年，可能会使 PPP 项目的商业结构设计缺乏灵活性，建议借鉴之前的 PPP 项目法律文件的相关条款，补充规定：“对于投资规模大、回报周期长等确实存在特殊情况的项目可以经有关主管部门批准,约定超过前款规定的特许经营期限",另外,本条也有可能被误读为对"BOO、TOO"等模式的排斥性规定,也建议予以明确。

十、绩效付费制度

《条例》第十七条:"合作项目协议中应当约定,社会资本方的收益根据合作项目运营的绩效进行相应调整。"

本条中明确的"社会资本方的收益"与"运营的绩效"进行挂钩调整的绩效付费制度原则体现了PPP项目"重运营"的要求,应该会对部分采用可用性付费的PPP项目中投资成本和收益仅和建设绩效而非运营绩效挂钩调整的现状有所改善。

但为使上述制度落到实处,此处的"社会资本方的收益"有多大部分要根据运营绩效进行调整,调整的幅度要求等,还需进一步综合考虑予以明确。

十一、行政审批流程简化

《条例》第二十二条:"……对实施合作项目依法需要办理的行政审批等相关手续,有关部门应当及时办理;对参与合作项目实施方案联合评审时已经出具审查意见的事项,不再重复审查。"

本条款重在简化PPP项目行政审批时的相关手续,将实质提升PPP项目的实施便利。

但笔者担心"参与合作项目实施方案联合评审时已经出具审查意见的事项,不再重复审查"的规定会与现有的行政管理流程存在冲突,而使该条款在实际操作中无法落实,还需政策层统筹考虑。

十二、建设工程的招标豁免

《条例》第二十四条："实施合作项目所需的建设工程、设备和原材料等货物以及相关服务，社会资本方依法能够自行建设、生产或者提供，且在选择社会资本方时已经作为评审因素予以充分考虑的，可以由社会资本方自行建设、生产或者提供。"

本条实质上突破了《招标投标法实施条例》第九条"已通过招标方式选定的特许经营项目投资人依法能够自行建设、生产或者提供"的规定，将"招标方式"拓宽至"选择社会资本方时已经作为评审因素予以充分考虑的"。

该等拓宽规定是出于PPP项目社会资本对项目全生命周期进行管理的原理，有一定的制度合理性，但由于目前大部分PPP项目前期设计工作进行比较浅，投资人无法进行固定付费报价，而其具体收费标准还需根据审定的项目投资进行最终确定，在这种情况下，如果允许投资人自行承接工程，如何能够通过机制设定避免社会资本方假借投资之名行工程之实，以及如何能够有效控制PPP项目中的投资成本，还需进一步综合考虑予以限制。

十三、项目合同的变更

《条例》第二十五条："在项目合作期限内，不得随意变更合作项目协议内容；确需变更的，应当由协议双方协商一致，并公示变更事由及内容，经本级人民政府批准后签订补充协议；变更内容涉及财政支出事项变动、价格调整的，应当先经相关部门审核同意并履行规定程序。"

结合本条的上下文，笔者理解，此条款中所说"支出事项变动、价格调整"的变更不是指根据项目合作协议中已经约定的根据市场变更、政策调整和不可抗力等情形进行的价格调整，而是指对合作项目协议中的回报机制进行的变更。与合作项目协议的签订前协商一样，根据招投标法、政府采购法规定的“招标人和中标人不得再行订立背离合同实质性内容的其他协议”的规定，PPP项目的回报机制属于合同实质性内容，在整个合作期限内不应予以协商变更。

十四、股权变更锁定期

《条例》第二十六条：“在合作项目建设期内，社会资本方不得转让其持有的项目公司股权。”

本条从立法的层面上明确了在项目建设期间社会资本不得转让其持有的项目公司股权，项目建设期为股权变更锁定期。

需要考虑的是，目前部分PPP项目中，社会资本方为解决资本金融资及出表的需求，希望在项目公司设立后将部分股权转让给为本项目专门设立的信托计划或基金等金融工具，而此条规定的锁定期使社会资本方无法再利用此种融资方式进行资本金融资，可能会加剧PPP项目中融资难的问题。为鼓励社会资本的投资积极性和融资可获性，笔者建议对社会资本这种融资需求给予一定考虑，当然，也需设定相应的限制条件，防止社会资本的信用风险。

十五、有关部门的绩效监管

《条例》第三十一条：“县级以上人民政府有关部门应当定期对合作项目建设、运营等情况进行监测分析和绩效评价，建立根据绩效评价结果对价格或者财政补助进行调整的机制。”

本条款设置的初衷应当是从政府部门自身行政监管的职能属性出发，对PPP项目建设、运营等情况进行更加有效的监督管理，但此处的有关部门的“监测分析和绩效评价”“根据绩效评价结果对价格或者财政补助进行调整的机制”看似是独立在《条例》第十七条规定的合作项目协议中的绩效考核机制之外的另外一个考核机制，而且此考核机制是有政府由关部门单方面设定的，这无疑将给社会资本依据合作协议取得投资回报带来极大的不确定风险，严重削减社会资本的投资积极性。

从合同相对性的角度考虑，建议修订为“由实施机构组织政府有关部门依据合作项目协议规定的绩效考核对合作项目建设、运营等情况进行监测分析和绩效评价，并依据合作项目协议的规定对价格或财政补贴进行调整。”

十六、争议解决

《条例》第四十二条：“因合作项目协议履行发生的争议，可以依法申请仲裁或者向人民法院提起诉讼。”

本条明确了合作项目协议履行发生的争议可以“依法”适用“仲裁方式”解决，为合作项目协议争议的“可仲裁性”提供了可能性。但此处的“依法”会否依然使合作项目协议存在“被行政”的风险，笔者依然担忧。

十七、公共服务的持续提供

《条例》第四十二条：“合作项目争议解决期间，协议双方应当继续履行合作项目协议约定的义务，不得擅自中断公共服务的提供。”

鉴于PPP项目的特殊性以及公益性，本条明确提出“合作项目争议解决期间，协议双方应当继续履行合作项目协议约定的义务，不得擅自中断公共服务的提供”是出于保护社会公共利益的考虑。

但此规定事实剥夺了合同法中合同主体所享有的同时履行抗辩权和后履行抗辩权的法律权利，特别是在政府方严重违约的情形下，使社会资本无法有效止损和抗辩。笔者建议在制度上进行更周密的设计，在发生争议的情况下，既考虑到对社会公共利益的保护，也能使社会资本方保留有效的抗辩手段。

十八、政府方付费责任的保障

《条例》第四十五条：“政府和社会资本方应当守信践诺，全面履行合作项目协议约定的义务。合作项目协议的履行，不受行政区划调整、政府换届、政府有关部门机构或者职能调整以及负责人变更的影响。”

《条例》第二十一条：“对合作项目协议中约定的财政支出事项，应当足额纳入年度预算，按照规定程序批准后，及时支付资金。”

《条例》第四十五条：“政府及其有关部门有下列情形之一的，由其上一级机关责令改正；情节严重的，对负有责任的领导人员和直接责任人员依法给予处分：……（二）未将合作项目协议中约定的财政支出事项足额纳入年度预算，或者未按照合作项目协议约定及时支付资金……”。

上述一系列条款从立法的层面上明确了对政府方履约责任进行保障的一系列措施：（1）“合作项目协议的履行，不受行政区划调整、政府换届、政府有关部门机构或者职能调整以及负责人变更的影响”，避免新官不理旧账；（2）“财政支出事项，应当足额纳入年度预算，按照规定程序批准后，及时支付资金”，再次明确 PPP 项目的预算保障制度的强制性和合法性；（3）“由其上一级机关责令改正”，“情节严重的，对负有责任的领导人员和直接责任人员依法给予处分”，同时规定了在政府方怠于履行的情况下的具体防范和处罚措施。

这一系列的正面和反面的保障措施体现了《条例》充分保障社会资本在 PPP 项目中合法权利和收益的原则和政策导向，将有利于督促政府方严格履约、有利于有效的控制 PPP 项目中的政府履约风险，上述规定在《条例》中以行政法规的法律位阶出台必将大幅提升社会资本的对 PPP 项目的投资积极性和 PPP 项目的融资可获得性。

结语

可以预见，《条例》将在未来很长的一段时间作为指引我国 PPP 项目实施的纲领性文件，而其中的每一条都必将对我国 PPP 事业的发展产生深远的影响。“爱之深则责之切”，笔者用“拨云见日”or“雾里看花”来命名该篇解析，是想道出笔者对《条例》内容喜忧参半之感。笔者认为该条例的主要立法思路应集中在：（1）尽快在立法的层面上给予 PPP 模式更高位阶的合法身份，给予 PPP 制度保障，让社会资本吃下定心丸；（2）进一步明确和确立规范的 PPP 项目法律边界特征，解决实际中的 PPP 泛化，不规范的 PPP 项目带来的政府债务问题；（3）同时也要考虑为下一步改革和地方探索留有空间。

愿 PPP 界的各位有识之士共同努力、群策群力，使我国这部 PPP 纲领性文件能够尽快顺利落地，指引和规范中国 PPP 事业平稳有序前进、健康蓬勃发展。

最严新政对 PPP 项目资本金融资的颠覆性影响

【作者简介】

黄华珍，德恒律师事务所合伙人，国家发改委和财政部 PPP 项目法律专家库专家

【文章内容】

前言

11 月 10 日，财政部颁行了《关于规范政府和社会资本合作（PPP）综合信息平台项目库管理的通知》（财办金〔2017〕92 号）（下称“92 号文”）。92 号文有关“入库”“清库”的规定在 PPP 圈引起不小震动。

11 月 17 日，一行三会等五部委公布了《关于规范金融机构资产管理业务的指导意见（征求意见稿）》（下称“《资管业务征求意见稿》”或“资管新政”）。资管行业作为 PPP 项目融资的主要上游资金来源，新政的出台势必将对现行 PPP 项目融资模式产生根本性影响。

11 月 21 日，国资委公布《关于加强中央企业 PPP 业务风险管控的通知》（国资发财管〔2017〕192 号）（下称“192 号文”），严控中央企业投资 PPP 业务风险，严格规范 PPP 股权投资。

本文拟从资管新政、92 号文和 192 号文 对 PPP 资本金融资模式的影

响为视角，尝试探讨新政下“PPP股权投资的未来”“各金融机构在PPP投资中的机遇与挑战”“央企PPP股权投资方向”等问题。

一、资管新政、92号文与192号文的核心规定

（一）资管新政的主要精神、适用范围与时间

1. 资管新政的主要精神

资管新政是五部委针对同类资管业务“监管规则和标准不一致，监管套利、产品多层嵌套、杠杆不清、刚性兑付、规避监管和宏观调控”等问题，旨在统一资管产品监管标准、严控风险、引导服务实体经济，而针对所有资管产品颁布的监管规定。资管新政的颁布将对资管业刚兑、资金池、错配、嵌套、通道、杠杆等传统业务模式形成重创，并将促成资管业规范发展新格局的形成。

2. 资管新政的适用范围

《资管业务征求意见稿》规定“资产管理业务是指银行、信托、证券、基金、期货、保险资产管理机构等金融机构接受投资者委托，对受托的投资者财产进行投资和管理的金融服务”。上述的定义显然采取了“实质大于形式”的标准，简言之，只要金融机构“受人之托，代客理财”就属于资产管理业务，所发产品就属于资管产品。新规从资管业务的“实质”角度最大范围地涵盖了现有的资管产品，包括保险资管公司的保债计划、保股计划、PPP计划，信托公司的单一资金信托和集合资金信托计划，银行理财等等。但是排除了“资产证券化业务”“财产权信托”等产品。

至于私募股权基金是否适用新政？央行有关部门负责人就《关于规范金融机构资产管理业务的指导意见（征求意见稿）》答记者问中，已说明了私募基金管理人虽尚不属于金融机构，但其发行的私募基金产品也属于资管产品，国家法律法规另有规定的，从其规定，没有规定的，适用本《指导意见》的要求，也就是说应当参照适用新政。

PPP 项目资本金的融资若追溯资金的源头，绝大部分仍主要来自金融机构的资管产品募集的资金，当然自有资金投股权存在合规风险，资管产品一直以来在 PPP 项目资本金融资业务中起着举足轻重的作用。因此，新政对 PPP 资本金融资的重要影响不言而喻。

3.《资管业务征求意见稿》的适用时间

尽管《指导意见》尚未正式颁布，属于征求意见阶段，但根据此前中央金融工作会议等各种会议精神，各界普遍认为正式发布实施的《指导意见》可能并不会有大的修改，且实施在即。

《资管业务征求意见稿》规定了正式公布实施后至 2019 年 6 月 30 日（下称“630”）为过渡期，过渡期施行“新老划断”原则，在这约一年半的过渡期内，新增项目应遵守新规，存量项目暂不适用新规，但不排除有金融机构要求“已审批未放款的项目”也适用新规，况且“630”之后，所有产品都应全面适用新规，续期也必须遵守新规。据此，PPP 从业人员应该做好充分准备迎接资管新政的到来。

（二）92 号文的主要内容

92 号文出台旨在“规范 PPP 项目运作、防止 PPP 异化为新的融资平台、遏制隐性债务风险增量”，明确了三种项目不得入库（财政部 PPP 综合信息平台），七种项目必须清除出库。其中对 PPP 资本金融资影响最大的是以下这句话：“违反相关法律和政策规定，未按时足额缴纳项目资本金、以债务性资金充当资本金或由第三方代持社会资本方股份的”，特别是“以债务性资金充当资本金”。

（三）192 号文的主要内容

192 号文是国资委对央企在本轮 PPP 热潮中过热投资、非规范投资的约束，强调防风险、控负债，具体措施有：一是强化集团管控，要求集团总部统一审批 PPP 业务；二是严格准入条件，严控非主业领域 PPP 项目投资，规范PPP投资回报率要求；三是严控投资规模，严控债务风险管控央企的PPP项目投资规模，限制高负债和亏损子公司PPP投资，禁止非投资金融类子公司的纯融资行为；四是要求严格遵守资本金制度，禁止明股实债和购买劣后级份额；五是规范会计核算，要求按照“实质重于形式”原则判断是否并表；六是严格责任追究，建立PPP决策终身责任追究制。

二、当前PPP项目资本金融资的主要模式简介

PPP项目的融资需求主要包括资本金融资和项目贷款，项目贷款通常较易获得，而资本金融资却存在诸多现实难题，实践中落地率不高，这也是PPP项目落地难的重要原因之一。资本金融资需求缘起于国务院《关于固定资产投资项目试行资本金制度的通知》（国发〔1996〕35号）（下称“35号文”）有关项目资本金及其比例的强制性规定，以及央企的出表需求。实务中PPP项目资本金融资多以下列方式进行：

（一）从类型上，可分为真股投资与明股实债型融资

真股投资是指金融机构作为PPP项目的社会资本方之一，投资PPP项目公司股东，自担风险、自享收益。由于PPP项目收益率低、风险高等原因，真股投资极为罕见，目前市场上仅个别保险公司、信托公司从事了少量真股权投资项目。

明股实债型融资是指金融机构以社会资本方或财务投资人身份成为PPP项目公司股东，由第三方对金融机构提供回购、差补、流动性支持、远期认缴等增信措施，确保其所投资金的本息偿还。早期政府方多指定主体对社会资本方提供回购，该模式因变相增加了政府负债，属于严重违规行为，实务中日益萎缩。而由作为社会资本方的产业资本提供增信的明股实债结构此前因未直接违反法律法规规定，成为PPP资本金融资的主流，即社会资本方明股实债型。

（二）从交易结构上看，可分多种模式

从资金来源与交易结构上看，PPP 项目资本金融资主要可分为以下模式：

1. 银行理财 + 信托 / 资管通道 + 私募股权基金 +PPP 项目公司

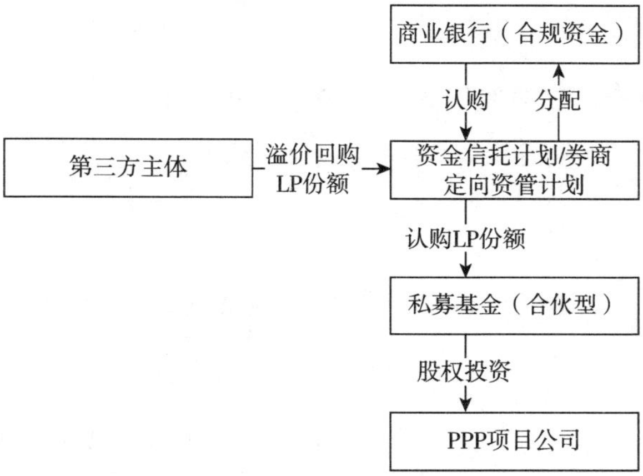

《商业银行法》在禁止银行从事股权投资的同时留了“国家另有规定”的例外，中国银监会《关于进一步规范商业银行个人理财业务投资管理有关问题的通知》（银监发〔2009〕65 号）放开了私人银行客户、高资产净值客户和机构客户募集的理财资金投资企业股权。银行理财资金为 PPP 项目资本金的主要来源，因地方政府多要求资金方作为联合体共同投标 PPP 项目或作为财务投资人，私募股权基金所具有的灵活性使其成为施工单位产融结合的主要工具，也成为 PPP 资本金融资的主要渠道。

尽管银监会允许理财资金作股权投资，但在投资 PPP 基金股权、有限合伙 LP 时，由于中证登和工商的登记障碍，银行多嵌套信托或券商资管通道投资基金产品。该模式成为 PPP 项目资本金融资的最主要方式。

2. 银行理财 + 信托 / 资管通道 +PPP 项目公司

实操中也存在银行理财通过信托或资管通道直接投资 PPP 项目的情形，即“银行理财 + 信托 / 资管通道 + PPP 项目公司”。

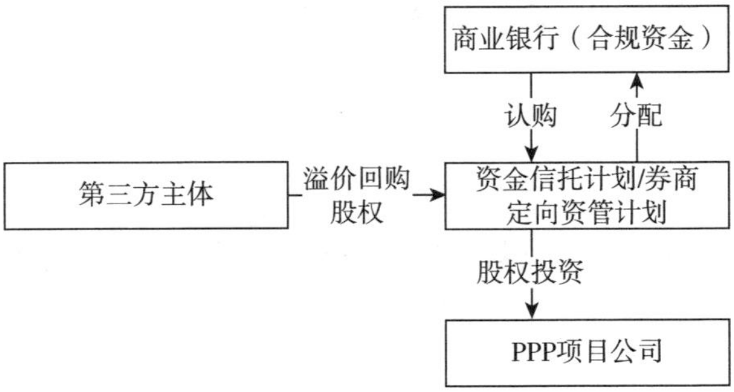

3. 保险资金 + 私募股权基金 +PPP 项目公司

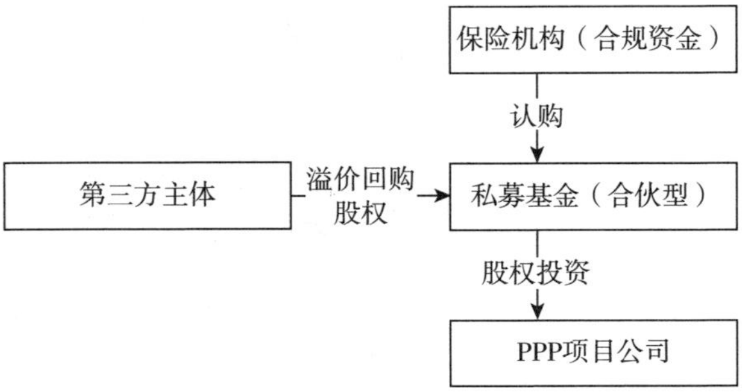

保险资金因期限长、成本低的特点也参与了本轮 PPP 融资盛宴，实践中多由大型保险公司通过私募股权基金投资 PPP 项目资本金。目前有的保险公司正在尝试 PPP 股权计划和股债结合计划的模式，“保险资金 +PPP 计划”的模式尚在探索中。

4. [（银行资金 + 信托 / 资管计划）+ 其他机构（合规资金）+ 施工单位（自筹资金）] + 私募股权基金 +PPP 项目公司

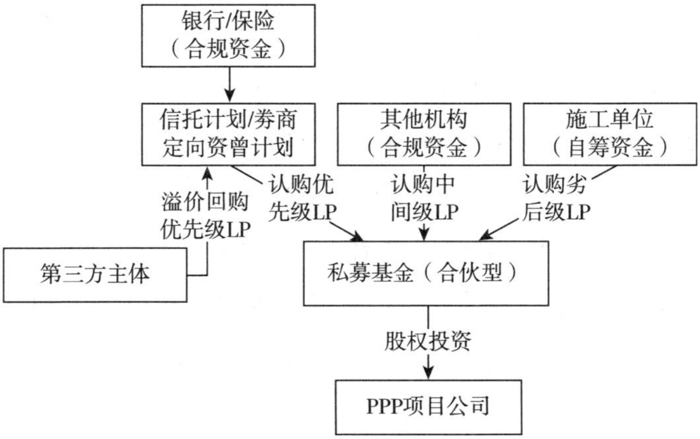

实践中还存在一些夹层融资的情形，例如由银行理财资金或保险资金作为优先级，信托或券商资管作为中间级，施工单位自有资金作为劣后级。

最后，当然也有信托公司或券商资管以信托计划或资管计划直投PPP项目公司。

三、资管新政、92号文与192号文对PPP项目资本金融资模式的主要影响

最新中央政策文件将对PPP项目资本金融资，尤其是明股实债型融资产生重要影响。财政部最新领导讲话精神和92号文对当前PPP项目资本金融资中广泛存在的杠杆率过高等问题作出了否定性评价，192号文严控央企明股实债和负债率，资管新政严限资管产品刚兑、加杠杆、嵌套等传统发展模式，最严新政将对PPP资本金融资产生颠覆性影响：

（一）明股实债型PPP资本金融资受限

1. 社会资本方明股实债型融资可能涉嫌违反92号文

各界对92号文中“（禁止）以债务性资金充当资本金”的解读较多。有观点认为，此规定不仅禁止了金融机构参与PPP基金，也禁止了企业以发债资金作为资本金来源，同时还限制了社会资本参与PPP基金。我们认为该种解读过于严苛。还有观点认为92号文仅禁止“项目公司的债务性资金”与“政府方的债务性资金”，并未完全禁止“社会资本方的债务性资金”（详见郑宏宇：《92号文之后——再议项目资本金》），我们赞同该观点，92号文不应过分延伸至参与机构获取资金的途径不能是债务性资金，即企业通过发债、借款充盈企业流动资金而充抵资本金并不违法，无法想象“既鼓励企业投资又禁止企业负债”的制度如何运行？

社会资本方明股实债型资本金融资是否一律被禁止？从法律上看，任

何“类担保”的增信方式都可能成为企业未来负债，与银行借款、企业发债一样同属企业债务性资金（当然交易结构不同，根据会计准则出入表判断标准不一），如果将类担保均归为192号文所提的“增信”方式而入表的话，我们认为没有理由禁止明股实债型资本金融资的存在，因为禁止明股实债型资本金融资与禁止企业通过发债、借款等负债效果是一样的。

然而，实践中明股实债结构往往是为了规避入表和金融监管，各种游离于表外的PPP基金确实存在众多风险，正因为此，结合财政部领导在金融论坛上有关“资本金之外可以去融资……政府和合作伙伴一定要掏出真金白银，拿自有资本做资本金”的讲话精神，我们认为虽然财政部未明确社会资本方明股实债是否违反“债务性资金充抵资本金”的禁止性规定，但不排除明股实债型资本金融资存在被全面叫停的风险。

2. 资管新政限制了明股实债型结构

PPP资本金融资资金多来自于银行等机构具有“刚性兑付”需求的资金，对机构优先级的本息多采取回购、差补或其他软担保等增信措施加以保障。然而，《资管业务征求意见稿》规定“金融机构对资产管理产品应当实行净值化管理，净值生成应当符合公允价值原则，及时反映基础资产的收益和风险”，同时禁止“资产管理产品不能如期兑付或者兑付困难时，发行或者管理该产品的金融机构自行筹集资金偿付或者委托其他金融机构代为偿付”，禁止“采取滚动发行等方式使得资产管理产品的本金、收益、风险在不同投资者之间发生转移，实现产品保本保收益”，禁止“分级资产管理产品直接或者间接对优先级份额认购者提供保本保收益安排”。对于违反刚兑红线的，监管机构将给予补缴存款准备金和存款保险基金、罚款等行政处罚。

此条规定是否意味着叫停明股实债架构呢？我们认为从字面上看，《资管业务征求意见稿》仅禁止作为资管产品发行人或管理人的金融机构进行刚性兑付，并未直接禁止第三方远期受让PPP基金等在PPP项目公司的股权。

但劣后级或第三方通过回购等方式对优先级进行保本保息，则受到“分级资产管理产品不得直接或者间接对优先级份额认购者提供保本保收益安排”的限制。至于非分级产品是否可以由第三方进行保本保息，则有待继续跟踪后续监管规定。但是《资管业务征求意见稿》对于何为刚性兑付预留了“人民银行和金融监督管理部门共同认定的其他情形”的口子，明股实债结构的前景有待观察下一步实施细则。

3.192 号文叫停了央企明股实债型资本金融资

192 号文强调央企要遵守资本金制度，“做好拟开展 PPP 项目的自有资金安排”“不得通过引入明股实债类股权资金”“不得为其他方股权出资提供担保、承诺收益”。据此，央企传统“回购 + 差补”的明股实债型融资模式已被叫停。至于远期认缴、流动性支持等方式是否属于明股实债，则有待会计师实操认定。结合 192 号文有关“规范会计核算，按照‘实质重于形式’原则综合判断对 PPP 项目的控制程度，规范合并范围”的规定，我们认为未来会计认定可能从紧。此外，192 号文要求表外业务建立单独台账，即使未入表的业务也将受到监控。

4.PPP 明股实债何去何从？

由于 92 号文禁止以债务性资金充抵资本金，192 号文叫停了央企明股实债，资管新政限制明股实债结构，PPP 明股实债是否意味着被叫停？我们认为中央系列文件精神指向引导 PPP 真股权投资。

然而，如果把股东之间的明股实债型资本金融资看作是金融机构与产业资本就投资 PPP 项目股权的对赌的话，我们认为并表型明股实债型 PPP 融资仍有存在的必要，对赌是金融机构股权投资的常用方式，也被最高法院在海富案中通过裁判规则加以认可，可以作为真股投资的有效补充，实现真股投资的平稳过渡。

从法律适用角度上看，如果 92 号文“债务性资金”不包括社会资本方的明股实债（有待财政部进一步明确），那么非央企（特别是民企）的并表型明股实债融资仍然存在一定生存空间。当然，明股实债型融资已元气大伤，且并非未来主流融资模式。

（二）“小股大债”模式将受重创

PPP 项目资本金融资实践中存在大量的“小股大债”模式，即出资方通常将拟投资的项目资本金分为“项目公司的注册资本金”和“对项目公司的股东借款”二部分，其中小部分作为注册资本，是为“小股”，大部分以对项目公司的股东借款形式充抵项目资本金，是为“大债”。

1. 股东借款存在违反 92 号文的合规风险

尽管有各种专家为“小股大债”正名，包括笔者亦认为作劣后承诺的股东借款为夹层融资，优先于股、劣后于债，若作为债权人的金融机构在对项目现金流进行监测的情况下仍然同意部分或阶段性偿还股东借款本息的话，实际风险并不大。这也是笔者一直提倡的是以市场化机制调节我国法定资本金制度不足的做法。然而，92 号文“（禁止）以债务性资金充当资本金”的规定无疑动摇了股东借款的基础。其实，对于项目公司而言，股东借款属于债务性资金无疑，这早已直接违反 35 号文有关“项目公司不承担资本金还本付息责任”的规定。从法规适用角度看，此前实操中的股东借款无疑是游走于合规与违规的模糊地带，借“资本公积”等会计处理试图缓释合规风险。此外，从最高院在江门案的裁判规则来看，当项目公司资不抵债时，法院倾向于认定股东借款无法得到清偿（有关股东借款的法律风险详见笔者年底即将出版的《规则与启示》一书）。当然，股东借款能否充抵项目资本金的学理探讨可能一直继续，但是从法律适用角度看，我们认为股东借款存在被认定为违反 92 号文的风险。

2. 资管新政下小股大债模式在实操中难以落地

从实操层面看，《指导意见》正式实施后，我们认为该模式将很难落地。当资金方以 PPP 基金为通道时，目前小股大债模式可能面临备案困难。根据基金业协会《关于资产管理业务综合报送平台上线运行相关安排的说明》，基金可分为股权类、证券类、创业投资类以及其他类。根据基协窗口指导，原则上股权类基金应当以股权投资为主，债权投资不应超过20%。此前有消息指出小股大债类基金可备案为其他类，但据实务经验，目前其他类基金备案通过率极低。

《资管业务征求意见稿》出台后，以信托、券商资管、保险资管等金融工具开展小股大债模式也将受到影响。《资管业务征求意见稿》第四条规定："资产管理产品按照投资性质的不同，分为固定收益类产品、权益类产品、商品及金融衍生品类产品和混合类产品。固定收益类产品投资于债权类资产的比例不低于 80%，权益类产品投资于股票、未上市股权等权益类资产的比例不低于 80%。"也就是说权益类产品投权益的比重不得低于 80%，此规定比基协备案规定更为彻底，我们认为实际上阻却了小股大债的实施。《资管业务征求意见稿》还规定"在产品成立后至到期日前，不得擅自改变产品类型"，这也堵塞了可能出现的规避方式。尽管有观点认为实操中可以通过多个资管计划规避前述比例规定，我们建议观察作为资管主管机关的基协是否会统一监管尺度。

（三）PPP 项目资本金融资期限将缩短

理财资金虽发行期限较短，但资金池和期限错配使其能够对 PPP 项目进行长期股权投资。《资管业务征求意见稿》严格规范资金池，不仅强调资管产品要单独管理、单独建账、单独核算，而且规定"资产管理产品直接或者间接投资于未上市企业股权及其受（收）益权的，应当为封闭式资产管理产品，并明确股权及其受（收）益权的退出安排。未上市企业股权及其受（收）益权的退出日不得晚于封闭式资产管理产品的到期日"，"封闭式资产管理产品最短期限不得低于 90 天"，这就意味着未来长期限融资几乎是不可能的。我们预计未来资本金融资可能会被纵向切割为多个产品，滚动投资，这就对 PPP 项目提出了更高的要求，如果项目进行过程中出现问题，那么新的资本金融资可能无法到位，这就倒逼社会资本方筛选好项目、管理好项目。

（四）PPP 结构化融资将受限

1. 资管新政限缩资管产品结构化设计

结构化设计是 PPP 资本金融资的重要增信方式之一，不少优质 PPP 项目通过结构化设计使社会资本方避免提供增信，既减轻其负债率，又保障了金融机构资金安全。然而《资管业务征求意见稿》限缩了结构化设计。《资管业务征求意见稿》第二十条规定“开放式私募产品”“投资于单一投资标的私募产品（即投资比例超过 50%）”不得进行份额分级。同时规定“分级私募产品……中间级份额计入优先级份额……权益类产品的分级比例不得超过 1:1”。

前者禁止了投单一 PPP 项目的私募产品（包括私募股权基金）进行分级设计，换句话说，只有投资于二个以上 PPP 项目的私募产品才可以进行结构化设计，投资于二个 PPP 项目的投资比率应为 1:1，我们理解此为分散投资风险。

后者将结构化产品的杠杆率限制在 1:1，这就要求社会资本方投资更多的自有资金，结合国资委收紧央企 PPP 投资的规定，我们认为未来民企上市公司、转型平台公司的 PPP 投资机会将相对增多。

据此，前述模式四中产业资本与金融机构内部分级的产品结构将受到影响，未来内部杠杆率从当前的 1:3 或 1:4 将降至 1:1，而且投资于一个 PPP 项目的资管产品已经无法分级。

2.192 号文禁止央企投资资管产品劣后级份额

192 号文规定“不得通过……购买劣后级份额等方式承担本应由其他方承担的风险”。据此，尽管资管新政仅仅是限制资管产品结构化设计，但是 192 号文直接禁止了央企投资劣后级份额。至于央企是否能够投资中间级，192 号文等规定未明确，我们认为未明文禁止。未来民企等其他社会资本方投资劣后级、央企投资中间级、金融机构投资优先级的结构仍然有生存空间。

（五）PPP 资本金融资资金来源将发生重大变化

如前所述，“银行理财 + 信托 / 资管通道 + 私募股权基金”是当前 PPP 项目资本金投资的主要路径。然而，《资管业务征求意见稿》第二十一条规定“资产管理产品可以投资一层资产管理产品，但所投资的资产管理产品不得再投资其他资产管理产品”。

据此，“银行理财 + 有限合伙型 / 公司型私募股权基金”的投资路径已断，因为银行理财本身属于资管产品（一层），因登记机关原因，实务中必须通过一层资管通道（二层），才能投资公司型和有限合伙型私募股权基金（三层），不符合二层嵌套的嵌套上限。当然“银行理财 + 契约型私募”的路径仍然可行，但不少金融机构担心契约型基金的风险隔离效用，实务中使用有限。其他前述交易结构只要符合二层嵌套的，受影响不大。

对于近年市场上崛起的众多施工单位产融结合私募股权基金而言，来自银行系的资金可能被切断。192 号文规定“积极引入优势互补、协同度高的其他非金融投资方，吸引各类股权类受托管理资金、保险资金、基本养老保险基金等参与投资，多措并举加大项目资本金投入”。我们认为未来可能的资金来源有：

1. 信托公司或券商资管的自营资金或募集资金。但此类资金期限非常短，通常 3–5 年，而且成本较高。对于信托和券商而言，这可能意味着市场机会的增多；从社会资本方角度来看，可能意味着融资成本的推升。

2. 保险资金。对于资金较为充裕的大型保险公司而言，我们认为通过基金直投方式投资 PPP 项目将会面临较多市场机遇。而保险公司通过股权计划（PPP 计划）投资 PPP 项目，或者通过股权计划投资 PPP 基金间接投资 PPP 项目（符合二层嵌套）也将成为趋势。当然，保险资金出于其重安全性的资金属性，注定了对 PPP 项目的投资不可能大规模铺开，如果明年继续资金荒、资产丰的大势不变，PPP 项目的吸引力对于保险机构而言仍然欠佳。但对于社会资本方而言，保险资金不失为一种选择。

当然，事实上我国各金融机构真股权投资的能力尚缺乏，PPP 项目真股投资的基础也不扎实，我们认为未来以优质企业作为融资主体的集团资金池式融资可能成为填补 PPP 资本金缺口的重要方式。

（六）PPP 项目收益权应收账款质押未受影响

《资管业务征求意见稿》规定“资产管理产品的持有人不得以所持有的资产管理产品份额进行质押融资，放大杠杆”。有文章指出此条规定限制了 PPP 项目收费收益权质押。我们认为此处禁止的是份额持有人以份额进行质押，即控制的是负债杠杆，而非 PPP 项目公司对政府或使用者应收账款的质押融资。然而，显然作为资本金的股权投资，无法以 PPP 项目公司的应收账款质押为股权投资作担保，因主债权违法，此点最高法院在海富案早已指出项目公司对股东股权收益的兜底因侵害了其他债权人利益和公司利益属无效约定。

结语

结合 92 号文、资管新政、192 号文等最近政策，PPP 从业人员应关注新政的蝴蝶效应。种种规定的迹象表明，中央有关部门似乎都在倒逼 PPP 真股权投资，因此所谓“PPP 资本金融资”未来可以改称为“PPP 资本金（股权）投资”。未来，不仅 PPP 项目将走向规范而紧缩的发展趋势，可用于资本金投资的资金也将走向规范与紧缩，PPP 行稳致远或将可期。

PPP的新常态

——92号文的市场影响及应对策略

【作者简介】

章贵栋，CFA，龙元明城投资管理（上海）有限公司总经理助理，财政部、发改委PPP专家库专家

季　闯，龙元明城投资管理（上海）有限公司PPP研究中心副主任

【文章内容】

PPP界已经有一段时间没有重磅消息了，92号文的登场让PPP知乎第一次尝到了阅读量过10万的快感，也让对不断创新高的成交数字渐趋麻木的业界找到了新的兴奋点。虽然埋头消化政策是当下要紧的功课，但抬头思考却是长远的打算。

一、92号文的市场背景

92号文并非横空出世，4月以来，财政部相继推出50号文、87号文和92号文，期间又有史部长、王司长在不同场合的多次讲话，92号文的核心内涵业内早有预期。层层加码的政策必然有所针对，我们习惯从数据中寻找一丝端倪。

（一）四年八万亿

截至2017年11月27日，全国PPP项目成交总数5643个，成交总额

约 8.27 万亿元。四年八万亿，中国 PPP 市场后发制人，秒杀一众发达国家。如果说国家开辟了一块 PPP 的“试验田”，那这块“试验田”的扩张速度几乎超过了所有人的想象。

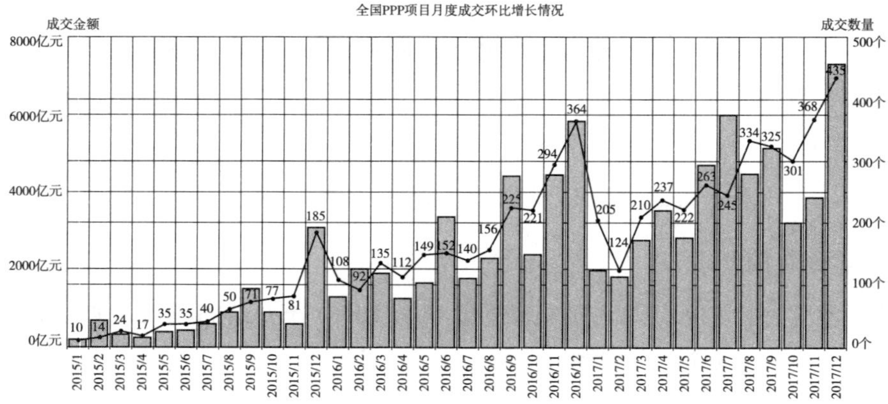

图 1　2014 年 1 月至 2017 年 11 月全国 PPP 项目月度成交环比增长情况

注：如无特别说明，本文的所有数据来源均为明树数据。

（二）日益增长的财政支出压力

根据明树数据的统计，明确回报机制的 4358 个已成交 PPP 项目中，政府付费项目数量为 2027 个，占比 47%，可行性缺口补助项目为 1625 个，占比 37%，使用者付费项目数量为 706 个，占比 16%。未来涉及政府财政支出的项目数量多达 3652 个，占比 84%，政府付费导致的财政压力也成为无法回避的一个事实。

（三）“黯然神伤”的民营企业

自 2015 年底以来民企的市场占有率已经持续降低，截止到 2017 年 10 月底的数据显示，民企中标的规模占比已经下降到 24.32%，个数占比下降到了 47.07%，市场占有率从 2015 年底的高点开始“跌跌不休”。民营资本作为非公有制经济的代表，本应是第二个“P”的主力，现在却沦为配角，难免神伤。

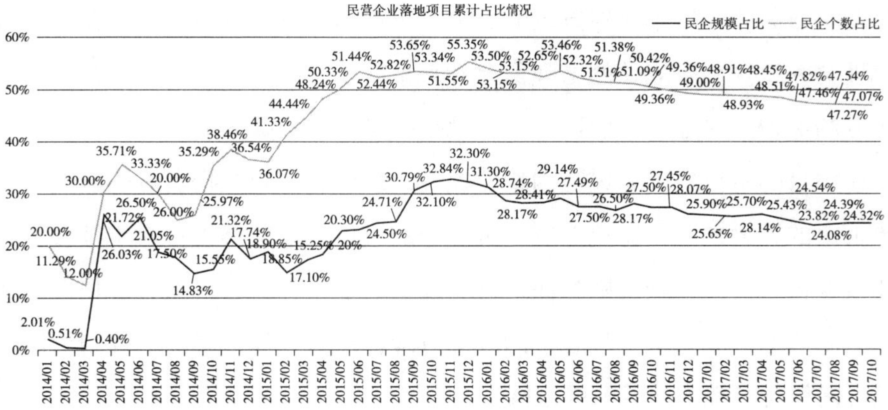

图 2　民营企业的市场占有率走势

二、92 号文的市场影响

92 号文对市场的影响即刻生效，却意在长远。

（一）推动 PPP 回归“初心”

“异化为融资平台”“重建设轻运营”等批评可能是针对地方政府过去对 PPP 项目融资外包、工程外包或运营外包等属性的片面追求，如今 92 号文虽然像是一条条的“红线”，但这背后蕴含着更高一级政府对 PPP 模式“初心”的追求。

1. 合规

PPP 项目的政策敏感系数非常高，合规和非合规的一线之差，往往决定了项目的生死，而 92 号文则确立了 PPP 项目合规的新高度。文件对项目合规性的重视前所未有，不适宜采用 PPP 模式的、前期准备不足的、无按效付费机制的都将禁止入库，未按规定开展“两个论证”、不宜继续采用 PPP 模式、不符合规范运作、违法违规举债担保和未按规定公开信息等已入库项目都将面临清理。

PPP 市场作为一个数以万亿计的庞大市场，合规性是整个市场赖以生存的基石。社会资本、地方政府、金融机构的一系列行为都建立在对合规的理解和遵守。合规性的增强面上看是束缚了手脚，但本意上却是对参与各方的保护。对地方政府而言，合规指引是更高一级政府基于对全国已经落地项目的示范经验和风险因素的提炼，严格遵循合规指引可以避免项目源头上的重大缺陷，避免造成不可挽回的决策失误或损失；对于社会资本和金融机构而言，合规则是保护自身权益的最大屏障，对项目合规性的认定是脱离地方政府掌控权之外的政策风险，项目合规边界的明确则可以防止合同执行过程中遭遇不可控风险。

所以虽然文件被称作“史上最严”，但其本质却也是对合规性的追求。

2. 可信

在过去政府付费占主流的市场结构中，虽然政府可以通过期限、付费比例的安排来获得一定程度的灵活性，但区域 PPP 项目的容量取决于该地区存量的财政实力和预期的增长速度。而实践中假设参数的虚化导致一些地区的财承评估变为空中楼阁，社会资本和金融机构对财承的态度也逐渐从全盘接受演变为审慎事前评估。从我们的角度，PPP 作为政府投融资模式的一种渠道应该有区域层面的统筹管理，区域整体的 PPP 财承评估应先于单个项目评估，区域财政规划预测先于 PPP 整体财承评估，从而实现 PPP 项目整体实施规模和政府付费额度控制的目的。92 号文对财承评估的进一步细化使得社会资本和金融机构有了一个相对明确的基准，降低了 PPP 项目中地方政府的信用风险。

3. 开放

PPP 项目需要经过公开采购，但因为种种原因导致市场的实际开放程度是有限的。民营企业参与程度的逐渐下降是一个有力的佐证，当前 PPP 项目的合作模式偏好、采购模式的限制，以及金融支持政策难以落实是导致民营企业参与度逐渐下降的主要原因。

在过去以政府付费和可行性缺口补助的项目中，工程建设是项目投资的重要环节，民营企业在财大气粗的央企和地方国企承包商的夹击下生存空间日益压缩。92 号文对项目盲目打包的限制、采购条件的合理化也提出了更高的要求，客观上有利于从源头上改善民营企业日益恶化的竞争环境，从而提升民企参与率。此外，92 号文对使用者付费项目的鼓励和运营绩效考核的强化，承担着改变“重建设轻运营”局面、提升相关行业运营效率的使命，使得竞争过程中运营能力得到更多的重视，整个项目市场的供给向着更有利于民营企业的方向在倾斜。

（二）理性

92 号文剑指项目本身，是政府自身对 PPP 模式的需求改革。从短期来看，文件在项目实施的微观层面对合作范围、前期进展、绩效考核、合理性评估程序等几个阶段对项目实施流程进行了明确，会导致近期准备采购的大部分项目面临调整实施方案的局面。其中最为关键的是合作范围和绩效考核体系的调整，就单个项目而言是商务条件和风险分配的重大变更，地方政府在调整完后一般需要重新进行市场测试后才启动采购程序，导致项目进度进一步顺延，因此我们预计近期市场的 PPP 成交量可能会面临下滑的局面。

从长期来看，对 10% 红线的强化和审慎开展政府付费项目的态度，过往“流水线式”生产政府付费项目的盛况已经很难重现。随着对财政承受能力论证工作的进一步强化和政策导向，可以预计未来新增项目中政府付费类的占比将逐渐下降，包含更多经营属性的可行性缺口补助类的项目会逐渐成为 PPP 项目的主流。PPP 市场整体年度成交状况将趋于理性，可能会在目前的基础上有所下降。

三、社会资本的应对策略

严管和规范总是利好有准备的社会资本。作为众多社会资本中的一员，我们一直坚持合规是立身之本，在以“合规”为主题的 PPP 平飞时期，我们认为保持积极的心态，积极面对和拥抱新政策、构建全面符合市场新形势的能力集合是社会资本在 PPP 大潮中乘风破浪的明智选择。

（一）投资人的优胜劣汰即将到来

按照时间阶段划分，2014–2015 年可以说是市场的普及期，这一阶段对政策敏感度较高且具备投资能力的社会资本开始逐渐布局，而 15 年之后随着各种成熟交易模式的推广和地方政府的热情，越来越多的社会资本选择参与 PPP 项目。这里面有经过深思熟虑的，也有跟风而上的。在市场火热的时候，让人不可思议的超低价频繁出现，就如七伤拳一般“杀敌一千自损八百”，经过这几年的沉淀，一些当初只看到工程建筑部分而忽略了项目合规性、融资需求和运营维护能力的社会资本已经吃到苦头，有的社会资本受阻于项目前期进度无法开工，有的企业由于项目无法融资失去持续投资能力并背上沉重的债务负担，有的社会资本因为低价中标无力承担亏损，构成了这一轮 PPP 发展历程中不可略去的注脚。

PPP 是一场马拉松，从长期来看市场的两极分化会更加明显，优质的资源会向强者集聚，坚守合规底线，致力于构建可持续投资、管理、建设和运营的社会资本终会脱颖而出，替代被淘汰的对手留下的市场空白。

（二）专业性投资团队的价值即将凸显

在高速发展的市场大环境和较为雷同的项目合作架构下，价格竞争成为 PPP 市场的主要竞争手段，从而一度导致整个市场的回报率持续走低，专业团队对项目价值提升的贡献程度并不明显。

当粗放型增长逐渐消逝，PPP 市场也将逐渐从“共性”转向“个性”时代，“一招鲜吃遍天”的模式已经不适用于已经升级的市场竞争形势，价格竞争也无法适应千变万化的需求局面。在这种大环境下，专业团队的价值将得到更为明显地凸显。无论是对项目合规性的把控、对项目风险的识别、对项目投融资结构的设计、对项目潜在空间的挖掘，专业的团队将获得更多的施展空间，成为项目开源节流的驱动力量。

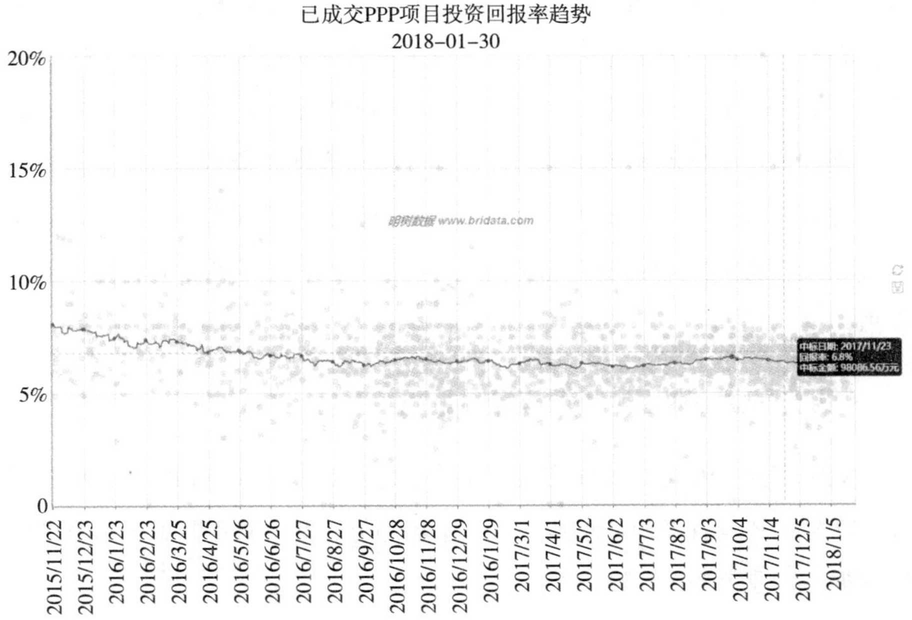

图 3　PPP 项目投资回报率走势图

（三）综合型投资商的大时代来临

PPP 新常态下，不仅项目的合规边界得到了进一步的明确，合格社会资本的能力要求也逐渐明朗，综合型投资商的大时代已经来临。虽然 PPP 按照行业可分为多个领域，但从业务环节上看，仍然没有跳出投资、融资、管理、建设、运营维护几个大的范畴之内。投资、融资和管理能力是相对稀缺的竞争力，也是规模效应非常明显的业务环节，而与之对应的高度市场化的建设和运营环节则存在着大量的被整合机会。在新的市场形势下，如果只专注于可替代性强的建筑承包或技术服务，既是对自身资源的浪费，也无法面对全领域的广泛市场机会。根据我们观察的全球知名的基础设施和 PPP 投资机构，大都遵循了一条从建筑承包主业开始，最终转型成为专业投资机构并覆盖多领域的局面。

拥有专业投资、融资和项目管理团队的投资人则可以充分发挥自己的优势，联合其他企业参与 PPP 项目。国内存在着大量优质的建筑承包商和运营商，他们在属地范围或专业领域里有着独特的技术或成本优势，却没有投资、融资和管理能力无法直接参与 PPP 项目，与综合型投资商共同发展成为他们新的业务模式和成长舞台。作为社会资本，也只有具备了一个综合型投资人的心态和实力，才有机会让比自己强大、专业的建筑承包商、运营商成为自身 PPP 业内链条内分包商，从而实现全流程价值的获取。

（四）民营企业应牢牢把握发展机遇

无独有偶，92 号文发布之后，紧接着是针对央企参与 PPP 项目的国资委 192 号文和资管新规征求意见稿，市场趋势、竞争对手和融资市场的同时共振，行业大变局已经如箭在弦。

从竞争的角度，192 号文它通过限制央企间接增强了民营企业的市场机会。192 号文对短期内将导致央企原有出表型资本金融资为依托的 PPP 投融资模式无法继续实施，也没收了部分负债率超过 85% 企业的投资权限，长期内则控制了 PPP 的投资上限额度。而从这次 192 号文的力度来看，我们预计针对地方国有企业类社会资本的精准调控也在酝酿，民营企业将迎来更多的市场机遇。

同时需要看到的是，央企和地方国企作为 PPP 市场的绝对主流玩家，也引领着 PPP 市场融资模式创新的潮流，政策限制将倒逼金融机构提供符合其内部风险控制需要的融资产品和交易结构，推动我国 PPP 项目融资市场上专业股权投资机构的涌现，这些新的融资产品同样会增强一些实力雄厚的大型民营企业的融资能力和融资渠道。

在不违背 92 号文规定前提下，基于投资人信用的明股实债型融资是目前 PPP 资本金融资市场的主流，虽然占到全国资管总规模的比例几乎可以忽略不计，但不可避免也要考虑新规下的融资模式变革。新规的直接结果是融资期限缩短和杠杆比例降低，对于依赖这种融资模式的企业而言融资环境有所收紧，而具备真正股权投资合作伙伴的社会资本将具备更强大的竞争优势和持续投资能力。从长期看，在合规导向的市场大环境下，行业信息透明、项目质量提升、投资人优胜劣汰之后的 PPP 市场的系统风险在持续下降，我们认为部分长期资金将对 PPP 领域产生兴趣并加大投入，真正的股权投资人将逐渐成长，成为未来 PPP 市场资本金来源的一个重要渠道。

92 号文律师解读：PPP 项目路在何方？

【作者简介】

李春开，君泽君律师事务所合伙人，法学硕士，毕业于中山大学

曹李一明，君泽君律师事务所资深律师，法律硕士，毕业于中国政法大学

【文章内容】

近日财政部出台了《关于规范政府和社会资本合作（PPP）综合信息平台项目库管理的通知》（财办金〔2017〕92 号，下称“该文件”），旨在正本清源，通过 PPP 综合信息平台项目库的管理规范 PPP 项目的实施，在 PPP 实务界引起了广泛的关注和讨论。君泽君 PPP 项目团队普遍认为该文件的出台对已经实施、正在实施和将要实施的 PPP 项目都将产生重大影响，为此笔者特为各位朋友进行详细解读如下：

一、总体认识

1. 既在意料之中又在意料之外。

该文件延续了诸多既有的 PPP 政策，有新瓶装旧酒进行重申和强调的成分，而且其出台建立在财政部跟踪和系统反思 PPP 项目实施普遍存在的问题基础上，此前已多次“放风”，比如 2017 年 7 月 31 日，财政部 PPP 工作领导小组组长、副部长史耀斌在进一步推进 PPP 规范发展工作座谈会上的讲话；2017 年 11 月 1 日，史耀斌部长和财政部金融司司长王毅在

2017 第三届中国 PPP 融资论坛上的讲话以及当晚财政部 PPP 中心焦小平主任在 PPP 咨询机构工作会议上的讲话。作为专业的 PPP 咨询法律服务机构，我们密切关注 PPP 政策动态，同时作为财政部首批入库咨询机构，也积极参与了上述 PPP 咨询机构工作会议，因此对该文件的出台并不意外。

还是有些意外的是，该文件不隔靴搔痒，立场鲜明，对于何种情形不允许入库、何种情形应予清退一一列明；一共规定了七大类、二十三种（其中还包括多处兜底性内容）需要清退出库的情形，而且没有中间地带，不存在“留岗整改”的情形，凡是不合规一律先予清退（笔者认为整改合格后通过审核应该可以重新入库）；另一方面，设定了明确的工作机制和处罚标准，即省级财政部门和 PPP 中心高位督导、划定清理最终时限以及逾期整改不再受理地区新项目入库。

2. 止血和清创并举。

通过明确和提高新项目入库的标准（结合前后文理解，项目需清理出库的标准也是入库的负面标准），避免“浑水摸鱼”和 PPP 项目继续泛化和滥用，属于主动止血；通过对已入库项目进行筛查和清理，消除存量项目当中的滥竽充数者，提高入库项目质量，属于主动清创。止血和清创并举，惩前毖后，影响广泛而深远。

3. 从“包装”到“合规”。

“包装”一词在 PPP 项目中不绝于耳，一方面是对 PPP 项目进行策划的意思，另一方面也是将不适用于 PPP 模式的项目或内容采取打擦边球的方式纳入 PPP 项目的委婉说辞。

部分地方政府或其授权实施机构因项目实施和政府融资的需要，部分 PPP 咨询机构因内在经济利益驱动（促成项目的落地进而收取咨询费用）等原因，将 PPP 模式工具化，重“包装”、轻“合规”，有意或无意地忽视 PPP 政策的一些合规性要求或“把关不严”的现象较多。该文件正本清源，强调合法合规实施 PPP 项目是必不可少的前提条件，不仅有利于 PPP

项目的实施质量，也有利于整个PPP咨询行业的健康有序发展。

二、重大问题

1. 商业的归商业，政府的归政府。该文件指出“不属于公共服务领域，政府不负有提供义务的，如商业地产开发、招商引资项目等”不得入库。实操中，虽与PPP模式的本意严重冲突，一些项目将商业内容，比如将酒店、公寓、厂房等商业内容大张旗鼓地纳入PPP项目实施以平衡财务和现金流，实际上是泛化了“公共服务”的内涵。

对于有一类情形，实操中往往具有一定争议，比如营利性的教育、医疗、养老项目等是否可采取PPP模式实施？笔者的意见也是否定的，因为此类项目虽具有公益性，但并不是需要由政府提供的基本教育、医疗和养老公共服务，不应纳入PPP项目而应在通过市场化运作的同时由政府给予税收优惠、财政补贴及政府购买服务等政策。是否为政府公共服务内容的标准包括如果政府自行实施，是否可采取划拨方式供应土地？如实施后，受益的是不特定的公众、特定的少数人群或政府本身？如采取PPP方式实施，政府是否进行政府付费、可行性缺口补助或让渡某项特许经营权作为对价？

2. 运营和绩效，难兄难弟。PPP项目的运营和绩效长期受忽视，这对难兄难弟终于迎来翻身的一天，成为入库的硬性条件。该文件指出“仅涉及工程建设，无运营内容的”不得入库，“审慎开展政府付费项目”。纯工程建设项目以及只有少量维护内容的项目将受到显著影响。该文件也要求建立按效付费机制，并明确项目建设成本应参与绩效考核，且实际与绩效考核结果挂钩部分占比需超过30%（含本数）。在审慎开展政府付费项目的背景下，非经营性项目何去何从，是否不允许再继续实施，笔者认为此过于片面，因为非经营性的市政基础设施与公共服务项目本身亦是PPP的合作范畴；但在绩效考核挂钩上30%，是可用性绩效考核还是运营绩效考核，还是双管齐下挂钩，并且二者的挂钩比重如何确定合理，有待财政部进一步作出明晰。笔者认为，实际上绩效更多是指在运营期阶段为维持符合可用性标准而提供服务的绩效（包括对可用性的评价与运营质量的评价），达到可用性的标准往往只是政府付费的前提条件。工程竣工方面存在大量的验收规范，缺失的是运营或维护标准，没有运营标准也就不满足进行运营绩效考核的基础条件。

根据笔者的经验，运营标准和绩效的缺失往往是由于项目实施机构或 PPP 咨询机构缺乏该方面的经验和能力导致的，因此对于特别复杂的项目可以考虑聘请专业的运营顾问提前介入项目的前期工作，对于运营简单的项目可以交由可研单位及 / 或 PPP 咨询机构在可研文本及 / 或项目实施方案中进行编制。另外，社会资本发起的 PPP 项目，在其提交项目建议书并经行业主管部门审核同意后，其在编制项目实施方案时可结合自身运营经验明确运营标准和绩效考核方式交由政府方审核。

3. 片区开发 PPP 项目何去何从。片区开发 PPP 项目的合作内容主要包括项目合作区域内土地整理投资、基础设施建设与维护、公共设施建设与经营、产业发展服务、规划设计咨询等。财政部等《关于联合公布第三批政府和社会资本合作示范项目加快推动示范项目建设的通知》（财金〔2016〕91 号）规定：“PPP 项目主体或其他社会资本……不得作为项目主体参与土地收储和前期开发等工作。”因此实务界存在一种普遍的认识，土地整理、基础设施建设不能再以 PPP 模式实施。

该文件指出“仅涉及工程建设，无运营内容的”不得入库，“审慎开展政府付费项目”。基础设施建设、公共设施建设都属于工程建设内容，而且往往不涉及运营；即使将维护泛化理解为运营，其比重往往很低且仍然依赖于政府付费。具有实质运营内容的项目，比如污水处理、垃圾处理（垃圾处理和污水处理有专门的收费制度，本质上仍然属于使用者付费）、供水、供气类项目因具备单独的项目特点（比如需就单独的每吨污水处理、垃圾处理费用进行报价）不宜整体打包至片区开发 PPP 项目中而需以单体项目形式另行实施。

该文件指出“不属于公共服务领域，政府不负有提供义务的，如商业地产开发、招商引资项目等”不得入库。产业发展服务属于政府通过 PPP 项目公司进行招商引资的行为，招商引资落地的项目将带动当地产业的发展、增加政府财税收入，但是其本质而言并非政府需要提供的公共服务。此外，规划设计咨询往往分为两部分，一部分为城市规划，一部分为工程设计，前者为政府的规划职能，不属于公共服务，后者可纳入基础设施和公共设施建设当中。

从以上简要分析来看，该文件对片区开发 PPP 项目进一步提出了挑战，片区开发 PPP 项目中的大部分单项内容都无法单独采用 PPP 模式实施，当其组合在一起是否就可行？考虑到该问题的复杂性，而现行相关政策之间，以及政策与示范项目的操作方式之间还存在矛盾和冲突的地方，还有赖于进一步的论证和有关部门的权威解释。我们亦将在下期专题对片区开发进行分析。

三、建议和风险提示

基于以上解读和分析，笔者建议：

1. 严格落实文件精神。对于正在实施但未入库的项目，以及后续将要实施的储备项目在方案设计过程中务必严格落实财政部的最新要求，确保项目方案合法合规，避免项目无法入库或入库后被清退，进而财政无法安排预算支出影响项目的进度和实施；对于已经入库的项目，务必按财政部要求进行自查自纠，必要时可聘请第三方咨询机构，尤其是具备合规业务能力和经验的机构进行核查。

2. 警惕诉讼风险。如项目最终被清理出库且整改完善后仍无法符合 PPP 相关政策要求或整改后双方失去合作基础（比如财务无法平衡、将实质性变动原政府采购文件和响应文件内容）而导致解约，将在政府方与社会资本之间、政府方和 PPP 咨询机构之间引起极大的争议，比如归责和赔偿、项目公司解散和人员安置、项目投资额审计和提前终止补偿、PPP 咨询机构勤勉尽责义务等等，甚至导致诉讼，各方应提前研判和准备。

（为本文做出重大贡献的还有黄仲欢律师）

– 附件 –

关于规范政府和社会资本合作（PPP）综合信息平台项目库管理的通知

财办金〔2017〕92 号

各省、自治区、直辖市、计划单列市财政厅（局），新疆生产建设兵团财务局：

为深入贯彻落实全国金融工作会议精神，进一步规范政府和社会资本合作（PPP）项目运作，防止 PPP 异化为新的融资平台，坚决遏制隐性债务风险增量，现将规范全国 PPP 综合信息平台项目库（以下简称“项目库”）管理有关事项通知如下：

一、总体要求

1. 统一认识。各级财政部门要深刻认识当前规范项目库管理的重要意义，及时纠正 PPP 泛化滥用现象，进一步推进 PPP 规范发展，着力推动 PPP 回归公共服务创新供给机制的本源，促进实现公共服务提质增效目标，夯实 PPP 可持续发展的基础。

2. 分类施策。各级财政部门应按项目所处阶段将项目库分为项目储备清单和项目管理库，将处于识别阶段的项目，纳入项目储备清单，重点进行项目孵化和推介；将处于准备、采购、执行、移交阶段的项目，纳入项目管理库，按照 PPP 相关法律法规和制度要求，实施全生命周期管理，确保规范运作。

3. 严格管理。各级财政部门应严格项目管理库入库标准和管理要求，建立健全专人负责、持续跟踪、动态调整的常态化管理机制，及时将条件不符合、操作不规范、信息不完善的项目清理出库，不断提高项目管理库信息质量和管理水平。

二、严格新项目入库标准

各级财政部门应认真落实相关法律法规及政策要求，对新申请纳入项目管理库的项目进行严格把关，优先支持存量项目，审慎开展政府付费类项目，确保入库项目质量。存在下列情形之一的项目，不得入库：

1. 不适宜采用 PPP 模式实施。包括不属于公共服务领域，政府不负有提供义务的，如商业地产开发、招商引资项目等；因涉及国家安全或重大公共利益等，不适宜由社会资本承担的；仅涉及工程建设，无运营内容的；其他不适宜采用 PPP 模式实施的情形。

2. 前期准备工作不到位。包括新建、改扩建项目未按规定履行相关立项审批手续的；涉及国有资产权益转移的存量项目未按规定履行相关国有资产审批、评估手续的；未通过物有所值评价和财政承受能力论证的。

3. 未建立按效付费机制。包括通过政府付费或可行性缺口补助方式获得回报，但未建立与项目产出绩效相挂钩的付费机制的；政府付费或可行性缺口补助在项目合作期内未连续、平滑支付，导致某一时期内财政支出压力激增的；项目建设成本不参与绩效考核，或实际与绩效考核结果挂钩部分占比不足 30%，固化政府支出责任的。

三、集中清理已入库项目

各级财政部门应组织开展项目管理库入库项目集中清理工作，全面核实项目信息及实施方案、物有所值评价报告、财政承受能力论证报告、采购文件、PPP 项目合同等重要文件资料。属于上述第 1、2 项不得入库情形或存在下列情形之一的项目，应予以清退：

1. 未按规定开展“两个论证”。包括已进入采购阶段但未开展物有所值评价或财政承受能力论证的（2015 年 4 月 7 日前进入采购阶段但未开展财政承受能力论证以及 2015 年 12 月 18 日前进入采购阶段但未开展物有所值评价的项目除外）；虽已开展物有所值评价和财政承受能力论证，但评价方法和程序不符合规定的。

2. 不宜继续采用 PPP 模式实施。包括入库之日起一年内无任何实质性进展的；尚未进入采购阶段但所属本级政府当前及以后年度财政承受能力已超过 10% 上限的；项目发起人或实施机构已书面确认不再采用 PPP 模式实施的。

3. 不符合规范运作要求。包括未按规定转型的融资平台公司作为社会资本方的；采用建设 – 移交（BT）方式实施的；采购文件中设置歧视性条款、影响社会资本平等参与的；未按合同约定落实项目债权融资的；违反相关法律和政策规定，未按时足额缴纳项目资本金、以债务性资金充当资本金或由第三方代持社会资本方股份的。

4. 构成违法违规举债担保。包括由政府或政府指定机构回购社会资本投资本金或兜底本金损失的；政府向社会资本承诺固定收益回报的；政府及其部门为项目债务提供任何形式担保的；存在其他违法违规举债担保行为的。

5. 未按规定进行信息公开。包括违反国家有关法律法规，所公开信息与党的路线方针政策不一致或涉及国家秘密、商业秘密、个人隐私和知识产权，可能危及国家安全、公共安全、经济安全和社会稳定或损害公民、法人或其他组织合法权益的；未准确完整填写项目信息，入库之日起一年内未更新任何信息，或未及时充分披露项目实施方案、物有所值评价、财政承受能力论证、政府采购等关键信息的。

四、组织实施

1. 落实责任主体。各省级财政部门要切实履行项目库管理主体责任，统一部署辖内市、区、县财政部门开展集中清理工作。财政部政府和社会资本合作中心（以下称“财政部 PPP 中心”）负责开展财政部 PPP 示范项目的核查清理工作，并对各地项目管理库清理工作进行业务指导。

2. 健全工作机制。各省级财政部门应成立集中清理专项工作组，制定工作方案，明确任务分工、工作要求和时间进度，落实专人负责，并可邀请专家参与。地方各级财政部门应当会同有关方面加强政策宣传和舆论引导，重要情况及时向财政部报告。

3. 明确完成时限。各省级财政部门应于 2018 年 3 月 31 日前完成本地区项目管理库集中清理工作，并将清理工作完成情况报财政部金融司备案。

4. 确保整改到位。对于逾期未完成清理工作的地区，由财政部 PPP 中心指导并督促其于 30 日内完成整改。逾期未完成整改或整改不到位的，将暂停该地区新项目入库直至整改完成。

财政部办公厅

2017 年 11 月 10 日

92 号文之后

——再议项目资本金（续）

【作者简介】

郑宏宇，财政部 PPP 专家库专家，中国政法大学 PPP 研究中心专家委员，北京德恒律师事务所 PPP 业务中心执行委员

【文章内容】

11 月 22 日《92 号文之后——再议项目资本金》一文，不少圈内朋友的对此进行了交流，其中提到也要关注“政府方以债务性资金充当项目资本金”的问题，本文对此继续与大家探讨。

一、政府方不能以债务性资金充当项目资本金

1. 根据财政部《政府和社会资本合作项目财政承受能力论证指引》（财金〔2015〕21 号文），PPP 项目中政府出资部分的项目资本金，属于财政承受能力论证范围，属于项目财政支出责任应纳入预算统筹安排。21 号文相关内容如下：

第九条　PPP 项目全生命周期过程的财政支出责任，主要包括股权投资、运营补贴、风险承担、配套投入等。

第十条　股权投资支出责任是指在政府与社会资本共同组建项目公司的情况下，政府承担的股权投资支出责任。如果社会资本单独组建项目公

司，政府不承担股权投资支出责任。

第十五条　股权投资支出应当依据项目资本金要求以及项目公司股权结构合理确定。股权投资支出责任中的土地等实物投入或无形资产投入，应依法进行评估，合理确定价值。计算公式为：

股权投资支出 = 项目资本金 × 政府占项目公司股权比例

2. 根据财政部《政府和社会资本合作项目财政管理暂行办法》（财金〔2016〕92 号），政府在 PPP 项目中的股权投资支出，应作为国有资产在政府综合财务报告中进行反映和管理：

第二十九条　各级财政部门应会同相关部门加强 PPP 项目涉及的国有资产管理，督促项目实施机构建立 PPP 项目资产管理台账。政府在 PPP 项目中通过存量国有资产或股权作价入股、现金出资入股或直接投资等方式形成的资产，应作为国有资产在政府综合财务报告中进行反映和管理。

二、政府方以债务性资金充当项目资本金的几种表现形式

除了政府方违规举债或通过政府平台公司举债作为项目资本金外，笔者认为以下形式属于变相举债充当项目资本金：

① 要求社会资本方先垫付项目资本金，政府方或平台公司承诺回购该部分股权；

② 要求社会资本方缴纳履约保证金，政府方将其作为项目资本金；

③ 政府方或平台公司参与为项目资本金融资的基金，认购劣后级份额，承诺回购优先级份额，基金的资金作为项目资本金来源；

④ 以形成政府存量债务的 BT 项目资产作价入股作为项目资本金；

⑤ 通过其他隐性举债方式作为项目资本金。

笔者在参与 PPP 项目过程中确有遇到部分情况，是否还有其他形式？期待与大家探讨。

三、政府投资基金能否投资项目资本金?

按照《政府投资基金暂行管理办法》（财预〔2015〕210号）的规定，政府投资基金是股权投资性质的基金，政府出资是财政部门通过一般公共预算、政府性基金预算、国有资本经营预算等安排的资金，投资基金各出资方应当按照“利益共享、风险共担”的原则，明确约定收益处理和亏损负担方式，投资基金的亏损应由出资方共同承担，政府应以出资额为限承担有限责任，政府可适当让利，但不得向其他出资人承诺投资本金不受损失，不得承诺最低收益。

笔者认为，严格按照该管理办法操作的政府投资基金，对PPP项目进行真实股权投资的，可以作为项目资本金。

四、私募基金投资PPP项目资本金

11月16日：财政部发布了《关于规范政府和社会资本合作（PPP）综合信息平台项目库管理的通知》（财办金〔2017〕92号）（下称92号文）

11月17日：一行三会等五部委发布了《关于规范金融机构资产管理业务的指导意见（征求意见稿）》（下称“资管指导意见”）

11月21日：国资委发布《关于加强中央企业PPP业务风险管控的通知》（国资发财管〔2017〕192号）（下称“192号文”）。

有关“资管指导意见”“192号文”黄华珍律师在《最严新政对PPP项目资本金融资的“重大影响”？》一文中已详细分析解读。

12月2日，中国基金业协会会长洪磊在第四届中国（宁波）私募投资基金峰会上做的《防范利益冲突 完善内部治理 推动私募基金行业专业化发展》的主题发言，发言中指出一些私募基金存在如下问题：

充当信贷资金通道，通过单一资产对接或结构化设计等方式发行“明股实债”“明基实贷”产品，变相保底保收益；

通过股东委派高管等方式直接独资或控股私募子公司，进而通过发行私募产品自融或为关联方提供融资；

合伙型私募基金中有限合伙人直接担任基金管理人或通过代持成为管理人等违反法律法规原则要求的产品，不予备案；

对违法违规开展金融机构持牌专营业务或者不符合协会自律规则的产品，如进行直接借贷等，不予备案。

主题发言还提到，要强化内控制度要求，切实防范利益冲突。

为简单直观抓住要点，笔者将上述文件及发言内容要点进行对比，以负面清单方式整理如下：

笔者认为，在上述背景下，PPP 项目通过基金融资过程中的以下业务将不符合上述要求：

① 以假股真债、明股实债、小股大债方式投入 PPP 项目资本金（包括股权投资 + 股东借款）；

② 基金以直接借贷方式向 PPP 项目或社会资本提供融资（也包括股东借款、股权 + 借款）；

③ 基金为关联方融资（例如基金为关联方的社会资本发行产品融资、基金作为项目公司股东为项目公司发行产品融资）；

④ 社会资本对基金 LP 保本保收益；

⑤ 通过基金中的结构化安排利益输送；

⑥ 社会资本通过基金实现伪出表（例如基金是社会资本的关联方、社会资本作为有限合伙人担任基金管理人或通过代持担任基金管理人）。

笔者认为，在设计项目融资结构时，应当首先坚持合规性，一些所谓创新，往往是自作聪明规避监管，终究要回归到正确的轨道，例如曾有基金管理人声称提供所谓“出表解决方案”承揽业务，笔者坚持称之为是“伪出表”。

上述文件及发言的内容，可以说是多管齐下、一个方向：“桥归桥，路归路，股归股，债归债，真股权担风险，破刚兑降杠杆。”私募基金要回归到股权投资的本质，对 PPP 项目资本金可以做真股权投资，应认真研究 PPP 项目内在的收益和风险，摒弃依靠主体信用来判断和控制风险的债权思维，打造自身管理能力，通过专业化的投前研究、规范化的投后管理、市场化的退出机制，依法合规参与 PPP 项目。

92号文和192号文之后，PPP再谈判势在必行

【作者简介】

李瑞升，上海建领城达律师事务所律师，北京大学民商法学硕士

周吉高，上海建领城达律师事务所主任合伙人，财政部和发改委PPP双库专家

【文章内容】

一、新政之下，PPP再谈判势在必行

2013年起，中央大力推广政府和社会资本合作模式（以下简称“PPP模式”）。尽管PPP模式在解决基础设施与公共服务的供给方面发挥了巨大的创新作用，但一些地方滥用PPP、甚至借PPP变相融资等不规范操作的问题日益凸显，加大了地方政府隐性债务风险。[1]

在此背景下，财政部于11月10日发布《财政部办公厅关于规范政府和社会资本合作（PPP）综合信息平台项目库管理的通知》（以下简称“92号文”），通过项目库全面整顿PPP项目；国资委于11月17日发布《关于加强中央企业PPP业务风险管控的通知》（以下简称“192号文”），严格规范中央企业参与PPP项目。此外，一行三会等于11月17日发布《关于规范金融机构资产管理业务的指导意见（征求意见稿）》，对PPP融资提

出更高要求；中国证券投资基金业协会会长在 12 月 2 日第四届中国（宁波）私募投资基金峰会上发表《防范利益冲突 完善内部治理 推动私募基金行业专业化发展》的主题演讲，表示将加强私募基金登记备案管理，直接形成对基金参与 PPP 项目融资的限制。

至此，近期密集出台的文件分别以项目库、央企、资管产品和基金备案作为抓手，全方位实现对 PPP 项目的严格管控，可谓“重拳出击、拳拳致命”。在 92 号文和 192 号文明确提出新要求，要求“清退”“整改”“协商谈判”“停止”的情况下，相关主体亟须纠正 PPP 项目中的各项违法、违规操作，这必将涉及针对 PPP 合同、融资协议、施工合同等合同文件的修改。对于已经签订上述合同的项目，变更合同应由当事人协商一致，即需要再次进行谈判——这使我们不得不关注 PPP 项目中的再谈判问题。因此，什么是再谈判、什么情况下能够进行再谈判、92 号文和 192 号文对哪些内容提出了再谈判要求，是我们希望通过本文帮助回答的问题。

二、PPP 再谈判制度概述

（一）再谈判的概念

再谈判主要是指在 PPP 合同签订后，由于原合同设计存在漏洞或突发事件造成重大影响等原因，合同双方在覆盖范围、服务标准、利益分配、投资责任等方面上产生分歧而进行的再次谈判。[2] 我们认为，因同等原因导致相关主体就与 PPP 项目有关的融资、施工、担保等合同进行协商的，也属于广义概念下的 PPP 再谈判。

（二）再谈判在 PPP 项目中的必要性和意义

尽管再谈判可能导致政府或私人利益受损，进而降低社会剩余[3]，且往往耗时较长并将最终提高履约成本。但不可否认的是，再谈判是 PPP 项目实施过程中无法避免的重要事项。

根据不完全契约理论，再谈判对于注定不完备的 PPP 合同不可避免并存在裨益。[4] 并且，由于通过竞争性方式选择合作方时通常缺乏充分有效的合同谈判，再谈判可在后期弥补这种缺憾。此外，再谈判与民法中情事变更导致的再交涉义务极为相似。再交涉义务体现了“合同法上的继续性原理”，能够避免合同解除引发的受领给付返还、不能返还时所需采取的补救措施和后续损害赔偿问题。[5] 更有学者指出，“‘再交涉义务’本身也不仅在情事变更场合有其意义，在继续性合同或者长期合同场合，存在着‘现时化’（通过合同将未来固化为现在）与未来的变化之间的矛盾，‘再交涉义务’未尝不是克服长期合同的僵硬性而添加灵活性的润滑剂”。[6]

因此，尽管十分有必要通过完备的筹划、谈判程序避免缔约后不必要的再谈判，但周全缔约后仍无法避免的再谈判是具有意义的。我们将这种再谈判称为“缓和 PPP 合同僵硬性和不完备性的‘润滑剂’”。

（三）触发再谈判的情形

根据我们对目前国内 PPP 再谈判研究成果的整理，引起再谈判的原因主要包括以下三类情形：

第一，合同不完备。一方面，PPP 项目结构复杂、合作期长，当事人难以在磋商阶段全面识别合作期内可能发生的风险。另一方面，政府通过竞争性方式选择社会资本方时，因最终签订的合同不得背离采购文件的实质性内容[7]，社会资本方不能就采购文件所附的 PPP 合同条款提出实质性修改意见，难以实现充分有效的合同谈判。这共同导致了 PPP 合同的不完备性，以致缔约后遭遇未予约定的风险时，再谈判常有发生。对于与 PPP 合同相关的其他协议，其同样会存在不完备的缺陷。

第二，外部环境的重大变化。由于 PPP 项目历时较长，外部环境比如经济、政治、不可抗力等都可能发生始料不及的变化，因而造成合同再谈判。[8] 外部环境的重大变化包括法律变更、民众反对、情事变更甚至不可抗力等客观情形。

第三，当事人的机会主义行为。一方面，政府方如果在主导编制项目文件和招选社会资本方时缺乏经验，可能导致 PPP 合同存在瑕疵。另一方面，如果存在社会资本方压低价格获取 PPP 项目的现象，不具可持续性的报价最终仍需通过再谈判的方式得到调整。

（四）再谈判的结果

再谈判的结果可能是合作性的，其可以补充不完备的初始 PPP 合同或与 PPP 项目有关的其他协议，避免因履行中止造成的项目停滞损失、合同提前解除产生的清算和重新招选成本，以及因原本按年度支付的政府补贴转变为提前终止后的补偿款，造成短期内陡增的政府支出责任。但另一方面，由于再谈判往往导致政府补贴金额增加、特许经营期延长等结果，尤其在机会主义导致的再谈判中，社会福利可能受有一定减损。

三、92 号文和 192 号文对当前 PPP 再谈判提出的要求

92 号文和 192 号文对 PPP 项目明确提出一系列最新要求，并提出“停止”“清退”“整改”的责任后果，构成外部环境重大变化中的法律变更，触发 PPP 再谈判。一方面，相关主体亟须根据两份文件尽快纠正 PPP 项目中的各项违法、违规操作，其中大量整改、纠正需要通过再谈判完成；另一方面，192 号文明确提出“对存在瑕疵的项目，要积极与合作方协商完善”，直接指引央企开展再谈判。因此，对于已经签订 PPP 合同的项目，我们通过仔细梳理 92 号文和 192 号文，总结了两份文件对当前 PPP 再谈判提出的要求。

（一）92 号文与 PPP 再谈判

1. 项目不宜通过 PPP 模式实施时的再谈判

92 号文明确了三类不应采用 PPP 模式开展的项目：（1）非公共服务领

域、政府不负有提供义务的项目，如商业地产开发、招商引资项目；（2）因涉及国家安全或重大公共利益而不适宜由社会资本方承担的项目；以及（3）无运营内容的工程建设项目。

对于前两种情形，其构成 PPP 项目的实质性缺陷——“硬伤”。项目难以整改合格，无法被纳入项目库。因此，再谈判应围绕合同提前终止展开，主要谈判内容包括：（1）提前终止 PPP 合同及相关融资、施工、担保等协议；（2）根据 PPP 合同中的提前终止补偿条款，确定政府方收回已建成项目资产的具体金额；以及（3）根据双方就合同提前终止所各自负有的过错，确定一方在对方因 PPP 合同及相关融资、施工、担保等协议被提前终止而受有损害时，该方的赔偿责任。

对于第三种情形，尽管项目存在缺陷，但仍可整改。此时再谈判的主要内容在于：（1）变更项目范围，将经营性子项目、道桥隧养护、绿化维护等纳入项目内容；（2）根据变更后的项目范围，重新测算项目总投资，并相应调整政府在各年度的付费数额；（3）重新开展“两个评价”并编制修订后的实施方案；以及（4）明确政府方根据重新预估的付费数额，将相应支付责任纳入跨年度财政预算、中期财政规划，并取得同级人大出具的相关预算批复文件（以下简称“政府批复义务”）。

2. 尚未建立按效付费机制时的再谈判

92 号文首次规定未建立按效付费机制的 PPP 项目不得进入项目库，具体包括：（1）政府付费、可行性缺口补助类项目未建立与绩效考核挂钩的付费机制；（2）政府付费、可行性缺口补助未连续、平滑支付，致使某时期内财政支出压力激增；以及（3）建设成本不参与绩效考核或实际考核挂钩比例不足 30%。

由于按效付费机制可以通过修订 PPP 合同的方式建立、完善，此时再谈判的主要内容应为：（1）建立绩效考核制度，明确考核对象，确立客观、合理、可行的考核方法；并且（2）明确参与绩效考核的政府付费金额比例。

3. 项目运作模式不合规时的再谈判

92 号文明令禁止 BT 项目“披着 PPP 模式的外套”进入项目库。对此，为调整项目运作模式而开展再谈判时，谈判内容应包括：（1）变更项目范围，将项目运作模式更改为 BOT 等包含运营内容的 PPP 模式；（2）增加经营性子项目，或将道桥隧养护、绿化维护等纳入项目内容；（3）建立按效付费制度，避免被认定为一次性固定政府支付责任；（4）相应更新项目总投资、调整政府各年度付费数额；（5）重新开展“两个评价”并编制修订后的实施方案，以及（6）明确政府批复义务。

4. 项目融资方式不合规时的再谈判

92 号文就项目资本金融资提出新要求。结合财政部金融司司长在 2017 第三届中国 PPP 融资论坛发表的讲话[9]和财政部对 92 号文的解读[10]，我们总结 PPP 融资方式应满足：（1）以自有资本作为项目资本金；（2）不得由第三方替代社会资本方履行其在项目公司的出资义务。

若违反上述情形，就融资、担保协议开展再谈判时，主要内容应围绕：（1）通过自有资金置换债务性融资以充实项目资本金；以及（2）由社会资本方通过自有资金，受让关联方、子企业、基金等代为履行出资义务的第三方实际持有的项目公司股权。此外，为配套完成前述再谈判事项，项目公司股东可能还需针对股权转让、增资、调整股东会和董事会表决比例等事项一并开展再谈判。

5. 项目存在违法违规举债担保时的再谈判

92 号文重申了政府不得违法违规举债担保的三种情形：（1）不得回购社会资本的投资本金或兜底本金损失；（2）不得承诺固定收益；（3）不得提供担保。此时，再谈判的主要内容应围绕：（1）取消政府回购义务并明确社会资本方在投资本金范围内自负投资风险；（2）取消项目固定收益率并建立按效付费机制；以及（3）由项目公司或社会资本方就项目融资提供担保。

6. 92 号文提出要求，但可通过再谈判以外的方式整改

对于 92 号文列举的其他要求，由于可以通过再谈判以外的其他方式实现整改，我们建议按照下列方式具体整改：

第一，对于未按规定开展、通过“两个论证”，未履行相关立项审批手续、国有资产审批和评估手续，未按要求及时公开项目信息的 PPP 项目，应及时按照法律法规补齐项目程序性文件、开展并通过符合要求的“两个论证”、公开符合要求的项目信息。

第二，对于未按规定转型的融资平台公司作为社会资本方参与的 PPP 项目，融资平台公司应尽快按照国办发〔2015〕42 号文，在建立现代企业制度、实现市场化运营，将已承担的地方政府债务纳入政府财政预算并妥善处置，且明确公告今后不再承担地方政府举债融资职能后，转型成为合法合规的社会资本方。

第三，对于进展缓慢甚至无任何进展的“僵尸项目”、未按合同约定落实债权融资的项目，各方应推进项目进展、落实债权性融资。在无法推进时，再参照“项目不宜通过 PPP 模式实施”中的前两种谈判情形，围绕合同提前终止开展再谈判。

在进行再谈判和上述整改措施时，政府方和社会资本方应当与省级财政部门保持积极沟通，及时反馈整改措施、进度，并及时将整改更新后的项目文件补充录入项目库，以防项目被清除出库。

（二）192 号文与 PPP 再谈判

192 号文明确提出“对存在瑕疵的项目，要积极与合作方协商完善；对不具备经济性或存在其他重大问题的项目，要逐一制定处置方案，风险化解前，该停止的坚决停止，未开工项目不得开工”。因此，央企应格外重视与合作方的再谈判。除上文针对 92 号文最新要求提出的再谈判要点，我们认为央企还应关注 192 号文提出的下列要求。

1. 央企在资本金融资中承担他方风险时的再谈判

192 号文要求央企“多措并举加大项目资本金投入，但不得通过引入‘明股实债’类股权资金或购买劣后级份额等方式承担本应由其他方承担的风险”。结合 92 号文及财政部领导在近期的讲话[11]，存在该等情形时，央企应与其他合作方、其他基金投资者、基金管理人就如下内容展开再谈判：（1）由央企通过自有资金置换基金融资以充实项目资本金，并（2）及时清算被置换的基金，避免央企承担该基金项下的劣后级风险。

2. 央企为他方股权出资提供担保、为债务融资单独提供增信措施时的再谈判

192 号文还提出了央企不得在 PPP 项目中为其他方股权出资提供担保，不得为债务融资单独提供增信措施的要求。存在该等情形时，与其他股东、资方等相关主体进行再谈判的主要内容应当包括：（1）撤销就其他股东出资行为提供的担保；（2）由除政府出资代表以外的其他股东按照其在项目公司的持股比例，共同为债务融资提供担保。

四、针对 92 号文、192 号文出台后 PPP 再谈判结果的预测

尽管我们在上文具体分析了 92 号文、192 号文对 PPP 再谈判提出的要求，但受制于实践中存在的现实压力，其中相当一部分再谈判恐将难以完成。

首先，92 号文并未预留项目整改时间，直接以 2018 年 3 月 31 日作为清库截止日期，省级财政部门可能并不会给予 PPP 项目合作方整改的机会。[12]即便有机会整改，由于再谈判耗时较长但清库截止日期太早，各方很难在 2018 年 3 月 31 日前通过再谈判的方式完成项目整改。

其次，对于调整项目融资结构、担保方式等的再谈判事项，其并不具备可以实现的经济性基础。一方面，社会资本方恰恰是因为资金短缺才使用 92 号文认定为违规的融资结构，其并不具备以自有资金置换违规融资

资金的能力；另一方面，即便具备这种能力，对于央企而言，大规模使用自有资金的直接后果就可能违反 192 号文中“对 PPP 项目的净投资不得超过上一年度集团合并净资产 50%”的投资规模限制。

最后，对于凡涉及调整项目范围、变更项目总投资的 PPP 项目，其均应再次开展“两个论证”并相应更新实施方案，甚至需要再度履行招投标、竞争性磋商等采购程序，以确保项目实施程序的合法、合规性。这显然极难实现。

因此，尽管我们就 92 号文、192 号文针对 PPP 再谈判提出的最新要求，分析、总结了一系列再谈判要点，但部分再谈判实际并不具备可操作性。我们预测，除非给予整改机会并延长整改期限，否则本轮部分再谈判的结果将最终走向“合同提前终止”和“合同提前终止后的补偿”。因本轮政策法规导致项目提前终止后，如何界定各方过错、确定补偿金额及损害赔偿数额，是我们将在下一篇专题文章中着重分析、解答的问题。

参考文献

[1]《〈关于规范政府和社会资本合作（PPP）综合信息平台项目库管理的通知〉解读》，2017 年 11 月 30 日发布于财政部网站，http：//jrs.mof.gov.cn/zhengwuxinxi/zhengcejiedu/201711/t20171130_2763087.html，最新访问时间 2017 年 12 月 8 日。

[2] 居佳、郝生跃、任旭.基于不同发起者的 PPP 项目再谈判博弈模型研究.工程管理学报. 2017 年第 4 期，第 40 页。表述谈判主体时，原文使用的是“公共部门与私营部门”。在我们看来，中国语境下的 PPP 模式并不排斥国有企业作为社会资本方参与合作项目，与其称之为“公私”合作，不如称之为“公共部门与非公共部门”之间的合作。基于此，我们修改了原文对再谈判的定义。

[3] 娄黎星.基础设施 PPP 项目再谈判影响因素及其治理研究.综合运输. 2016 年第 4 期，第 23 页。

[4] 参见注［2］，第 41 页。

[5] 韩世远.情事变更若干问题研究.中外法学. 2014 年第 3 期，第 666 页。

[6] 同上。

[7]《中华人民共和国招标投标法》

第 46 条第 1 款 招标人和中标人应当自中标通知书发出之日起三十日内，按照招标文件和中标人的投标文件订立书面合同。招标人和中标人不得再行订立背离合同实质性内容的其他协议。

《政府采购非招标采购方式管理办法》

第 19 条　采购人与成交供应商应当在成交通知书发出之日起 30 日内，按照采购文件确定的合同文本以及采购标的、规格型号、采购金额、采购数量、技术和服务要求等事项签订政府采购合同。

采购人不得向成交供应商提出超出采购文件以外的任何要求作为签订合同的条件，不得与成交供应商订立背离采购文件确定的合同文本以及采购标的、规格型号、采购金额、采购数量、技术和服务要求等实质性内容的协议。

[8] 同注 [3]，第 19 页。

[9] 财政部金融司司长王毅：《步子放稳一点，质量提高一点，希望 PPP 之树常青》，2017 年 11 月 1 日发布于 2017 第三届中国 PPP 融资论坛网站，http：//www.cpppf.com.cn/NewsDetail_599.html，最新访问日期 2017 年 12 月 8 日。

[10] 同注 [1]。

[11] 主要指财政部金融司司长在 2017 第三届中国 PPP 融资论坛中的讲话，见注 [9]。

[12] 山东省财政厅在本轮 PPP 项目清理中，就没有赋予项目合作方整改的机会。根据山东省财政厅《转发〈财政部关于规范政府和社会资本合作（PPP）综合信息平台项目库管理的通知〉的通知》，山东省财政厅直接要求“对经审核符合财政部清退出库情形的项目，要按照省财政厅《关于规范 PPP 项目退库程序的通知》要求，及时申请退库”。

武汉轨道交通8号线PPP：无知者无畏，还是艺高人胆大？

【作者简介】

靳林明，君泽君律师事务所合伙人

【文章内容】

2017年2月21日晚上，PPP业界朋友圈快速传播着一则消息：武汉市轨道交通8号线一期PPP项目社会资本采购预成交公示发布，以招商银行股份有限公司（牵头方）、中国光大银行股份有限公司和汉口银行股份有限公司联合体中标。这则消息引起PPP业内一片哗然。如果大家没有健忘的话，之前也有轨道交通PPP项目引起过业界的普遍关注，那就是之前的济青高铁PPP项目、贵阳地铁PPP项目，业界对此褒贬不一。

我们基于公开渠道可以获得的信息，本着客观中立的态度，对此进行一个简要的分析。

一、葫芦里装的什么药？

根据公示合同文本和公告显示，武汉轨道交通8号线总投资135.84亿元，其中项目资本金47.84亿元由项目公司股东投入，剩余88亿元通过项目公司融资解决。

武汉地铁集团有限公司和武汉地铁运营有限公司都是政府方出资代表。项目公司股权结构为武汉地铁集团有限公司占32%，武汉地铁运营有限公司占 2%，基金 66%。

在基金结构中，武汉地铁集团有限公司作为政府出资代表出资 3.15744 亿元，占基金份额的 10%；社会资本出资 28.41696 亿元，占基金份额的 90%。武汉地铁集团有限公司作为劣后级出资人，社会资本作为优先级出资人。社会资本方的资本金财务内部收益率在五年期以上银行贷款基准利率下浮 3%。

社会资本方和武汉地铁集团有限公司共同设立"武汉地铁股权投资基金（契约型）"，通过选定的基金管理人与武汉地铁集团有限公司、武汉地铁运营有限公司共同出资，按照法人治理结构成立项目公司。

从公示的合同文本看，这个项目的运作模式为 BOT。项目公司负责项目的投融资，建设，运营，管理，移交。特许经营期25年，建设期约2年。

项目建设环节，项目公司承担建设责任，并且由于武汉地铁集团有限公司已经选择 8 号线一期工程的车站、区间和车辆段土建工程施工单位，本项目还将继续履行于武汉地铁集团有限公司与施工单位签署的《施工承包合同》，项目公司将承继武汉地铁集团有限公司的权利和义务。

在项目运营方面，项目公司可以征得政府方书面同意后将运营工作分包给更有利于为武汉市提供公共服务的合格机构。

另外，该项目设置了运营绩效考核结果与可行性缺口补助挂钩的制度，考核实行 100 分制，按照收入、过程、效果三方面，设置了十项指标，每项指标十分，如果考核分值达到 80 分，足额支付可行性缺口补助；如低于 80 分，每降低 1 分，从应发放可行性缺口补助中扣减 0.5%，如低于 60 分，或发生重大质量安全责任事故的实行一票否决，全额扣减全部可行性缺口补助。

二、"毁三观"的 PPP？

在之前的《律动 PPP》文章《掀起你的盖头来，让我看看你的脸—洗尽铅华的 PPP 长啥样》中，提到了判断 PPP 项目的"三维"：第一维，公共服务和公共产品领域，这是 PPP 的适用前提。第二维，通过风险共担和利益共享的机制，这是 PPP 存在的商业基础。第三维，提高公共服务和公共产品供给的质量和效率，这是 PPP 存在的意义。

第一个维度，轨道交通是 PPP 的适用领域，这个没有争议。

第二个维度，风险共担和利益共享。很遗憾，虽然这份像模像样的合同，好似面面俱到，但又有点点到即止，为了体现风险共担，甚至把实施方案中的风险分担表都列上去了，但是，然并卵。

1. 按照基本的逻辑，社会资本方应该与政府出资代表共同出资设立项目公司，履行 PPP 合同。那么，这个项目采购的是 PPP 项目的社会资本方？不是！采购的是武汉地铁股权投资基金（契约型）的优先级出资人。正常来说，应该是先有投资人，再参加磋商。基金作为投资人的话，基金应该已经设立，才能作为联合体或独自参加磋商。现在是，磋商程序启动时，基金事实上是不存在的。这里创造性的来了个二合一。但是，显然两个程序是不能兼容的。虽然没有看到磋商文件及了解磋商过程，我实在好奇怎么样按照一个 PPP 的竞争性磋商程序来选择优先级出资人，优先级出资人会对 PPP 项目的建设、运营会提出什么高见，有什么样的证据让人相信他有这样的能力。从目前看，恐怕也只能是资金成本的高低。

2. 优先级投资人会承担风险吗？

（1）建设环节看，土建施工都已经开始了，项目公司只能被动接受既有的设计，既有的承包方，属于“喜当爹”的类型。重要的机车设备采购如何安排未见明确。

（2）在项目运营方面，项目公司可以征得政府方书面同意后将运营工作分包给更有利于为武汉市提供公共服务的合格机构。考虑到武汉地铁运营公司已经在那里站着，你认为项目公司会自己做运营吗？作为政府的亲儿子，答案恐怕也是不言自明的。虽然表面设置了考核机制，十个指标的分值设置的也过于粗犷，80 分和 60 分的标准可能很难达到，也可能很容易达到，对社会资本方来说，即使有扣款风险，也有很大的争议空间，过于概括，可操作性较低。如果出现重大质量安全事故，项目公司将被全额扣减全部可行性缺口补助，但是合同中对“重大安全事故”并没有做出明确的规定，没有清晰的判断标准，在实际操作中很难衡量。

无论如何设计，优先级投资人获得回报的法律文件，是基金协议，不是直接依据 PPP 协议，社会资本方不过是项目资本金的融资方而已，可想而知，其除了配套项目资本金外，也不会承担任何建设、运营风险。真正关心项目的，恐怕只是武汉地铁集团有限公司。

第三个维度，提高公共服务和公共产品供给的质量和效率。通过上面的分析，说这个项目的社会资本方能够提高这个项目运营的效率和水平，反正我是不信。

三、“假作真时真亦假，真作假时假亦真”？

任何一个 PPP 方案，都是政府方、咨询机构、投资方多方合意的结果。理想的目标需要根植于现实的土壤，PPP 的健康发展是需要多方位的配合才能实现，这离不开政府的监督和适度引导、离不开市场的规范和行业的高度自律。

“规范”地做 PPP，还是做“规范”的 PPP？“假作真时真亦假，真作假时假亦真”。

银行如何应对 PPP 大潮

【作者简介】

刘新平，中铁（上海）投资有限公司副总经济师兼投融资研究中心主任，特许金融分析师（CFA），高级经济师，金融学博士研究生

【文章内容】

武汉市轨道交通 8 号线一期 PPP 项目社会资本采购预成交结果公示，招商银行（牵头方）、光大银行和汉口银行联合体中标，成为继济青高铁（潍坊段）、贵阳市轨道交通 2 号线一期工程之后第三个银行中标的 PPP 项目。此消息一经发出，业界一片哗然，引发业界关于“谁能成为合格社会资本方”的大讨论。虽然项目的信息细节披露并不完整，但几乎可以肯定的是，该项目是以 PPP 之名，行融资之实。对于政府方股东武汉地铁集团而言，不仅实现了资本金和债务的融资，还实现了出表。本文从银行参与 PPP 项目的原因和动机，面临的困难等方面做进一步的探讨。

一、银行参与 PPP 项目的原因和动机

第一，是银行面临的贷款发放压力巨大。近两年金融圈流行的说法是“市场上钱太多，好项目太少”，这是当前金融业的真实写照。对于银行来说，最主要的任务通过发放贷款将央行配给的贷款新增规模消化掉，用好，用足。发放贷款是完成如中间业务收入、利润、结算等其他指标的前提和基础。近两年，各家银行都面临严重的资产荒，贷款规模很多，但

没有好的项目可投。主要原因在于，一是在经济下行压力下，各家银行主动收缩了民营企业的贷款规模。近几年，各家银行都面临着不良贷款快速上升的压力。对于基层行而言，一旦发生不良贷款，就有可能被追责，相关负责人甚至可能丢掉“帽子”。因此，当前银行最重要的任务是控制不良贷款率的上升。在这一背景下，银行对放贷项目的要求更高，宁肯少赚点，也不能发生“不良”。对于好项目，哪怕利率低一点，也会去做；对于有风险的项目，哪怕给的利率再高，也会非常谨慎。二是地方政府债务置换导致银行腾出很大的贷款规模。2015 年，财政部为规范地方政府存量债务管理，计划用三年时间，通过发行地方政府债券置换地方政府存量债务 14.34 万亿元。2015 年、2016 年两年分别置换了 3.2 万亿和 5 万亿地方政府债务。在置换的存量债务中，融资平台的银行贷款占比最大。对于银行来说，这些债务置换后，需要用新发放的贷款填补债务置换导致的“缺口”。三是银行面临各路金融机构的竞争。一般来说，银行的资金在所有金融机构中利率最低、期限最长，但银行的审批也是最严格的，资金的使用也是最不灵活的。对于地方政府而言，一方面，希望资金成本低一些、期限长一些，另一方面希望手续简便，使用灵活，有些时候，地方政府宁肯牺牲一些成本，也会选择手续简便、使用灵活的资金来源，如信托、资管计划、基金等。

第二，PPP 的市场空间巨大。在银行面临资产荒的近三年，我国的 PPP 在如火如荼的发展。2014 年以来，全国已经公布的中标社会资本的项目投资金额累计达到 3 万多亿，财政部 PPP 综合信息平台的入库项目已超过 13 万亿。在 PPP 发轫伊始，很多银行并不看好 PPP。但随着 PPP 以不可逆转之势快速发展，银行逐渐调整内部政策以适应 PPP 的发展，积极通过以投带贷、投贷协同的方式参与 PPP。此次银行联合体中标武汉市轨道交通 8 号线一期 PPP 项目，正是通过投资获得了后期债务融资的优先权。

第三，是适应政府负债管理新规、基础设施投融资方式改变的需要。一直以来，政府类项目对于银行来说属于优质资产，尤其是近几年各银行不良贷款率快速攀升之后，政府类项目更是成了“香饽饽”。国发 43 号文和新《预算法》实施后，地方政府通过融资平台新增负债受到限制，且不得违规举债和担保。2014 年以后，各家银行主要采用政府购买服务模式向政府类项目发放贷款。这一模式可行的依据是政府购买服务的支出不列入政府债务，仅算作政府的财政支出。银行出于风险防控的需要，要求地方政府人大和财政部门出具承诺函，承诺的内容如“政府协调财政资金偿还银行本息”“将政府购买服务资金纳入财政预算和中长期财政规划”等。最初，地方政府迫于银行的压力，抱着侥幸、跟风的心理出具了承诺函。但目前看来，地方政府对银行出具各种承诺函几乎再无可能。2016 年 10 月，贵州多地发文要求清查财政性违规出具担保函和承诺函的自查自纠工作，部分地方政府甚至撤销了此前向金融机构出具的各种“承诺函”。2017 年 1 月初，财政部分别致函五省市和两个部委，要求依法问责部分县市违法违规举债、担保的行为，并依法处理个别企业和金融机构违法违规行为。由此看来，银行与其继续做政府没有任何出函保障的政府购买服务类项目，还不如偏重 PPP 项目一些，最起码可以光明正大的取得地方政府纳入预算的函，间接地与地方政府信用挂钩。

二、银行参与 PPP 面临的问题

整体来看，银行目前操作的 PPP 项目还非常有限，甚至很多大行的省级分行近三年都没有做成过 PPP 项目。概括起来是两个方面的问题：一个是做不了，另一个是抢不着。

先说做不了的问题。目前，银行在开展 PPP 业务时仍然存在很多的障碍：一是过于挑剔，自设的准入门槛太高。银行对项目，对社会资本，对地方政府都有相应的要求。对项目，优先支持进入省库及以上级别的 PPP 项目，最好是相关部委的示范项目；优先考虑采用政府付费模式或者可行性缺口补助模式的 PPP 项目，以间接地与地方政府信用挂钩。对社会资本，要求是央企、地方国有企业，最起码也要是上市公司。对地方政府，要求其满足一定的财力标准，最起码要求是百强县的项目。二是期限、利率难以满足 PPP 项目的要求。PPP 项目的合作期一般较长，轨道交通类等大型项目的合作期更是达到 25 年以上，这就要求银行在贷款期限上能够匹配。目前，大型银行的 PPP 项目贷款期限基本上能做到与 PPP 合作期一致，但大多数中小银行还做不到。在利率方面，多数情况下，贷款利率较基准利率的浮动比率是投标报价的指标之一，银行的实际贷款利率只有低于社会资本方的投标报价水平时，社会资本方才会接受。一些强势的央企和地方国有企业直接提出贷款基准利率下浮 10% 的要求，一般中小银行也很难做到。三是投贷协同难以满足社会资本方的要求。社会资本方的资金需求分为两部分，一部分是项目贷款，另一部分是资本金；以项目公司为主体进行贷款融资相对容易一些，但资本金相对较难。目前常用的是采用产业基金的模式来解决社会资本方资本金不足的问题。在产业基金的设计上，社会资本方与银行的分歧较大，银行希望能落实稳妥的资金退出通道；而社会资本则希望能够真实出表，不愿作为劣后级，只能接受平层，甚至要求银行的资金能够做到同股同权同期限。实践中，社会资本方往往希望银行投贷联动参与 PPP 项目，以项目贷款支配权来解决资本金不足的问题。

再说抢不着的问题。PPP 项目同一般项目的融资有三个方面的显著差异。一是资本金到位时间存在刚性约束。PPP 相关协议中会明确资本金到位时间，协议一旦签订必须按期缴纳首期资本金（一般是 PPP 合作协议签订后 3 个月内）。在这种情况下，社会资本方选定某一家银行合作是不明智的，因为一旦银行不能如期完成审批，或者坐地起价，提出额外条件，就会使社会资本方陷入被动。因此，比较好的做法是让有参与意向的银行同时去审批，谁先完成审批就给谁做；同时完成审批的，选择条件最优惠的；同时完成审批条件又相同的，可以拼盘来做。二是 PPP 项目融资异地化的特征明显。绝大多数情况下，社会资本方与项目处于不同地域。社会资本方可以在全国范围内选择合作银行，不一定会优先考虑不熟悉的本地银行。因此对于本地的银行来说，未必具有“近水楼台先得月”的优势。三是 PPP 项目的融资方式更加多元化。社会资本方最关心的是资金的可获得性和及时性，其次才去考虑成本、期限、信用结构等因素。由于银行审批速度相对较慢，社会资本方在找银行的同时，也在尝试其他方式，如基金、信托、租赁等。多元化的资金供给渠道也对银行参与 PPP 项目产生“挤出效应”。正因为 PPP 业务很难抢，与其让社会资本挑挑拣拣，让社会资本方赚利差，有些银行索性撸起袖子自己干，直接作为社会资本参与到 PPP 项目中来，这才出现武汉市轨道交通 8 号线 PPP 项目上银行中标的情况。

三、对银行参与 PPP 的建议

一是要接受 PPP 发展不可逆转的大趋势。过去，对于政府类投资项目，银行是直接与政府（平台）发生借贷关系。采用 PPP 模式后，社会资本成为“第三者”，银行将直接与社会资本发生关系。银行要接受和适应这种转变。

二是加强顶层设计，从总行层面制定适合 PPP 项目的相关政策。PPP 项目的融资市场是相对公平的，不用拼关系和资源，谁能在满足社会资本方诉求的前提下，审批的速度快、效率高，谁就可以获得项目的融资参与权。在期限上，要能够适应 PPP 项目合作期长的特征。在信用结构上，要能够接受资产不抵押，股东不担保，仅使用 PPP 合作协议项下收益权质押的担保方式。在审批权限上，总行要赋予下级行更多的权限，最起码要让省级行有更多的自主权决策审批 PPP 项目。

三是要加强创新。PPP 项目的投融资模式非常复杂，每个 PPP 项目也都具有很强的个性化。银行要在产品、模式、服务、流程等方面加大创新力度，以适应 PPP 项目的需求。

四是加强 PPP 专业人才队伍的培养。对传统的政府类投资项目，说的绝对一些，银行闭着眼睛做都没问题，因为是基于地方政府的信用。在 PPP 模式下，对银行的风险识别、评审能力提出了更高的要求，需要有一批懂 PPP 的专业人才来参与。

PPP 项目社会资本方联合体组成及责任简析

【作者简介】

刘晓军，上海锦天城律师事务所高级合伙人

焦　军，世行原采购官员，明树数据特聘顾问

【文章内容】

随着招商银行、光大银行、汉口银行组成的联合体成为武汉轨道交通八号线一期 PPP 项目的中标社会资本方，业内关于合格社会资本方及社会资本方联合体责任分配又再一次成为争议热点，本文仅从法律规定及 PPP 项目实践角度，对联合体问题提出一些分析意见，供大家参考。

一、PPP 项目社会资本方联合体的组成方式

1. 联合体适用于 PPP 项目采购的法理依据

“联合体”作为法律名词最早出现在 1999 年颁布的《中华人民共和国招标投标法》（以下简称“招投标法”）中，招投标法第三十一条规定，两个以上法人或者其他组织可以组成一个联合体，以一个投标人的身份共同投标。2002 年颁布的《中华人民共和国政府采购法》（以下简称“政府采购法”）中继续沿用了“联合体”这个名词。政府采购法第二十四条规定，两个以上的自然人、法人或者其他组织可以组成一个联合体，以一个

供应商的身份共同参加政府采购。

从上述规定中可以看出，政府采购法基本沿用了招投标法对联合体的定义，但对联合体的组成进行了扩展，允许自然人成为联合体成员。

按照招投标法的立法本意，联合体的组建目的就是为了“共同投标”，而后续的政府采购法则将联合体组建目的扩展为“共同参加政府采购”，虽然只是几个字的差异，但这对于 PPP 模式中引入联合体的概念十分重要，因为 PPP 项目社会资本方采购方式的重要法源之一就是政府采购法，这为 PPP 项目中应用不同的社会资本方采购方式适用与联合体相关的法律、法规奠定了法律基础。

2. 如何组建 PPP 项目社会资本方联合体

招投标法第三十一条规定，联合体各方应当签订共同投标协议，明确约定各方拟承担的工作和责任，并将共同投标协议连同投标文件一并提交招标人。政府采购法第二十四条规定，以联合体形式进行政府采购的，参加联合体的供应商均应当具备本法第二十二条规定的条件，并应当向采购人提交联合协议，载明联合体各方承担的工作和义务。

从上述规定中，可以看出，法律法规对联合体组建方式并无详细规定，基本要求至少包括以下几个方面：

联合体成员可以为自然人、法人或其他组织；但基于承担相应责任的约定，应要求联合体成员可以独立承担民事责任；

联合体成员不少于两名，对于联合体成员的个数上限并无强制性规定；

联合体成员之间必须签订共同投标协议或联合协议；

共同投标协议或联合协议必须载明联合体各方需承担的工作和责任（义务）；

以一个投标人或供应商身份共同投标或采购。

3. 联合体成员是否必须在 PPP 项目公司中持有股权

招投标法第三十一条规定，联合体中标的，联合体各方应当共同与招标人签订合同；政府采购法第二十四条规定，（联合体）各方应当共同与采购人签订采购合同。从上述规定可以看出，联合体并非作为一个主体与招标人或采购人签订合同，而强调“共同”签订，但联合体本身是一个临时性的组织，并未组成具有公司性质的法人实体。那么，在项目公司成立后，联合体成员是否必须持有 PPP 项目公司的股权呢？

首先，仅从法律条文规定看，根据招投标法及政府采购法的相关规定，联合体成员之间必须签订共同投标协议或联合协议，共同投标协议或联合协议必须载明联合体各方需承担的工作和责任（义务）。因此，PPP 项目社会资本方联合体成员是否在项目公司中持股应依照联合协议确定。依照上述规定，联合协议需要必须列明的事项是“各方需承担的工作和责任”，对联合体的组建要求是基于“分工”和分工带来的“责任”，PPP 项目的社会资本方联合体成员在联合协议中是否约定“共同组建项目公司”并非法律、法规的强制性规定。

另一方面，从 PPP 项目实践角度看，招投标法、政府采购法和其他采购法律关于联合体组建的规定并未充分考虑 PPP 项目的复杂情况。在传统模式下，联合体成员为了提高中标机会，提高资格和能力，通过签订联合体协议约定分工和责任，中标后，各成员方根据联合体协议履行联合投标承诺，细化和落实联合体分工内容，在建设或采购事项完成后，联合体即予以解散，不要求联合体共同出资组建项目公司具有合理性。但在 PPP 模式下，基于项目合作期限的长期性和对社会资本方义务要求的持续性，项目公司作为清晰的责任主体，相较于松散的联合协议分工模式，更具备法律地位优势和管理运作优势。按照 PPP 模式的相关规定，社会资本方联合体中标后，由联合体成员与政府方草签 PPP 项目合同，然后根据股东协议注册成立项目公司，项目公司通过重签或换签 PPP 项目合同，承继整个联合体成员基于 PPP 项目合同的权利和义务。从这个角度看，联合协议的相关“分工”和“责任”的约定因为项目公司的设立而进行了“主体”转移，联合体成员基于联合协议对于招标人或采购人承担的责任转移到项目公司，为了保障各联合体成员仍然承担其基于联合协议的分工和责任，要求联合体成员成为项目公司的股东显然是更为有效、可行的做法，这无论对于采购人还是 PPP 项目的后续实施均有重要的意义。

因此，从政府推广 PPP 的目的、提高公共产品和服务效率和绩效成果看，我们认为，传统的联合协议关于联合体各方的权利、业务分工、责任关系和期限等相关条款在 PPP 模式下应进行重整和升级，社会资本方联合体各方原则上必须作为股东出资参股项目公司，根据联合协议的基本意图和原则、专业分工、按协议约定和采购文件要求的股份比例注资项目公司履行投标承诺。

4. 政府方是否可以要求或限制社会资本联合体成员的持股比例

招投标法和《政府采购货物和服务招标投标管理办法》(财政部令第 18 号）均规定，招标人（采购单位）不得强制投标人组成联合体共同投标，不得限制投标人之间的竞争。虽然政府采购法和《政府采购法实施条例》无类似规定，采取非招标方式进行社会资本方采购时，采购人是否可以要求社会资本方必须组成联合体并无明确的法律规定。

虽然不能要求社会资本方必须组建联合体，但采购人可以对社会资本方联合体的联合协议内容提出要求，在采购文件中，政府方根据具体项目需求、行业与市场情况，合理提出对社会资本方的财务能力、资格、经验等各项要求。可以要求社会资本方的联合体成员必须在联合协议中明确项目公司的组建方式，各方持股比例，并强制性要求联合体成员必须在项目公司中持股及相应的最低持股比例。这一点，在《经营性公路建设项目投资人招标投标管理规定》中就有体现，该规定第二十条规定，以联合体形式参加投标的，应提交联合体各方签订的共同投标协议。共同投标协议应当明确约定联合体各方的出资比例、相互关系、拟承担的工作和责任。

综上所述，笔者认为，政府方为了增强社会资本方联合体成员对于 PPP 项目的参与度，可以要求联合体成员必须在项目公司中持股，并根据项目特点和实际需求规定投资人 / 成员方的持股比例，例如参考世界银行与财政部编制的 NCB 土建合同中可要求牵头方的财务能力大于项目需求的 40%，以及要求参与特定工程的成员方必须具有相应专业资质和经验等。

二、社会资本方联合体的资格认定

招投标法颁布实施后，中国法律界就一直争论联合体投标资格如何认定的问题，专家们形成了两种截然不同的观点。一种观点认为，对联合体的资格认定，应根据联合体成员资质，取其中“强项”进行叠加，主要的理论依据是，既然联合体投标，主要目的就是为了实现优势互补，实现“提高资格和能力”的目的，如果只能取弱项，那么组建联合体就没有任何必要，因此，取联合体成员各方的“强项”作为资格认定依据是理所当然的事；而另一种观点认为应取联合体各方的“弱项”，他们认为按照管理学中的“木桶理论”，决定木桶储水量的并非最长的木块，而是最短的木块，因而能够真正衡量联合体履约能力的当然是资质较弱的一方，如确定联合体资格时选用联合体成员各方的“强项”作为依据，由于法律、法规对联合体成员的个数并无限制，那么完全可以组建任意个数成员的联合体，来确保每一项资格要求都能做到“最强”，势必会产生不平等竞争。

笔者认为，根据联合体成员中的“弱项”认定联合体的资格，更符合招投标法的“条文本意”，招投标法第三十一条规定，联合体各方均应当具备承担招标项目的相应能力；国家有关规定或者招标文件对投标人资格条件有规定的，联合体各方均应当具备规定的相应资格条件。由同一专业的单位组成的联合体，按照资质等级较低的单位确定资质等级。而且，政府采购法也有类似规定。

但笔者更倾向于，根据联合体成员中的“强项”来叠加认定联合体的资格更符合招投标法和政府采购法关于联合体相关规定的“立法本意”，除前述的联合体成员组建目的在于“提高资格和能力”原因外，必须充分考虑联合体投标制度的立法本意是通过联合体成员之间的共同投标协议，由最具备资质和能力的联合体成员方承担相应的“分工和责任”。

当然，这个原则也可以应用于 PPP 项目的社会资本方联合体的资格认定。《政府采购货物和服务招标投标管理办法》（财政部令第 18 号）也规定，以联合体形式参加投标的，联合体各方均应当符合政府采购法第二十二条第一款规定的条件。采购人根据采购项目的特殊要求规定投标人特定条件的，联合体各方中至少应当有一方符合采购人规定的特定条件。

笔者认为，PPP 模式重视的是全生命周期的物有所值，在 PPP 项目的各个阶段，应由最具资质和最优效率的社会资本方承担相应的责任。无论从立法层面还是实践层面，在社会分工日益精细化的今天，要求单一社会资本方同时具备投融资、项目设计、项目建设、项目运营等全面的最优资格条件显然是不必要的，通过联合体成员资格条件的“强项”叠加才是最现实的选择。当然，我们同时建议，在对社会资本方联合体的资格条件进行“强项”叠加时，采购人应当在采购文件中要求联合体成员的“强项”与其根据联合协议承担的联合体“分工”相匹配。

三、PPP 项目社会资本方联合体的责任分担

1. 社会资本方联合体的连带责任是法定连带责任，现有法规体系下无法规避

无论招投标法还是政府采购法，均明确规定了联合体成员对招标人或采购人承担连带责任，而且这种连带责任是法定连带责任而非约定连带责任，无法通过合同约定予以解除。

对于大部分需要设立项目公司的 PPP 项目中，由于项目公司才是 PPP 合同主体，也是承担 PPP 合同及其他法律文件项下义务的主体，社会资本方作为项目公司的股东，并不存在法定连带责任，如果只在 PPP 项目协议中约定股东方的连带责任，则该连带责任为约定连带责任，与招投标法和政府采购法的约定出现抵触。实际操作中，可以要求社会资本方联合体成

员也作为 PPP 项目协议的一方，既可以符合政府采购法规定的联合体“各方应共同与采购人签订采购合同”，同时可以确认联合体成员的法定连带责任。

2. 联合体成员之间的责任分配、股份锁定期限与传递关系

根据相关法律和司法实践，联合体成员承担连带责任是基于对联合体的“合伙型联营”定性，因此，联合体成员之间的责任分配也参照合伙企业的责任分配模式，即联合体成员对招标人或采购人承担连带责任后，联合体成员之间应根据联合协议的约定的份额进行分配，没有约定的按照出资份额或平均分配。

关于股份锁定期限，如果按传统思维和采购要求，联合体中的所有伙伴应当为整个合同共同地和分别地承担连带责任，理论上，投资人的股份锁定期应为完整的 PPP 合同期。考虑到 PPP 模式特点，从传统模式的建设期延伸到长达 10–30 年的合作期，从有利于促进投资的角度、按专业分工的风险分配及有限责任公司的责任隔离原则，以及适应资产证券化的退出机制和审核要求（参考上市公司原始股股份退出原则），权衡诸多因素后，我们建议要求各成员方持股期限最少维持到稳定运营后两年。特殊情况下，政府方可以考虑允许的最低极限是项目竣工验收合格、试运营成功或首期运营绩效考核通过。

关于联合体各方的责任传递原则，项目公司是 PPP 合同的实施主体（根据发改委 2231 号文可变更成为项目甲方）。联合体成员方作为项目公司持股投资人（现实中有更复杂的外部层级结构）与其构成垂直责任传递关系，联合体成员方之间按投标阶段的联合体协议按专业分工，同上述对传统模式联合体投标过程的描述。我们认为在项目建设期或股份锁定期内，政府方可在采购文件和 PPP 合同中规定各方根据联合体协议承担连带责任，承继联合体协议对外、对内、纵向、横向的责任关系，联合地、共同地承担责任，体现专业分工、风险分配和有利于项目实施的原则。锁定期过后，可认为投标联合体协议的功能完成，而不宜无限延伸地扩大连带责任。由作为合同主体的项目公司根据 PPP 合同、股东协议和有限责任公司有关规定完成各项既定任务，提供公共产品和服务。

3. 未来 PPP 立法应取消社会资本方（包括联合体）对项目公司的连带责任

（1）大部分的 PPP 项目均需要设立项目公司，项目公司是 PPP 项目建设、运营维护的主体，同时，PPP 模式作为项目融资方式的一种，实现与社会资本方股东的风险隔断本来就是项目融资的应有之意，要求社会资本方作为股东承担与其业务范围、专业能力不相称的连带责任，无形中加大了社会资本方的风险，也不符合项目融资的初衷。

（2）目前对社会资本联合体的“合伙型联营”定性存在偏差，除传统的共同出资模式的联合体外，以“分工”为基础的社会资本联合体在 PPP 项目中会越来越多，不同社会资本组建联合体并非基于共同经营的目的，而仅仅是基于 PPP 项目设计、建设、运营等各阶段任务的分工，这与合伙企业基于共同经营的目的相去甚远。况且，合伙企业也允许存在承担有限责任的有限合伙人。

（3）招投标法和政府采购法对联合体连带责任的设定是基于两部法律主要适用于短期的工程建设项目和不需要依托于大规模基础设施的政府采购项目，此类项目中，一方面，工程建设完成或采购项目履行完毕后，联合体即解散，连带责任的设定有利于联合体成员之间的相互监督，另一方面，在较短时间内，联合体成员的责任容易出现混同，因此，设定联合体成员之间的连带责任存在合理性。但在 PPP 项目中，在长达数十年的合作期限内，特别是当项目公司成立后，联合体成员之间的分工已通过投资人股东协议、SPV 项目公司章程、PPP 合同得到衔接和承接，只要通过合同法、公司法建立责任追究和追偿的路径，没有必要要求整个合作期限内的连带责任。比如在一个 DBOT 的 PPP 项目中，可能存在负责融资、设计、建设、运营的四方联合体成员，在项目已经竣工验收且质保期已经结束的情况下，要求负责设计的设计单位和负责建设的建设单位在未来数十年内与其他社会资本方承担连带责任显然是不公平的，也是不合理的。

（4）在 PPP 模式下，政府方的救济渠道多样，不必要采取连带责任方式。

在 PPP 模式下，不但项目公司需要提交高额的履约保函，而且项目公司的收入来源均由政府控制（非经营性项目）或处于政府监管之下（经营性项目），一旦项目公司违约，政府方的救济手段多样。特别是考虑到大部分的 PPP 项目中，项目设施资产均可以作为项目公司承担责任的最终抵押品，通过提前移交或减少提前终止补偿等方式维护政府方利益具备很强的操作性。

四、总结

基于本文的前述论述，我们认为，在考虑社会资本联合体入股 SPV 以及承担连带责任问题，需从纵向与横向，对内与对外综合考虑。

在项目公司设置上，一是要求联合体成员方都出资入股项目公司，并可以规定最低持股比例；二是联合体成员所持有的股权的锁定期应最少到其分工责任履约完成或建设期结束且连续稳定运营期两年后，以满足资产证券化要求。三是以持股期结束为限终止联合体责任传递关系，改为全面由项目公司继承。四是股权的退出应经过政府方同意，受让方应具备适当的资格。

在连带责任设置上，应给予联合体成员在退出联合体或转让项目公司股权时同时解除连带责任的机制，根据其在联合协议分工职责项下的履行情况，如其承担的分工责任为阶段性任务（如设计、咨询、分部工程等），且经检验其完成的阶段性任务符合国家或 PPP 项目协议约定标准的，应允许其转让股权的同时解除其连带责任。

运用 PPP 模式盘活存量公共资产的实现路径和建议

【作者简介】

刘　芳，云南云岭工程造价咨询有限公司副总经理，财政部 PPP 专家库专家

【文章内容】

2017 年 6 月 25 日国家发改委固定资产投资司副司长韩志峰在第二届广州 PPP 创新发展研讨会上提出，在金融监管不断加强的新形势下，社会资本参与 PPP 项目的新思路是加大存量项目 PPP 的力度，盘活存量资产，形成投资的良性循环。7 月 3 日，国家发展改革委发布了《关于加快运用 PPP 模式盘活基础设施存量资产有关工作的通知》（发改投资〔2017〕1266 号）文件，对 PPP 模式盘活基础设施存量资产的重要意义，分类实施、规范有序盘活基础设施存量资产的方法和具体措施提出了明确要求。笔者通过解读近年来国家和相关部委出台的盘活存量资产主要政策文件，结合 PPP 实务操作经验，对运用 PPP 模式盘活存量公共资产的实现路径做了一些思考，并提出相关建议，供大家共同探讨。

一、什么是存量公共资产，哪些能作为转型为PPP模式的存量资产？

（一）存量公共资产的定义及与存量项目的关系

存量公共资产是指由政府投资或政策性支出所形成的，由各级行政单位和国有、国有控股企业（含政府融资平台公司，下同）占有、使用的，依法确认为国家所有，能以货币计量的公用性资产、无形资产和其他公共资产等各种经济资源的总称，其中：行政事业单位存量公共资产是指由各级行政事业单位占有、使用的，依法确认为国家所有，能以货币计量的各种经济资源；国有、国有控股企业存量公共资产为国家对该类企业各种形式投资及投资形成的权益，以及依法认定为国家所有的其他权益。从存量公共资产会计核算角度划分，具体应该包括货币资产、应收账款及预付款项、固定资产、在建工程、存货、无形资产及其他公共资产等。

存量公共资产包含存量公共项目，存量公共项目是指在特定时点上，已经通过前期调研、立项审批、设计、开工等环节，处于建设期或已经建设完成进入运营，但是尚未到期结束的项目，从会计核算划分，具体应该包括固定资产、在建工程及其他能够形成实物交付且可运营的公共资产。需要明确的是，运用PPP模式盘活的存量公共资产主要为基础设施领域存量项目和公共服务领域存量项目，因为PPP模式强调的是在基础设施和公共服务领域，引入社会资本方项目为提升公共服务整体质量和效率，最大限度进行项目投融资、设计、建设、运营、移交环节的全生命周期整合。部分存量项目已经完成了项目投融资、设计、建设过程，则需要将运营、移交环节通过运用PPP模式予以整合，实现提升公共服务质量和效率的目的。为了叙述方便，下文中除文件规定外，统一使用“存量资产”来加以分析和阐述。

（二）通过文件梳理，明确运用 PPP 模式盘活存量资产的范围和存量资产的显著特征

1.《国务院关于创新重点领域投融资机制鼓励社会投资的指导意见》（国发〔2014〕60 号）：“三、鼓励社会资本投资运营农业和水利工程。……鼓励社会资本以特许经营、参股控股等多种形式参与具有一定收益的节水供水重大水利工程建设运营。社会资本投资建设或运营管理农田水利设施、重大水利工程等，可依法继承、转让、转租、抵押其相关权益。四、推进市政基础设施投资运营市场化（十二）积极推动社会资本参与市政基础设施建设运营。……政府可采用委托经营或转让—运营—移交（TOT）等方式，将已经建成的市政基础设施项目转交给社会资本运营管理。”

2.《财政部关于政府和社会资本合作示范项目实施有关问题的通知》（财金〔2014〕112 号）：“二、根据《国务院关于加强地方政府性债务管理的意见》（国发〔2014〕43 号），各级财政部门要鼓励和引导地方融资平台公司存量项目，以 TOT（转让 - 运营 - 移交）等方式转型为 PPP 项目，积极引入社会资本参与存量项目的改造和运营，切实有效化解地方政府融资平台债务风险。”

3.《财政部关于进一步做好政府和社会资本合作项目示范工作的通知》（财金〔2015〕57 号）：“二、组织上报第二批备选示范项目（七）优先支持融资平台公司存量项目转型为 PPP 项目。重点推进符合条件的融资平台公司存量项目，通过转让 - 运营 - 移交（TOT）、改建 - 运营 - 移交（ROT）等方式转型为 PPP 项目……”

4.《国务院办公厅转发财政部发展改革委人民银行关于在公共服务领域推广政府和社会资本合作模式指导意见的通知》（国办发〔2015〕42 号）：“二、总体要求（六）发展目标。……积极引进社会资本参与地方融资平台公司存量项目改造，争取通过政府和社会资本合作模式减少地方政府性债务。四、规范推进政府和社会资本合作项目实施。（十三）化解地

方政府性债务风险。……将融资平台公司存量公共服务项目转型为政府和社会资本合作项目，引入社会资本参与改造和运营……”

5. 国家发展改革委 财政部 国土资源部 银监会 国家铁路局《关于进一步鼓励和扩大社会资本投资建设铁路的实施意见》（发改基础〔2015〕1610 号）：“二、推进投融资方式多样化。（五）支持铁路总公司以股权转让、股权置换、资产并购、重组改制等资本运作方式盘活铁路资产，广泛吸引社会资本参与……。五、加大对社会资本投资的政策支持（十八）推动实施土地综合开发。……支持盘活既有铁路用地，在符合土地利用总体规划的前提下，鼓励新建项目按照一体规划、联动供应、立体开发、统筹建设的原则实施土地综合开发。”

6. 国家发展改革委 财政部 水利部《关于鼓励和引导社会资本参与重大水利工程建设运营的实施意见》（发改农经〔2015〕488 号）：“一、明确参与范围和方式（二）合理确定项目参与方式。盘活现有重大水利工程国有资产，选择一批工程通过股权出让、委托运营、整合改制等方式，吸引社会资本参与……”

7. 财政部 交通运输部《关于在收费公路领域推广运用政府和社会资本合作模式的实施意见》（财建〔2015〕111 号）：“二、基本原则（五）循序渐进，逐步推广。坚持盘活存量、用好增量、分类施策。按照政府性债务管理要求，做好融资平台公司项目向 PPP 项目转型的风险控制工作。”

8.《关于市政公用领域开展政府和社会资本合作项目推介工作的通知》（财建〔2015〕29 号）：“二、基本原则（三）坚持存量项目为主。……为缓解地方债务风险，当前重点推进符合条件的存量项目按 PPP 模式改造。”

9.《国务院办公厅关于促进开发区改革和创新发展的若干意见》（国办发〔2017〕7 号）：“四、全面深化开发区体制改革（十五）推进开发区建设和运营模式创新。……支持以各种所有制企业为主体，按照国家有关规定投资建设、运营开发区，或者托管现有的开发区，享受开发区相关政策。五、完善开发区土地利用机制（十六）优化开发区土地利用政策。利用存量工业房产发展生产性服务业以及兴办创客空间、创新工场等众创空间……”

10.《国家发展改革委关于加快运用 PPP 模式盘活基础设施存量资产有关工作的通知》（发改投资〔2017〕1266 号）：“二、分类实施，规范有序盘活基础设施存量资产。各地要根据当地实际情况和项目特点，积极探索、大胆创新，灵活运用 PPP 模式，规范有序盘活基础设施存量资产。”

从梳理上述国务院、各部委印发文件发现，可以运用 PPP 模式盘活的存量资产范围涵盖基础设施和公共服务领域。

从规模分析：可以运用 PPP 模式盘活的存量资产大到可以引入社会资本方托管现有的开发区，享受开发区相关政策，小到引入社会资本方具体运营管理某个存量资产。

从存量资产拥有或实施主体分析：一是各行业主管部门、央企、地方国企；二是履行政府融资职能的平台公司。

从存量资产所处阶段（状态）分析：对地方政府自建自管的存量项目，可优先考虑按照 PPP 模式转型；对企业已是投资运营主体的存量项目，可按照 PPP 模式改造；对企业在建但因各种原因停滞的项目，政府可以注入一定资金，与企业合作或引入社会资本负责项目的投资、建设、运营和管理；对已经采取 PPP 模式且政府方在项目公司中占有股份的存量基础设施项目，可通过股权转让等方式，将政府方持有的股权部分或全部转让给项目的社会资本方或其他投资人。

存量资产盘活要实现的政策目标：通过运用 PPP 模式盘活存量资产达到拓宽基础设施和公共服务领域建设资金来源，减轻地方政府债务负担；切实化解地方存量政府性债务，降低财政风险；化解民营企业融资能力不足问题，更好地吸引民间资本进入基础设施和公共服务领域，丰富民营企业投资方式；吸引具有较强运营能力的社会资本，提高项目运营效率，降低运营成本；推进国有企业混合所有制改革，促进各种所有制经济共同发展；提高资产效率，形成投资良性循环，推进供给侧结构性改革等。

同时，可以运用 PPP 模式盘活的存量资产具备以下特征：

一是资产优质。需要结合行业特点，选择边界条件明确、商业模式清晰、价格调整机制灵活、市场化程度较高、投资规模较大、需求长期稳定、可能产生一定现金流的优质存量资产。

二是适宜运营。要遴选有利于社会资本方创新运营管理模式，充分挖掘项目的商业价值，在确保公共利益的前提下，提高合理投资回报水平的存量资产。

三是能够减少（或化解）政府性债务。要能够通过 PPP 模式减少地方政府性债务，化解地方政府性债务风险，降低债务成本的存量资产。

四是程序合法、物有所值。存量资产建设、运营维护的历史资料必须完整，债权债务关系要清晰，转让前需要第三方出具审计报告（如需）、资产评估等报告，结合 PPP 项目实施方案合理妥当设计存量资产处置方案，并且通过物有所值论证，完成存量资产竞争转让程序等。

二、运用 PPP 模式盘活存量资产的实现路径

（一）清理核实基础上，遴选适合运用 PPP 模式盘活的存量资产

《财政部关于印发政府和社会资本合作模式操作指南（试行）的通知》（财金〔2014〕113 号）："第二章 项目识别第六条（一）政府发起。……行业主管部门可从国民经济和社会发展规划及行业专项规划中的新建、改建项目或存量资产中遴选潜在项目。"根据文件精神，各地可以结合本地区实际情况，选择财政或发改部门作为存量资产清理核实的牵头部门，做好与有关行业部门的政策沟通和信息交流，设计统一格式和填报要求的存量资产清理核实表格及附件资料，行业主管部门应在各自管理的领域内清理核实现有存量资产，并在此基础上，遴选符合

运用 PPP 模式盘活的存量资产上报牵头部门汇总，报政府集中研究和决策。

（二）确定运用 PPP 模式盘活存量资产的运作方式

1. 单个存量资产改造、转型为 PPP 项目的运作方式

根据存量项目实施周期所处阶段、存量资产特点、收费定价机制、预期投资收益水平、风险分配基本框架和政府财力等多种因素，单个存量资产可以选择改建 – 运营 – 移交（ROT）、转让 – 运营 – 移交（TOT）转让 – 拥有 – 运营（TOO）、委托运营（O&M）、股权合作及其他可行方式改造、转型为 PPP 项目，其中《国家发展改革委关于印发传统基础设施领域实施政府和社会资本合作项目工作导则的通知》（发改投资〔2016〕2231 号）“第三条实施方式。存量项目优先采用改建—运营—移交（ROT）方式”。

已经实施的成功案例：上海济邦投资咨询有限公司提供咨询服务的南京市城东仙林污水处理 PPP 项目，为国家财政部首批 PPP 示范项目。该项目服务范围包括：城东污水处理厂服务范围为南京市东南部地区，服务面积约 175 平方公里，规划服务人口约 148 万。项目总设计能力 35 万立方米 / 日，分三期建设，至 2013 年 12 月底全部完成。仙林污水处理厂规划服务面积 80 平方公里，服务人口 20 万。目前日处理能力 10 万立方米 / 日，工程于 2015 年 6 月底全部建设完成。

该项目分为两个子项目，采用公开招标的采购方式，以经营权 TOT 的方式进行运作，两个厂的经营权转让价格皆为 4 亿元，由投资人分别竞争两个厂的污水处理服务费单价。最终北控水务（中国）投资有限公司以 0.742 元 / 立方米中标城东污水处理厂 PPP 项目，北京碧水源科技股份有限公司以 1.290 元 / 立方米中标仙林污水处理厂 PPP 项目，中标价格明显低于最高限价，远远超出各方预期，实现了政府的物有所值，也为政府、社会资本、社会公众的多方共赢打下扎实基础。该项目的成功对大力提倡的

运用 PPP 模式盘活存量资产具有重要的示范和借鉴意义。

2. 多个存量资产改造、转型为 PPP 项目的运作方式

根据不同存量资产特点和相互关系、预期投资收益水平、风险分配基本框架、政府财力水平、社会资本接受度等多种因素，可以采取收益高的存量资产和收益低的存量资产组合，有关联的多个存量资产捆绑打包，存量资产与新建项目共同打包等创新组合模式，如 ROT+BOT、TOT+BOT 等。《关于市政公用领域开展政府和社会资本合作项目推介工作的通知》（财建〔2015〕29 号）明确提出“三、推介要求（二）明晰 PPP 项目边界。城市供水、污水处理、供热、供气、垃圾处理项目应实行厂网一体、站网一体、收集处理一体化运营，提高服务质量；道路桥梁可实行建设施工、养护管理一体化的经营方式；公共交通基础设施项目包括公交停靠站、首末站、枢纽站、停保站及出租汽车停靠站等相关设施，可优先考虑公共交通服务提供者介入公共交通基础设施项目的建设运营，鼓励项目通过有效打包整合提升收益能力，以促进一体化经营、提高运营质量和效率；公共停车场项目要与道路系统及城市规划有效衔接；地下综合管廊项目应按照满足各类管线功能需要和运行安全的标准建设，配套完备的附属设施和预警监控系统，统筹规划安排所有管线入廊，明确管廊运营主体与管线单位责任范围，确保管廊有效运行”。

已经实施的成功案例：由云南云岭工程造价咨询有限公司提供咨询服务的玉溪市江川区污水处理厂（厂网一体化）PPP 项目，是云南省第一批政府和社会资本合作示范项目，也是财政部第三批 PPP 示范项目之一。这是一个以存量为主 + 部分新建管网的污水处理项目，项目总投资 23261.63 万元，其中：存量资产 19261.63 万元，新建部分投资 4000 万元。采用 TOT+BOT（移交－运营－移交，建设－运营－移交）模式，合作期限 30 年。项目通过竞争性磋商方式成功招选民营社会资本启迪桑德签约落地，有效化解了地方政府存量债务 3400 余万元，解决了政府后续投入问题，在一定程度改善了当地财政收入状况，对于类似可经营性较强的存量项目，具有借鉴意义。

（三）设计存量资产处置方案，并且通过物有所值论证

行业主管部门或其委托第三方咨询机构制定存量资产处置方案，做好项目整体策划，并组织编制 PPP 项目实施方案（附存量公共资产建设、运营维护的历史资料以及第三方出具的资产评估报告等）。各级财政部门需会同同级行业主管部门根据项目实施方案共同对物有所值评价报告进行审核。经审核通过物有所值评价的项目，由同级财政部门依据项目实施方案和物有所值评价报告组织开展财政承受能力论证，并出具财政承受能力论证报告。对通过物有所值评价和财政承受能力论证的存量项目，纳入 PPP 项目库。

（四）符合国有资产管理相关规定，完成财务审计（如需）、资产评估、审核（批）程序。

1. 运用 PPP 模式盘活存量资产的过程中，有的涉及经营权转让，有的涉及所有权转让，应该视存量资产拥有主体不同，以及改造、转型为 PPP 项目选用的运作方式，分别适用以下国有资产管理的相关规定：

《行政单位国有资产管理暂行办法》："第二十四条行政单位拟将占有、使用的国有资产对外出租、出借的，必须事先上报同级财政部门审核批准。未经批准，不得对外出租、出借。第二十五条行政单位出租、出借的国有资产，其所有权性质不变，仍归国家所有。第二十七条行政单位国有资产处置，是指行政单位国有资产产权的转移及核销，包括各类国有资产的无偿转让、出售、置换、报损、报废等。第二十九条行政单位处置国有资产应当严格履行审批手续，未经批准不得处置。第三十一条行政单位国有资产处置的审批权限和处置办法，除国家另有规定外，由财政部门根据本办法规定。第三十二条行政单位国有资产处置应当按照公开、公正、公平的原则进行。资产的出售与置换应当采取拍卖、招投标、协议转让及国家法律、行政法规规定的其他方式进行。"

《事业单位国有资产管理暂行办法》“第十九条事业单位国有资产的使用包括单位自用和对外投资、出租、出借、担保等方式。第二十一条事业单位利用国有资产对外投资、出租、出借和担保等应当进行必要的可行性论证，并提出申请，经主管部门审核同意后，报同级财政部门审批。法律、行政法规另有规定的，依照其规定。第二十四条事业单位国有资产处置，是指事业单位对其占有、使用的国有资产进行产权转让或者注销产权的行为。处置方式包括出售、出让、转让、对外捐赠、报废、报损以及货币性资产损失核销等。第二十五条事业单位处置国有资产，应当严格履行审批手续，未经批准不得自行处置。第二十八条事业单位出售、出让、转让、变卖资产数量较多或者价值较高的，应当通过拍卖等市场竞价方式公开处置。”

《企业国有资产交易监督管理办法》：“第三条 本办法所称企业国有资产交易行为包括：（一）履行出资人职责的机构、国有及国有控股企业、国有实际控制企业转让其对企业各种形式出资所形成权益的行为（以下称企业产权转让）；……（三）国有及国有控股企业、国有实际控制企业的重大资产转让行为（以下称企业资产转让）。第七条 国资监管机构负责审核国家出资企业的产权转让事项。其中，因产权转让致使国家不再拥有所出资企业控股权的，须由国资监管机构报本级人民政府批准。第十条转让方应当按照企业发展战略做好产权转让的可行性研究和方案论证。产权转让涉及职工安置事项的，安置方案应当经职工代表大会或职工大会审议通过；涉及债权债务处置事项的，应当符合国家相关法律法规的规定。第十三条产权转让原则上通过产权市场公开进行……”

2. 存量资产改造、转型为 PPP 项目，需完成转让前财务审计（如需）、资产评估等工作。

存量资产改造、转型为 PPP 项目过程中，应依法进行财务审计（如需）、资产评估，合理确定价值，产权转让价格应以经核准或备案的评估结果为基础，防止公共资产流失和贱卖。主要依据的文件有：

《行政单位国有资产管理暂行办法》：“第三十六条行政单位有下列情

形之一的，应当对相关资产进行评估：（二）拍卖、有偿转让、置换国有资产……第三十八条行政单位国有资产评估工作应当委托具有资产评估资质的资产评估机构进行。”

《企业国有资产交易监督管理办法》：“第十一条产权转让事项经批准后，由转让方委托会计师事务所对转让标的企业进行审计。涉及参股权转让不宜单独进行专项审计的，转让方应当取得转让标的企业最近一期年度审计报告。第十二条对按照有关法律法规要求必须进行资产评估的产权转让事项，转让方应当委托具有相应资质的评估机构对转让标的进行资产评估，产权转让价格应以经核准或备案的评估结果为基础确定。”

（五）完成存量资产的竞争转让和 PPP 项目社会投资方招标采购程序，签署 PPP 协议，实现存量资产成功改造、转型为 PPP 项目。

按照上述国有资产管理相关文件规定，对于存量资产出售、出让、转让、变卖等权属变更，需要市场竞价方式公开处置或产权市场公开交易的，为了减少程序，建议与 PPP 项目社会投资方招标采购合并进行。在招选社会投资方后，项目实施机构与社会资本方或项目公司（SPV）签署 PPP 协议，实现存量资产成功改造、转型为 PPP 项目。之后的项目建设、运营、移交等环节按照 PPP 项目的相关政策文件要求实施。

三、运用 PPP 模式盘活存量资产的建议

（一）加强政策引导，提升重视程度，形成合力，积极推进存量资产改造、转型为 PPP 项目。

建议财政、发改等部门要做好存量资产转型、改造为 PPP 模式的政策宣传和辅导工作，要提升政府领导及行业主管部门对运用 PPP 模式盘活存量资产的重视程度。同时，政府部门间要形成合力，共同找到适合运用 PPP 模式盘活的优质存量资产，充分考虑盘活方式的选取和国有资产管理

规定要求。相关部门要建立健全围绕 PPP 模式化解存量政府性债务项目的价格政策、收费制度、财税政策、土地政策、资产评估、特许经营等有关政策法规，进一步减少审批环节，提高审查工作效率，加快运用 PPP 模式盘活存量资产的实施进度，尽早显现政策效果。

（二）探索通过以奖代补、政策优惠、税收优惠等措施，引导和鼓励存量资产运用 PPP 模式，转型、改造为 PPP 项目。

建议有关部门要认真落实国家支持基础设施和公共服务领域 PPP 模式的政策优惠（如盘活存量土地政策优惠等）、税收优惠（注：按现有的税务政策，存量资产在多个环节存在额外的税负成本，在第一个“T”的环节，若是进行资产交易，存在着增值税、土地增值税、印花税、契税以及所得税及相应附加等税费成本。若是经营权交易，存在着增值税、房产税、印花税以及所得税及相应附加等税费成本，建议研究减免存量资产或其经营权转让环节的流转税），创新 PPP 项目奖补资金分配机制，优化调整资金使用方向，根据运用 PPP 模式盘活存量资产化解存量政府性债务规模，通过以奖代补给予各级财政部门和项目实施机构资金支持。各金融机构要优化信贷评审方式，积极为运用 PPP 模式盘活存量资产提供融资支持。鼓励政策性金融机构发挥中长期贷款优势，积极参与存量资产改造、转型为 PPP 项目，引导商业性金融机构拓宽项目融资渠道。

（三）地方政府或财政部门应加强存量资产权属变更相关程序的指导和监管。

建议地方政府或财政部门对运用 PPP 模式盘活存量资产过程中，涉及的资产权属变更、国有企业产权交易、国有资产出租、出借行为、盘活资金的回收处置等，加强指导和监管，严格履行政策文件要求的财务审计（如需）、资产评估、招投标、审核（批）等程序，防止国有资产流失。

（四）建议财政部门和项目实施机构关注运用 PPP 模式盘活存量资产后的融资交割、绩效考核和移交工作，实现政策目标。

存量资产改造、转型为 PPP 项目签约落地后，财政部门和项目实施机构要及时关注社会资本方是否按照 PPP 合同约定履行融资交割，对存量资产回收的资金，除按规定用于必要的职工安置、债权债务处置等支出外，应主要用于新的基础设施和公用事业建设，形成新的优质资产。PPP 建设和运营过程中要对绩效目标实现情况、运营管理质量、项目运行效果、资金使用效率、公众满意度、项目可持续性等开展绩效监测、中期评估和移交后绩效评价，确保公共服务供给的质量、效率和可持续性。项目运营期结束，要做好移交方案编制和审批、性能测试、资产（项目）的移交和资产台账的建立、管理等工作，确保运用 PPP 模式盘活存量资产政策目标能够实现。

（五）运用 PPP 模式盘活存量资产需要引入第三方咨询机构，提高前期项目遴选和方案的策划和编制。

与新建项目相比，存量资产存在或多或少的先天缺陷，在改造、转型为 PPP 项目过程中，需要做好清查核实（如产权关系、资产状态、债权债务、历史资料等）、项目遴选（如预期收益与盘活成本的比较、可行性论证等）、运作方式策划（如不同运作方式或组合方式的测算分析等）、存量资产处置方案编制（如职工安置、债权债务处置、处置方式选择等）、PPP 实施方案的编制、通过财政部门和物有所值论证、存量资产竞争转让和 PPP 项目社会投资方招标采购程序、签署 PPP 协议等等工作，涉及的政策文件较多、专业技术要求较高，需要借助第三方咨询机构协助政府及相关部门完成大量的研究分析、方案编制、论证审批工作，以确保存量资产高质量、高效率、科学合规完成运用 PPP 模式的改造、转型工作。

（六）运用 PPP 模式盘活存量资产应该作为常态化投资循环模式予以坚持。

运用 PPP 模式盘活存量资产回收的资金，主要用于新的基础设施和公用服务领域建设，形成新的优质资产。对再投资形成的新优质资产，条件成熟时可再次运用 PPP 模式盘活，引入社会资本方参与运营和管理。由此实现以 PPP 模式盘活优质存量资产，转让所得用于新建基础设施和公用服务项目，通过再投资形成新优质资产的良性循环，拓宽基础设施建设资金来源，减轻地方政府债务负担。如此循环往复，将运用 PPP 模式盘活存量资产作为常态化投资循环模式予以坚持。在这个循环往复的过程中，应该注意：一是政府应鼓励现有从事存量资产建设、运营，业绩优良的地方国企、民营企业（包括不再承担政府融资职责，符合文件规定的社会资本方条件的平台公司）通过股权收购、股权置换、资产并购、重组改制等方式，积极参与本地区运用 PPP 模式盘活存量资产的活动，实现资源向优势企业集聚，实现优化配置。二是存量资产改造、转型为 PPP 项目，政府在选择社会资本方时，应更注重其投融资能力、运营能力和业绩的考察，保障实现公共服务的效率和效果。三是可运用 PPP 模式盘活的存量资产，在改造、转型 PPP 项目过程中，尽量考虑将项目后续生命周期涵盖阶段一次整合交给社会资本方，避免多次、分段改造、转型为 PPP，加大运作成本、衰减盘活存量资产的政策实施效果。

总之，运用 PPP 模式盘活存量资产有利于引入社会资本，尤其是促进民营资本进入，形成多元化、可持续的公共服务资金投入渠道，为地方政府盘活存量，带动增量，化解存量债务，降低财政风险，增强经济增长动力提供了一种可持续、可操作的良性投资循环模式，应该予以大力推广和运用。

存量项目，想说爱你不容易

【作者简介】

张 敏，福建省招标采购集团 PPP 咨询中心项目经理、福建省财政厅入库 PPP 专家

【文章内容】

存量项目有利于化解地方政府债务，扩宽建设资金来源，提高公共服务的供给和效率，随着 PPP 进入存量与增量并重的新阶段，特别是刚刚发布不久的、具有重磅影响力的《关于规范政府和社会资本合作（PPP）综合信息平台项目库管理的通知》（财办金〔2017〕92 号）中也明确“优先支持存量项目”，以后存量项目在 PPP 项目库中应该会受到更多的“关照”。从 2013 年国家提出在公共服务和基础设施领域推广 PPP 以来，PPP 已经进入到了规范发展的新阶段，但现有的 PPP 相关政策都好像更“偏爱”新建项目（仅在政策上鼓励存量项目），缺乏对存量项目的具体操作指引，虽然存量项目已建成，项目的产出标准可以通过历史数据获取，社会资本承担的风险相对较少，但由于存量项目在前置审批、边界条件、操作流程及利益相关方等方面与新建项目都存在很大的差异，而现有的 PPP 操作指引对新建项目和存量项目并未予以严格区分，这样就导致实操中存量项目推进的难度较大，与此同时也出现了很多问题，笔者结合实操中对存量项目的疑惑和问题作初步的探讨，以期待更多专家学者对存量项目面临的问题提出更好的解决办法和思路。

一、存量项目的界定问题

已建项目属于存量项目，那在建项目是否属于存量项目？这是很多在建项目面对项目定性的首要问题，在《关于加快运用 PPP 模式盘活基础设施存量资产有关工作的通知》（发改投资〔2017〕1266 号）中已经将存量项目和在建项目进行并列对待，从存量项目的运作方式来看，1266 号文中明确“对拟采取 PPP 模式的存量基础设施项目，根据项目特点和具体情况，可通过转让－运营－移交（TOT）、改建－运营－移交（ROT）、转让－拥有－运营（TOO）、委托运营、股权合作等多种方式”，上述所有的运作方式中均未包含“建设”内容，针对的应该是已建成、可以直接投入运营的项目。从会计的角度来看，项目已建设成，意味着项目已完成竣工验收并且达到预定可使用状态，由在建工程转为了固定资产，从这个角度来看，存量项目似乎不包括在建项目。

实操中，在建项目需求很大但却无从下手。在 50 号文、87 号文出台前，很多地方政府存在大量通过政府购买服务模式融资的项目，在政府购买服务违规融资被叫停后，很多项目都面临着银行断贷的风险，这类项目大多处于在建状态，需要大量的资金投入。若银行断贷，项目将面临停工风险，同时，也会引发施工单位进度款支付、农民工工资等一系列问题。若将此类项目转为代建模式，地方政府将面临较大的财政资金压力，于是地方对此类项目转化为 PPP 模式产生了很大需求，虽然 1266 号文中明确“对在建的基础设施项目，也可积极探索推进 PPP 模式，引入社会资本负责项目的投资、建设、运营和管理”，按此要求，在建项目可以采用 BOT 方式，但也存在以下几个问题。

（1）在建项目的施工单位已经通过招标方式选择，若中途终止施工合同，政府将面临违约责任，可能会承担高额的赔偿金，同时，项目的建设进度及施工质量也会受到施工单位更换带来的不利影响，实操中，终止原施工合同的做法的可行性比较差，除非项目刚完成施工单位的招标或项目刚开工建设，此时，政府的违约责任较小，施工单位退场的代价也较小。

（2）若项目建设继续由原施工单位实施，引入社会资本后，政府可以将原《施工总承包合同》项下的权利义务全部转让给社会资本，似乎这种做法可以将项目的建设风险和建设任务全部转移给社会资本，实现了建设和运营风险的全部转移，但考虑到项目的实际情况，除非是那些具备良好稳定现金流的优质项目，否则，没有社会资本愿意接手，对于那些非经营性以工程为主的项目，社会资本感兴趣的是工程利润，特别是在施工单位占主导地位的 PPP 市场上，项目的工程利润被其他施工单位赚走，自己却要帮着政府背负债，社会资本是不会做“冤大头”的。

（3）项目的建设进度对运作方式的影响往往被政府所忽视，不同的建设进度可以选择不同的运作方式，若项目的建设刚刚开始启动，此时，政府终止施工合同代价较小，项目的建设内容和建设风险完全可以由通过引入社会资本来承担；若项目虽处于在建状态但已接近竣工，此时项目的建设任务和风险基本上已由政府承担，可以按照存量项目的方式运作。因此，对于在建项目是否采用 BOT 不能一概而论，实践中也存在以 TOT 方式运作的在建项目，主要是针对那些经营性较强的项目，可以通过引入社会资本来负责运营，项目的建设仍然由政府负责实施，双方约定形成资产后将项目的所有权或其他权益转让给社会资本，由社会资本负责运营，合作期满后，社会资本将项目资产移交给政府。

113 号文中仅区分了新建改建项目和存量项目两类，并不存在在建项目这一类别，甄别在建项目是否属于存量项目是项目操作中面临的首要问题，按财办金〔2017〕92 号要求，存量项目需提供资产评估报告并履行相关审批手续，在建项目是否也需要按此操作？这些问题都有待进一步明确。

二、存量项目的适用范围问题

PPP 适用于政府有责任提供的公共服务和基础设施领域，相关行业部门通过列举法给出 PPP 适用领域的正面清单，即使目前仍然存在将商业项目、无运营项目包装成 PPP 项目的，但也仍是少数，特别是在财办金〔2017〕92 号出台后，该类项目将面临清库退库的风险。

PPP 的适用范围是否等同于存量项目的适用范围？看似这是一个很充分的命题，实则不然，PPP 分为经营性项目、准经营性项目和非经营性（政府付费类）项目，那么对于那些弱经营性的政府付费项目如市政道路桥梁、非收费的公路等存量项目是否也适合采用 TOT 或 ROT 实施？这类存量项目是否也能够达到盘活资产的目的？事实上，早在 2016 年某地市已经将其约 140 亿的路桥资产成功“盘活”，后续通过“经典”的“可用性付费 + 绩效付费”模式来实现社会资本的成本回收，考虑到这类资产完全没有收益来源，经营性较弱，实现不了通过引入社会资本来提升公共服务效率的目的，此类资产由于无法产生直接的经济效益，又需要替政府背扛负债，没有社会资本愿意接盘，最后只能“委屈”自己的国企拿下了。

由于地方政府拥有的优质存量资产稀缺（此点在曹珊老师的《如何盘活基础设施存量资产——地方政府有舍才有得，开放垄断行业才能百花齐放》已作了详细说明），政府真正可以拿出来盘活的“家当”也不多。虽然财政部已释放出信号表明将“审慎开展政府付费类项目”，但正如 E20 研究院执行院长薛涛所言“地方政府依然没有改变融资冲动，地方政府经济建设任务，过度使用 PPP”，因此，地方政府把眼光就投向了上述的存量资产，通过对该类资产的盘活，政府可以获得不错的资产转让收入，资产转让收入属于国库收入，既无特定用途又无过多限制，资金使用灵活，又不会影响公共服务的供给，地方政府就对此类存量项目抱有较大热情。

对于存量项目的适用范围是否应该有所约定，以区别于新建项目？PPP 应该回归其本质，除解决政府债务问题外，最主要是公共服务的提质增效，像路桥这类已建成、弱经营性的存量资产，项目最大的建设风险已经由政府承担，既实现不了风险转移，又达不到提升效率的目的，反而会降低效率，由于规模效应原因，路桥类资产的片区运营效率要比切块的分段运营效率高。在87号文、50号文出台后，政府的融资“偏门”已基本堵死，因此，此类存量项目的“市场”很大，借用王守清的一句话“不是模式出了问题，是动机出了问题”，像传统污水、垃圾等传统市政公用领域以及轨道交通、旅游和光伏发电等新兴领域的存量项目采用PPP，确实可以通过引入社会资本提升效率，盘活存量资产，实现让专业人做专业事初衷。

三、存量项目的操作流程问题

财金113号文作为PPP操作流程的纲领性文件，将PPP的操作流程分为5个大步骤19个小步骤（简称“519”），存量项目是否需要参照执行519呢？由于存量项目往往涉及资产所有权或经营权等权益的转让，按照《企业国有产权转让管理暂行办法》中“产权转让原则上通过产权市场公开进行”和《事业单位国有资产管理暂行办法》“事业单位出售、出让、转让、变卖资产数量较多或者价值较高的，应当通过拍卖等市场竞价方式公开处置”的要求，存量项目涉及的产权转让是遵循PPP的519还是国有产权转让流程？连国栋老师建议采取“国有产权转让＋公开招标”模式实施（详见《存量项目PPP运作方式的选择》），采用该模式确实可以避免违规风险，两种交易模式都兼顾到了，但实际操作过程中可能会产生以下几个方面的问题。

（1）项目决策报批问题，按国有企业产权转让的要求需要履行国有企业的内部决策程序，但按照519，项目前期需编制实施方案并报请同级人民政府审核同意，要是政府审核同意采用PPP模式，而国有企业内部决策未通过该方案，该项目还能不能采用PPP模式呢？

（2）竞价方法上有所不同，国有企业产权转让的竞价方式更倾向于高价中标（与拍地一样，往往是价高者得），而存量项目的报价因素与项目交易结构设计有关，不仅有资产的转让价款，还有诸如处理单价、保底量等报价因素，而且对社会资本的考察更多关注其财务实力、运营管理等综合实力，而非仅考查报价因素这个单一因素。

（3）交易的监督部门重叠，国有企业产权转让的监督部门是国资监管机构，而 PPP 的采购的监督部门是政府采购监督部门，若在社会资本采购活动遇到投诉事宜应该向哪一方进行投诉？若不明确，可能会出现两个部门之间相互推诿的情况发生，那时就不是双重监管，而是无人监管了。

存量项目的操作流程能否按照特别法优于一般法的惯例操作实施？能否回归到制订政策法规的背后逻辑，简化存量项目的操作流程，不管存量项目操作流程适用于国有产权转让模式还是 PPP 的公开招标模式，都可以实现公开透明、防止国有资产流失的目的，实操中更多采用 PPP 的 519 来操作，但这也需要国家相关部委对此加以明确，以降低实操中合规性风险。

四、存量项目的资产权属问题

财金 113 号文对 TOT 的定义是“TOT 是指是指政府将存量资产所有权有偿转让给社会资本或项目公司，并由其负责运营、维护和用户服务，合同期满后资产及其所有权等移交给政府的项目运作方式”，可见财政部对 TOT 是要求进行资产所有权转让，虽然发改投资〔2017〕1266 号明确将经营权、收费权等也纳入存量资产的转让范畴，但相关部委的政策不一致，会导致存量项目由于资产权属原因导致的合规性风险，实操中由于存量项目的特殊性，往往进行的是资产的经营权或收费权的转让而非所有权，主要考虑以下几个方面的原因。

（1）PPP 项目往往具备一定公益属性，涉及公共安全及公共利益，若进行所有权转让，项目履约过程出现的纠纷都有可能影响公共产品的持续供给，威胁到公共利益，因此，政府往往要求项目的所有权归政府方所有，以强化对项目控制力。

（2）很多存量项目尚未完成确权，存量项目涉及的房屋建筑物或机器设备可以进行确权，但若涉及诸如管廊、管网等类别的存量资产就无法进行确权了，这种类别的不动产的登记确权尚未实施，此类存量项目要完成所有权转让也就无法实现。

（3）除 TOO 外，TOT 和 ROT 均涉及期末的资产移交，社会资本在合作期内拥有资产所有权的意义不大，社会资本更看重合作期内项目能够产生的收益情况，特别在《应收账款质押登记办法》中已将项目收益权纳入可质押范围后，社会资本完全可以依赖于项目收益权进行融资，而不需要项目本身的资产进行抵押。

实操中，为降低项目的合规性风险，政府对存量项目还是偏向采用所有权转让，由于项目尚未确权，也没有主管部门对权属进行确认，实操中，往往采取变通的做法，由政府和社会资本通过合同约定进行项目的所有权转让，并由国资部门予以确认。存量项目是所有权还是经营权转让对整个项目的运作并无太大影响，反而由于所有权转让环节的可能产生的税费会导致交易成本的增加，因此，对存量项目的资产权属进行明确也是需要面临的重要问题之一。

五、存量项目的自有资金本问题

从防范金融风险和脱虚向实的角度考虑，任何投资项目都需要有一定的自有资本金，就像去买房子的需要缴纳首付款一样，特别是财办金〔2017〕92 号重点强调自有资本金的足额缴纳和王毅司长提到对自有资本金的穿透后，存量项目不应该游离在自有资本金制度之外，这一点张志晓、高越老师已经提及到（详见《关于存量资产项目 TOT 的操作问题》）。

《国务院关于调整和完善固定资产投资项目资本金制度的通知》（国发〔2015〕51 号）中对项目的自有资本金有具体的要求，但该文件针对的是新建的固定资产投资项目而非存量项目，存量项目是否需要参照执行？

与新建项目自有资本要求对应的是《商业银行并购贷款风险管理指引》，其中有提到“商业银行并购贷款指境内并购方企业通过受让现有股权、认购新增股权，或收购资产、承接债务等方式以实现合并或实际控制已设立并持续经营的目标企业或资产的交易行为”，若社会资本对存量项目进行商业银行贷款，也可能会适用并购贷款要求，该指引也明确提到“并购交易价款中并购贷款所占比例不应高于 60%，并购贷款期限一般不超过七年”，按照并购贷款的要求，自有资本金的比例应当不低于 40%，并购贷款的自有资本金要求明显高于新建项目的自有资本金要求，这对于社会资本的资金实力也是极大的考验，将影响到后续项目融资。存量项目的自有资本金制度急需要有关部门的明确。

六、存量项目的税负成本问题

国家尚未出台针对 PPP 的税收优惠政策，从税负公平及税收中性的角度考虑，不管是政府付费还是可行性缺口补助（除政府无偿补助外）都是基于社会资本提供公共服务而支付的对价，双方是基于 PPP 合同而形成的采购关系，除对特别行业例如环保、资源综合利用、节能等国家政策鼓励的产业外，都应按规定缴纳增值税，这一点在福建省国税总局网站的《全面推开营改增试点问题解答（20170105）》中也得到印证，网站上回复“PPP 项目应根据合同的项目性质进行征税”，并没有对政府付费或是可行性缺口补助项目有任何差别对待。

增值税属于差额缴税，新建项目由于在建设期间内可以形成大量的进项税额，在运营期，项目公司按收入性质认定销项税额后，按照销项税额和进项税额的差额进行缴纳，由于新建项目存在完整的增值税抵扣链条，项目公司的税负处于正常合理水平，仅对项目公司产生的增值额进行纳税，符合开征增值税的本意。但存量项目转让过程中由于政府无法开具增值税发票，导致项目公司入账的存量资产无法形成进项税额，运营期内项目公司将面临销项税额没有足够进项税额抵扣的问题，从而导致项目公司产生较高的税负成本。

例如，某综合管廊存量项目经资产评估的价值为5亿，采用TOT方式运作，合作期为10年，运营期内主要依靠向入廊单位的收费及政府的补助来回收成本并获得合理收益，假设运营期内项目公司每年可以收取的入廊费用为1000万，政府每年的补助为5000万，项目公司实质发生的是将管廊租赁给入廊单位使用的业务，应按不动产租赁缴纳11%的增值税，若不考虑运营期项目公司获得的进项税额，项目公司应缴纳的税额为销项税额（6000万 ×11% = 660万），在不考虑融资的情况，项目公司实际每年获得的毛利为1000万（6000万 -5000万= 1000万），其中税费成本占毛利的比例为66%，实际每年利润仅为340万，可见存量项目由于无进项税额抵扣将导致的税负成本很高，而且转让资产价值越高，税负成本越大。

在垃圾、污水等领域由于可以享受增值税即征即退70%，存量项目即使无法取得资产转让的进项税额对项目公司的实际税负影响较小，但对于不享受增值税优惠的存量项目例如厂网一体化项目，管网无增值税税收优惠，该类存量项目将面临较重的税负成本，由于政府从以前的增值税末端的最终消费者变为资产的供应商，导致增值税的链条抵扣中断了，若此时仍按照原来模式征收增值税，不符合对增值额征税的初衷，对于存量项目可否借鉴房地产开发企业处理征地拆迁费的相关规定？〔《房地产开发企业销售自行开发的房地产项目增值税征收管理暂行办法》“在计算销售额时从全部价款和价外费用中扣除土地价款，应当取得省级以上（含省级）财政部门监（印）制的财政票据”〕，在项目公司计算销售额时从收入中扣除资产转让的价款，这样就打通了存量项目的增值税抵扣链条，来降低存量项目的税负成本。

七、存量项目的人员安置及回收资金处置问题

存量项目不仅涉及国有资产的转让，往往还伴随着国企的人事改革。

由于存量项目往往由地方国企负责运营且已经进入稳定运营状态，按《企业国有资产交易监督管理办法》中“产权转让涉及职工安置事项的，安置方案应当经职工代表大会或职工大会审议通过”的要求，存量项目需做好人员安置工作，原有国有企业背景下往往都存在错综复杂的利益关系，要打破这种利益格局需要制订切实、合理、可行的人员安置方案，否则，将导致项目推进过程的重重阻力并引发社会问题，这也是为什么存量项目推出较少和项目落地较难的原因之一。

除涉及人事改革外，存量项目还涉及回收资金处置问题，一般来讲，国有企业产权转让的净收入应首先用于安置员工及偿还债务，余额再上缴国库。由于存量项目在建设期内一般通过项目贷款方式获得 70% —80% 的债务融资，若存量项目的债务尚未开始偿还或仅偿还了小部分，转让的净收入在偿还债务后可能将所剩无几，转让的收入要继续用于基础设施投资建设的目的也无法实现。若存量项目的债务已经基本偿还，考虑到存量项目已经属于地方国企的自有资产，转让收入上缴国库，对国企而言，往往会产生排斥情绪。这样就会存在政府与国企的“争利”问题，国企的诉求是要做大做强，通过存量资产置换来获得一笔投资的本金，而政府则是希望扩宽资金来源来提高公共服务的供给和提升效率，平衡国企的利益关系也是存量项目推进过程中面临的重要问题之一。

当 PPP 遇上资产证券化

【作者简介】

方　榕，北京金杜律师事务所合伙人律师

【文章内容】

2016 年 12 月 21 日，国家发展改革委、中国证监会联合发布了《关于推进传统基础设施领域政府和社会资本合作（PPP）项目资产证券化相关工作的通知》（发改投资〔2016〕2698 号文，下称《通知》），从中央层面推进 PPP 项目资产证券化。当 PPP 遇上资产证券化，是两情缱绻，携手金光道，实现提高 PPP 项目资产流动性，提升资金使用效率的政策预期，还是看上去很美，轰轰烈烈，始乱终弃……

或许唯有加强 PPP 项目的资产端建设，才是 PPP 项目对接多元化融资渠道的根本，才能实现行稳致远、白首到老的共同理想。

一、适于资产证券化的 PPP 项目底层资产选择

（一）基于现金流的考察

华尔街有名言，"如果你有一个稳定的现金流，就将它证券化"。《证券公司及基金管理公司子公司资产证券化业务管理规定》（"《资产证券化业务管理规定》"）亦明确规定资产证券化是指"以基础资产所产生的现金流为偿付支持，通过设立特殊目的载体，采用结构化等方式进行信用增

级，在此基础上发行资产支持证券的业务活动”。可见，稳定现金流的存在，是操作任何一个资产证券化项目的基础和前提。

PPP 项目的分类有多种口径，从项目收入现金流来源的角度考察，与经营性、非经营性和准经营性的三分类基本一致。其中，经营性项目的现金流来源于使用者付费、非经营性项目的现金流来源于政府付费、准经营性项目的现金流则来自于终端消费者的使用者付费和作为可行性缺口补助的政府付费两部分。无论项目现金流来源如何，判断一个 PPP 项目是否适于发行资产证券化产品，均应首先考察项目现金流的稳定性。

经营性 PPP 项目的收入现金流来源于使用者付费，付费水平与公共产品和服务的提供数量、质量挂钩，多受限于价格管制。适于发展资产证券化产品的经营性 PPP 项目，其使用者需求量应当易于预测，有可追溯的历史记录，且在实际使用量达不到预测值或价格调整达不到测算预期时，有相应的风险缓释机制，如 PPP 合同项下“或取或付”条款的保障，需求量低迷的风险分担机制，等等。

非经营性 PPP 项目的收入现金流来源于政府付费，付费水平与社会资本方[1]所提供的基础设施的可用性，以及后期运营维护的绩效水平挂钩。但是，此类项目的现金流是否稳定，与地方政府的财政支付能力密切相关，且财政支付应遵循财政部 PPP 项目财政承受能力论证的相关要求，即不超过一般公共预算支出的 10%。非经营性项目资产证券化运作，应重点考虑地方政府的负债情况、政府财政支付能力、预算程序合规性等方面。

准经营项目的现金流是使用者付费和政府付费的组合，应综合考虑可能影响两类现金流的不同因素。特别是，准经营性项目中由政府支付的可行性缺口补助，其支付往往附条件，并与来自于使用者付费的收入之间动态平衡，可能形成此消彼长的关系，在进行资产证券化的现金流测算时更应特别关注边界条件的影响，并配套完善风险缓释措施。

（二）基于合规的考察

《通知》对鼓励进行资产证券化的 PPP 项目资产做了四个方面的明确要求，其一，要求项目前期手续完善，已严格履行审批、核准、备案手续和实施方案审查审批程序，并签订规范有效的 PPP 项目合同，政府、社会资本及项目各参与方合作顺畅；其二，要求项目工程建设质量达标，能持续安全稳定运营；其三，要求项目已经正常运营 2 年以上，并已产生持续、稳定的现金流；其四，要求原始权益人信用稳健，内部控制制度健全，具有持续经营能力，最近三年未发生重大违约或虚假信息披露，无不良信用记录。

证监会曾于 2016 年 5 月通过《资产证券化项目监管问答》（以下简称《监管问答》）明确，“政府与社会资本合作（PPP）项目开展资产证券化，原则上需为纳入财政部 PPP 示范项目名单、国家发展改革委 PPP 推介项目库或财政部公布的 PPP 项目库的项目。PPP 项目现金流可来源于有明确依据的政府付费、使用者付费、政府补贴等。其中涉及的政府支出或补贴应当纳入年度预算、中期财政规划”。对此，发改委和证监会在《通知》发出后的公开培训中曾解释 PPP 资产证券化项目不要求备选项目入库。但是，结合财政部《关于规范政府和社会资本合作综合信息平台运行的通知》（财金〔2015〕166 号文）中有关“未纳入综合信息平台项目库的项目，不得列入各地 PPP 项目目录，原则上不得通过财政预算安排支出责任”，我们理解，资产证券化的底层资产如为 2014 年后的 PPP 项目，且项目全部或部分现金流来自于财政支付，则应当考察该等项目是否已纳入综合信息平台项目库，以确保项目符合地方政府安排财政预算的前提条件。但是，对于使用者付费的经营性 PPP 项目，应无须从付费保障的角度考虑项目是否已入库。

除上述外，资产证券化基础资产还应符合中国证券投资基金业协会《资产证券化业务基础资产负面清单指引》（《负面清单》）规定，除地方政府债务、融资平台债务等与 PPP 项目相关度较高的资产外，PPP 项目还可能涉及因空置等原因不能产生稳定现金流的不动产租金债权、待开发或在建占比超过 10% 的基础设施、商业物业、居民住宅等不动产或相关不动产收益权，以上列入《负面清单》的资产也不能作为资产证券化的基础资产。

综上，我们认为满足资产证券化运作要求的 PPP 项目应当已建成并稳定运营一段时间，有稳定、可预期的现金流，且在合规方面应符合证监会、发改委和财政部相关文件和窗口指导意见的要求。

有观点认为，PPP 项目的收费权多已质押、项目期限过长、财政预算逐年编制等因素可能会影响资产证券化产品设计，在选择底层资产时应当避开这些项目。对于此类问题，在资产证券化的产品设计和交易文件起草中已有相对成熟的方案可以解决，并不存在技术困难，不应成为底层资产选择的主要限制因素。

二、PPP 资产证券化的交易结构

PPP 项目资产证券化的交易结构在较大程度上取决于原始权益人操作 PPP 项目的商业诉求、底层资产的现金流状况、基础资产评级等方面的考虑。从资产证券化的产品类型来看，可进行证券化的 PPP 项目底层资产包括债权、收费权和 PPP 项目公司股权，对应的资产证券化业务模式也可简分为债权模式、收费收益权模式和股权模式，各模式下的基本交易结构如下：

（一）债权模式

此处债权资产指社会资本方或者金融机构向 PPP 项目公司提供股东借款、项目融资或其他流动性支持而形成的信贷资产。对于该等信贷资产，既可参考目前成熟的信贷资产证券化路径，发行信贷资产证券化产品，也可借鉴不动产证券化项目的双 SPV 模式，通过信托或基金结构重组信贷资产，并以信托受益权或基金份额为基础资产发行企业资产证券化产品。除信贷资产外，社会资本方对 PPP 合同的相对方享有的给付请求权亦可在一定条件下界定为可特定化的债权资产，作为资产证券化的基础资产。

（二）收费收益权模式

收费权指社会资本方在 PPP 合同项下享有的自使用者、地方政府收取各类付费的权利。收费收益权模式即将该等收费的收益权作为基础资产转让给专项计划，以 PPP 合同约定的收费所产生的现金流为支持发行资产证券化产品。

在使用者直接付费模式下，收费收益权是项目公司在特许经营权范围内直接向最终使用者提供服务和公共产品享有的取得服务费收入、设施使用费收入相关的收益权。这类支付模式通常用于财务情况较好、可经营系数较高及直接面向使用者提供基础设施和公共服务的项目，项目本身具有需求量可预测性强、现金流稳定且持续的特点，且 PPP 合同中多数包含有最低需求量保证或取或付条款等。以特许经营项目的收费收益权为基础资产的资产证券化已有大量案例，特别是在水务、热力、燃气、公交、高速公路等行业。《监管问答》进一步明确了，对于由使用者付费，并根据明确的费用返还安排由财政专款专用的收费权类资产，可以作为基础资产开展资产证券化业务。但是，该类基础资产应当取得地方财政部门或有权部门按约定划付购买服务款项的承诺或法律文件。同时，专项计划的管理人应当对现金流返还账户获得完整、充分的控制权限。

除上述外，2014 年以后大量涌现的以可用性付费、绩效付费名义由政府承担直接和最终付费义务的非经营性 PPP 项目的资产证券化尚未破冰。该类非经营项目中，虽因缺乏使用者付费的基础而无法直接或间接自终端使用者取得收费，但是社会资本方基于其对该等公共设施的投资、建设和运营行为应取得的可用性付费和绩效付费仍是社会资本方的合法收益，具备发行资产证券化产品的法律基础，应是适格的基础资产。

（三）股权模式

债权模式、收费收益权模式能在一定程度上实现未来收入的提前变现，实现PPP项目再融资。但是，作为表内融资，无法实现资产出表，改善资产负债表的价值相对有限。股权模式以社会资本方所持项目公司全部或部分股权为底层资产，以股权收益对应的现金流为支持发行资产证券化产品，社会资本方对项目公司的控制权可能因股权转让、经营管理权让渡等发生变化，有较大可能实现社会资本方对PPP项目公司的投资出表，从而起到改善资产负债表，实现轻资产运作的目的。在已有的权益型不动产资产证券化案例中，通过股债结合和结构化安排，还能嵌套固定收益型产品，满足不同风险偏好投资人的需求。

PPP项目涉及参与方众多、资金需求量大，可从多个维度拆分适于资产证券化的现金流，进行供应链环节的资产证券化等，相应的产品结构较为常规，本文暂不展开介绍。

三、PPP资产证券化的特殊法律问题

PPP项目投资额大、项目周期长、涉及社会公众利益，各方的权利义务关系、风险分担机制和项目合同均十分复杂，进行资产证券化运作有其特有的法律问题。从大的方面来看，应特别关注如下问题：

其一，关注PPP项目采购程序的合规性

因PPP项目运用于公共产品和公共服务领域，涉及公共资源分配、财政支付义务管理等关乎公众利益的事项，PPP项目对社会资本方采购程序有严格要求。发改委和财政部自2014年来通过密集发文，确立了PPP项目的基本运作程序，并特别突出强调了物有所值评价、财政承受能力论证

和实施方案编制及批准程序的重要性。鉴此，对于 2014 年后运作的 PPP 项目，应重点关注其程序合规性。

市场上有观点认为 2014 年前的 PPP 项目因为没有发改委和财政部的规范流程可遵循，普遍存在两评报告和实施方案缺失的问题，因此不宜作为资产证券化的底层资产。对此，我们认为，根据法不溯及既往原则，对于 2014 年以前推出的 PPP 项目，只要符合当时所适用的法律法规，则同样可以作为资产证券化项目的底层资产。2004 年实施的《市政公用事业特许经营管理办法》（即 126 号文）规定市政公用领域的特许经营项目应当采用竞争性方式选择特许经营者，但是市场上也有大量 2004 年后实施的市政公用事业特许经营项目未循竞争性方式确定特许经营者。鉴于 126 号文属于规范性文件，法律层级相对较低，未通过竞争性程序确定特许经营者对有关特许经营合同效力的影响相对有限，我们理解对此类项目应认可其特许经营合同的效力。但是，部分省市在 126 号文出台后颁布了特许经营方面的地方法规，地方法规的法律层级较高，违反有可能导致特许经营合同无效，影响 PPP 项目底层资产的合法性。

其二，关注 PPP 合同有关底层资产转让的限制

出于对公共利益的关注和保护，PPP 合同中往往包含 PPP 项目资产、PPP 项目公司股权转让相关的限制性条款。如，项目的特许经营权、特许经营权相关的收益权、社会资本方在 PPP 合同项下的合同权利等不能转让，项目主要资产不得转让，社会资本方所持的项目公司股权在建设期内或运营期开始后的 2–5 年不得转让，在一些约定较为严格的项目中，还对股权受让方的资格条件有所限制，如要求股权受让方的净资产、业绩经验等不得低于社会资本方的净资产、业绩经验，等等。

这些限制性安排于 PPP 项目而言有其合理性和必要性，但构成资产证券化项目运作的障碍，可能导致基础资产转让或底层资产重组无法顺利完成，或受限于 PPP 项目实施机构的事先批准。鉴此，应重点关注 PPP 合同

的权利转让限制条款，取得项目实施机构关于基础资产转让或底层资产重组的认可，以便 PPP 项目资产证券化顺利实施。

其三，关注 PPP 合同有关抵押质押的限制

PPP 项目相关收费权益的质押、项目资产抵押等担保安排在法律上没有限制，并已得到最高院指导案例的支持。但是，PPP 项目合同多有关于项目资产、权益抵押和质押的限制性条款。例如，约定项目资产抵押、项目权益质押需要取得政府实施机构的批准和同意；要求以项目资产抵押、权益质押担保所取得的融资应用于本项目的投资、建设和更新改造，等等。

上述限制性安排就 PPP 项目而言是合理的，也符合项目融资的要义。但是，就资产证券化产品发行而言，一方面，政府实施机构的前置审批要求增加了产品增信手段安排的不确定性，可能影响产品交易结构设计和产品发行；另一方面，如果融资所得款项只能用于特定 PPP 项目，在 PPP 项目已建成的情况下，将制约发行资产证券化产品的动力和热情。

鉴此，各方应当本着务实的态度，取得政府实施机构对 PPP 项目资产证券化的理解和认同，允许原始权益人通过资产证券化融资，以融资所得款项用于其他投资，并以 PPP 项目的资产和收益权等通过抵押、质押的方式提供增信。

其四，关注原始权益人“退出”PPP 项目的安排

PPP 业界普遍认为资产证券化是 PPP 项目社会资本方的有效退出渠道。结合 PPP 项目和资产证券化项目两方面的法定要求判断，我们理解，PPP 项目的资产证券化虽然可以实现未来现金流的提前变现，但不能实现社会资本方从 PPP 项目中全身而退，否则，将导致 PPP 项目的专业化运营主体缺位，不符合 PPP 项目的基本逻辑，也不利于资产证券化产品的

发行。

一方面，政府选择 PPP 项目社会资本方除了看重投资建设能力，还有社会资本方的运营能力，且社会资本方在项目运营阶段的责任和作用被越来越多地强调。通过资产证券化将运营维护的责任转移给仅有财务投资功能的金融产品，有违 PPP 项目初衷。另一方面，资产证券化产品投资人的收益实现，归根到底取决于基础资产的持续稳定运营，专项计划的管理人可以承担金融产品受托管理的职能，但缺乏必要的行业背景和运营管理能力，无法有效组织项目的运营维护，难以确保现金流维持稳定并逐步增长。

鉴此，社会资本方通过资产证券化实现 PPP 项目财务投资退出后，还应当作为资产证券化产品的资产服务机构，提供资产管理服务，一方面以风险自留、承担资产服务等方式为专项计划提供增信，另一方面继续承担项目运营维护责任，确保 PPP 合同的妥善履行，有效衔接 PPP 项目和资本市场。

其五，关注 PPP 项目合同的有关付款义务的约定是否刚性

PPP 项目讲求社会资本方在运营阶段的参与，并将运营阶段绩效考核的结果体现在向社会资本方的付费中，即绩效付费。除绩效付费外，取决于 PPP 项目所处的行业，项目公司的收费水平还可能因公共产品和服务的供应量（如水处理量、客流量等）而发生变化和调整，相较于房屋租金、租赁费收入、消费金融类业务的刚性付款义务，PPP 合同项下的付款义务受限于多方面条件和 PPP 合同的妥善履行，有一定不确定性。即便是可用性付费，其付费水平的厘定也受限于工程结算价格等因素，在项目现金流的判断和测算上需有详细分析。

此外，PPP 合同是最典型的不完全契约，包括有补偿机制、价格调整机制、超额收益分享机制等多种变量，均对项目现金流有实质影响，并可能触发再谈判。这些错综复杂的权利义务关系、犬牙交错的履约前提和条

件，一方面给 PPP 项目的资产证券化运作带来难度和挑战，另一方面也给资产证券化产品的结构分层和风险定价留出了空间和可能，可以满足不同投资偏好和风险识别能力的投资人的需求。

其六，关注固定回报的问题

市场上有相当一批通过保底承诺、回购安排、明股实债等方式进行变相融资的伪 PPP 项目，该等项目有一定合规风险，不宜作为资产证券化的底层资产。但是，在某些行业或某些模式的 PPP 项目中，PPP 项目风险分担的内在要求可能确实需要政府方实施机构作出某些看似确保投资回报的承诺，如最低需求量承诺或取或付条款、运营收入差额补足等。就这些交易安排或合同条款，不能简单下结论是否构成固定回报，而应基于 PPP 协议对项目核心边界条件、风险分配机制、收费机制等商业模式进行全面审查，综合判断项目的权利义务安排是否体现了收益共享、风险共担的原则。

四、PPP 资产证券化的展望

其一，资产证券化的推广将起到倒逼 PPP 项目规范的作用

如文首所言，加强 PPP 项目资产端建设是 PPP 项目对接多元融资渠道的基础。资本市场对各类信息的反应较为敏感、直观，资本市场的投资人较之行业投资人对 PPP 项目风险的判断和把握更为谨慎、理性，更为关注 PPP 项目现金流的产生能力，合同相对方的履约能力和履约信用。金融机构的视角和用脚投票的能力有助于推动市场审慎判断和评估 PPP 项目框架体系、风险分担机制的合理性和完善性，经得起市场检验的 PPP 项目将以较低的成本实现再融资或投资退出，架构设计有缺陷、风险分配机制不合理的 PPP 项目则难以在资本市场得到追捧。可以预见，资本市场的力量将倒逼 PPP 项目参与主体规范运作 PPP 项目，提升 PPP 项目的整体质量。

其二，以 PPP 项目真实现金流为偿付来源，真正体现“资产支持”的本质

资产证券化的前提是有来自于基础资产的稳定现金流，以基础资产的真实现金流为投资人本息偿付的资金来源，正因为此，资产证券化才成为可独立于主体信用的融资工具。出于对刚性兑付的期待，市场上有些已发行产品过于强调主体信用担保，在正常的增信手段之外寻求强主体对本息偿付的担保，脱离了资产证券化业务“资产支持”的本质。推行 PPP 项目资产证券化应避免陷入追求强主体担保的误区，应强化对 PPP 项目历史现金流的审慎考察、对运营绩效的提升和监管手段、对未来现金流的科学测算，推动有真实现金流基础的优质项目获得更好的金融资源。

《通知》明确要求发行资产证券化产品的 PPP 项目应已建成并正常运营 2 年以上，我们理解这体现了主管部门引导资源流向优质 PPP 项目的意图，也契合 PPP 项目重运营的发展思路。随着试点项目的逐步推出，两年的运营要求应可适当放宽或更多交由专业机构、市场投资人自行判断运营业绩的可靠性，只要历史现金流记录和现金流预测经得起专业机构和市场的检验，这样的 PPP 项目就可以基于“资产支持”的原理发行资产证券化产品。

其三，短期以使用者付费 PPP 项目的资产证券化为主，但市场更为期待政府付费 PPP 项目的资产证券化尽快破题

已发行的基础设施资产证券化项目多集中在使用者付费的 PPP 项目中，部分项目的现金流除使用者付费外还包含了一定条件下的财政支付；纯粹以政府付费所产生的现金流为偿付来源的资产证券化项目则鲜有出炉。由于 2014 年后推出的 PPP 项目有较大比例是政府付费型 PPP，且该等项目有政府信用支撑，对于“讲信仰”的投资人有一定号召力，资本市场更为期待此类项目上的突破。从合规角度看，“以地方政府为直接或间接债务人的基础资产”虽然被列入负面清单，但“地方政府按照事先公开

的收益约定规则，在政府与社会资本合作模式（PPP）下应当支付或承担的财政补贴”已被排除在负面清单外，并无合规障碍。

推进政府付费类PPP项目的资产证券化，应重点关注地方政府的财政支付能力、财政承受能力评价、年度预算和中长期预算规划、PPP合同付费机制等安排。在政府采购类PPP项目大行其道的局面下，推广政府付费类PPP的资产证券化要避免其沦为“城投债”的变种，避免地方政府或地方城投公司借道资产证券化向公开市场融资。对此，应加强对PPP项目社会资本方采购流程合规性的审查，确保其符合PPP项目的法定实施程序要求，审慎判断原始权益人是否为真实的社会资本方，避免以假借PPP名义的加长版BT项目作为资产证券化底层资产。

其四，以PPP项目公司股权发行以REITs为载体的资产证券化产品会有极大潜力

2014年后PPP市场发展的突出特点之一是国有企业占有较大市场份额。国有企业的项目获取能力很大程度上缘于其融资成本上的优势，能争取到政策性银行或商业银行的中长期贷款，且融资成本相对较低。对于这些融资成本较低的PPP项目，在没有利差优势的情况下推行资产证券化，其最大的动力将是改善资产负债表、为业务拓展腾挪空间。这也与越来越多的国企选择通过基金投资PPP项目以避免财务并表的现状相吻合。据此判断，以REITs为载体的股权型资产证券化产品会有很大的市场潜力，也契合PPP项目单笔规模大、融资期限长的特点。

这一趋势在政策面亦有支撑，《通知》明确“中国证监会将积极研究推出主要投资于资产支持证券的证券投资基金，并会同国家发展改革委及有关部门共同推动不动产投资信托基金（REITs），进一步支持传统基础设施项目建设”。但是，PPP项目不同于商业地产，利润率相对较低，项目公司股权价值增值空间较为有限，发行REITs产品一则应通过合理的产品结构设计调动投资人权益投资的积极性；二则应大力鼓励追求长期稳定回报的养老基金、保险资金等参与。

其五，由专业运营商发挥特殊资产服务商的职能

经过大干快上的几年非常规发展，市场已认识到“重建设、轻运营”的 PPP 发展路径有其弊端和不足，呼唤专业运营商成为 PPP 市场的主体投资人，一些有多年运营经验的行业企业也希望借鉴国际同行的经验走“轻资产”发展道路，可以预见，PPP 市场的各个细分领域将涌现出一批优秀的专业运营商。资产证券化恰恰为这些专业运营商提供了“轻资产”发展的路径支持。

一方面，通过资产证券化在公开市场募集资金将减轻专业运营商资金长期占用的压力，在“PE+ABS”的模式下甚至无须占用专业运营商的大额投资；另一方面，资产证券化的收益实现有赖于 PPP 合同项下稳定、合格的项目运营，需要由行业经验和管理能力的专业运营商在运营管理、绩效维持、资产处置等方面提供支持。两方面结合，由专业运营商发挥特殊资产服务商的职能，于 PPP 项目和资产证券化项目，善莫大焉。特殊资产服务商可承担的职责包括为基础资产预期现金流的维持和归集提供必要保障，在发生可能损害投资者利益的事件时及时书面告知管理人，在特定情况下还应负责促成项目按照约定条件得以处置。为调动特殊资产服务商的积极性，产品设计上亦允许其参与运营维护和底层资产处置的超额收益分配。

我们注意到《通知》对原始权益人的要求高于《资产证券化管理规定》对原始权益人的要求，基本采用了与《资产证券化管理规定》中对特定原始权益人一致的考核要求，这也能透视监管层对 PPP 项目特点的洞悉和对 PPP 项目资产证券化的预判，引导原始权益人通过专业运营服务保障资产证券化现金流的持续、稳定。当然，原始权益人提供资产管理服务并风险自留可能会影响原始权益人财务报表的调整效果，需要结合会计师的认定口径予以适当平衡。

结语

据不完全统计，我国各级政府推出的各类 PPP 项目总额已达数十万亿，如此体量的市场需要多元化的融资渠道支持。资产证券化作为可独立于主体信用的金融工具，与 PPP 项目的内在机理和特征有较高的契合度，在项目融资的理念和技术还不够发达的市场条件下，有望为 PPP 项目的进一步发展注入新的活力。PPP 在中国虽不算新鲜事物，但还在探索阶段，资产证券化也是 2014 年备案制改革后才获得蓬勃发展，PPP 和资产证券化的结合必然有诸多需要业界探讨、夯实的具体问题，期待二者相辅相成、相得益彰，共同推动经济发展。

PPP 资产证券化，会成为下一个风口吗？

【作者简介】

刘　婷，清华大学建设管理系，清华大学 PPP 研究中心

陆　征，美国哥伦比亚大学工程管理系

伍　迪，中国国际工程咨询公司

王守清，清华大学建设管理系，清华大学 PPP 研究中心

【文章内容】

2016 年 12 月，发改委、证监会印发《关于推进传统基础设施领域政府和社会资本合作（PPP）项目资产证券化相关工作的通知（发改投资〔2016〕2698 号）》，目前央行和财政部也正在研究银行间 PPP 资产证券化（Asset Backed Security，不同监管机构对应不同的产品名称，本文为简便起见统一简称 ABS）的相关支持政策，加上"首批"PPP ABS 产品陆续完成发行，PPP ABS 受到了广泛的关注。

对于这一市场的规模和潜力，则存在着非常不同的判断：一种观点认为，PPP 和 ABS 都是万亿级的市场，并且 ABS 为 PPP 项目的投资者和放贷者创造了退出途径，有助于增加其参与 PPP 项目的积极性，两者的结合意味着巨大的机会；另一种观点则认为，这一市场至少在近几年内无法得到很大的发展，因为 2014 年后力推的 PPP 项目已进入运营期的数量有限，已运营两年以上的更是稀少。从我们在 2017 年 2–4 月对 100 多位具有 PPP 和 / 或 ABS 从业经验的专家的访谈情况来看（其中 30 多位具有 5 年以上 PPP 经验，5 年以上 ABS 经验，或 2–5 年 PPP 及 ABS 经验），专家们更倾

向于介于以上两种观点之间，持谨慎乐观的态度。

那么，此次政策上的绿色通道会助推 ABS 成为 PPP 项目的主流选择，成为下一个风口吗？

一、基础设施收费收益权 ABS 的发行具有良好的记录

实际上，PPP 模式在我国的实践已经有超过 30 年的历史，20 世纪 80 年代即有深圳沙角 B 电厂等项目以 BOT（Build-Operate-Transfer，建设－运营－移交，PPP 模式的一种具体形式）模式采购，至今已累积了大量稳定运营多年的收费公路、污水处理厂、发电厂等 PPP 项目。根据世界银行 PPI（Private Participated In Infrastructure，私人参与的基础设施项目）数据库的统计，我国 1992-2014 年间完成融资的 PPP 项目达 1298 个[1]。

我国的资产证券化实践从 2005 年开始，2009-2011 年间经历了停顿，2012 年政策重新放开，2014 年备案制改革后蓬勃发展。基础设施收费收益权 ABS 是其中的一个产品类别，基础资产包含以 BOT 等模式采购的污水处理厂、电厂、收费公路等项目的未来现金流。在发改投资〔2016〕2698 号印发之前，我国已陆续发行了 86 单基础设施收费收益权的 ABS 产品。2017 年第一季度又成功发行了 10 单，总发行数量已达 96 单，募资金额达 980 亿元，另有 13 单（募资规模 104 亿元）处于发行期中（见图 1）[2]。已发行的产品中，基础资产包括供热、供电、供水、供气、污水处理、收费公路、收费铁路、港口、保障房、垃圾处理等领域项目的收费收益权。从发行数量上看，供热项目占比最高，达 30.21%；从募资金额看，则收费公路项目占比最高，达 27.24%（见图 2）。迄今为止，以上产品中只有“大成西黄河大桥通行费收入收益权专项资产管理计划（益通 2014-1）”这一只产品出现违约，另有一只产品永利热电 ABS 出现评级下调。

当下热议的 PPP ABS 与上述基础设施收费收益权 ABS 的主要区别在于：PPP 模式下地方政府按照事先公开的收益约定规则应当支付或承担的

财政补贴也可以作为 ABS 的基础资产，而 PPP 模式意外的地方政府为直接

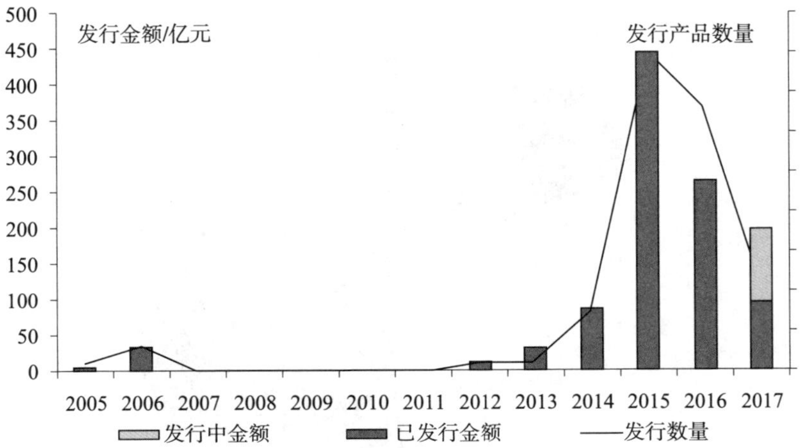

图 1　基础设施收费收益权 ABS 产品发行规模

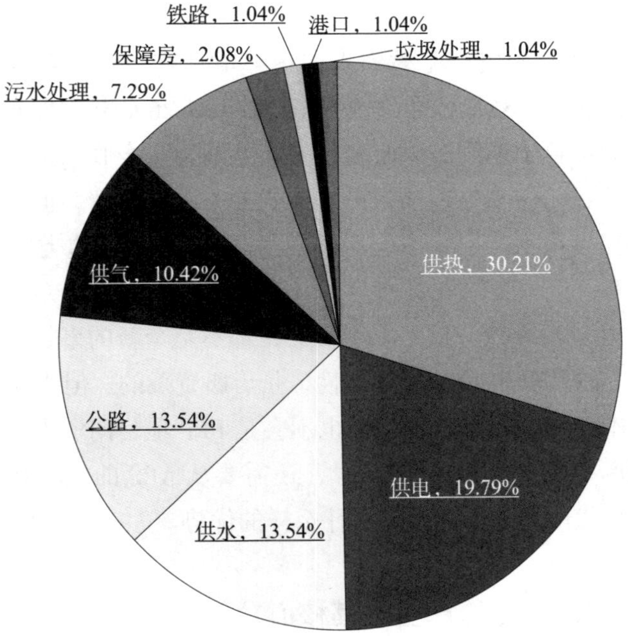

图 2（a）. 各行业发行数量占比

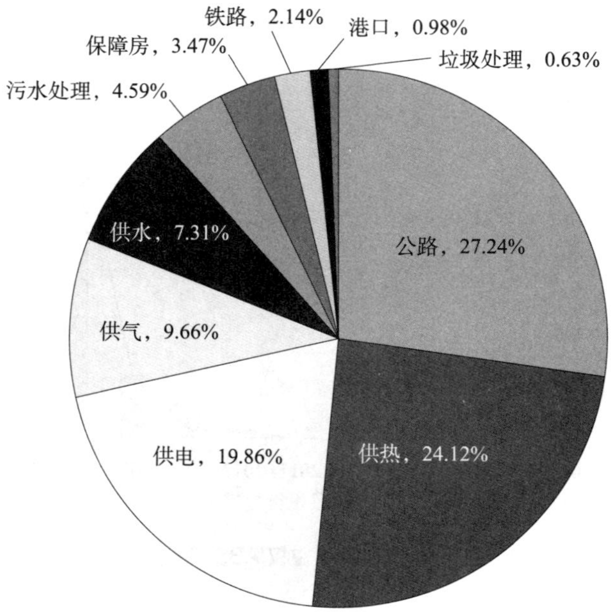

图 2 （b）. 各行业发行金额占比

或间接债务人的基础资产是被列入 ABS 基础资产负面清单的，除此之外没有本质上的区别。然而，自发改投资〔2016〕2698 号文发布以来的首批 PPP ABS 推荐项目中还没有以政府付费、补贴为主要收入来源的非经营性或准经营性项目（污水处理项目虽然形式上为政府付费，但污水处理费实际上已包含在自来水费中，本质上还是经营性项目），这类项目在 ABS 上如何破题还有待进一步探索研究。

由此可见，不论 PPP 还是 PPP ABS，都不是全新的事物，潜在基础资产的大规模，以及 PPP ABS 的可行性，是毋庸置疑的。但正如 PPP 不是政府向社会资本融资的万灵药，ABS 也不会是 PPP 项目向资本市场融资的万灵药，要判断 PPP 发行 ABS 的前景，还需要从 ABS 的核心功能出发，比较其与其他替代性的工具相比具有什么样的优势。

二、资产证券化的产生及其核心功能

1. 流动性困境催生债权类资产的证券化

资产证券化诞生于 20 世纪 60 年代末 70 年代初的美国，其初衷是增加金融机构的资产流动性。当时美国经济出现了滞涨，市场利率不断升高，但相关法规限制了储蓄的利率上限，导致储户大量提取存款投入资本市场，银行等金融机构资金日益枯竭，而其发放的住房抵押贷款等又以长期贷款为主，流动性风险和利率风险不断积累。为了缓解这一困境，房地美、房利美、吉利美等三家政府机构联合购买住房抵押贷款，创造了住房抵押贷款支持证券（Mortgage Backed Securitization，MBS），公开发行，出售给资本市场上的投资者。通过资产证券化，流动性较低的资产转化为流动性较强的资产支持证券，从而为金融机构增加了流动性。MBS 的发行为解决婴儿潮一代的购房资金需求问题发挥了重大作用。增加流动性是资产证券化产生的动因，也被视为其最基本的功能。[3][4]

2. 风险隔离的功能促进资产证券化规模快速扩大

随着金融自由化的推进，美国的资产证券化在不断创新中快速发展，各机构仿照 MBS 的模式，将信用卡、汽车贷款、学生贷款等债权资产作为基础资产，发行各种资产支持证券。此时，参与主体除了流动性需求之外，也通过资产证券化来实现风险转移的需求：用于证券化的资产需要“真实出售”给特设目的机构（Special Purpose Vehicle，SPV），从而从发起人的资产负债表中隔离出来，实现发起人的风险和该资产的风险的隔离。此外，ABS 的优先 / 劣后分层设计等增信措施有助于风险的分担。因此，风险隔离和分担是资产证券化的又一核心功能。

3. 未来现金流的证券化延伸出项目融资功能

除上述债权资产的证券化之外，还有对业务活动未来现金流的证券化，如路桥公司的通行费收入、自然资源储备的未来现金流、租赁业务中的租金收入、公共部门未来的税收收入等的证券化。产生以上未来现金流的项目或业务活动往往始终为发起人所控制或经营，不一定涉及所有权的转移，也就难以实现“真实出售”和“风险隔离”。为此，欧美国家通常规定，当项目、业务经营失败导致无法对证券化产品进行偿付时，证券化产品的投资者即成为发起人的债权人参与剩余分配。[5] 由此可见，基于未来现金流的证券化，其功能已从最初的增强发起人的流动性、隔离破产风险，发展为项目融资的工具，为发起人提供了更多的融资选择，同时也为投资人创造了更丰富的投资产品。

4. 轻资产化需求推动股权型 REITs 诞生

股权型的资产证券化主要应用于商业地产领域，即权益型的房地产投资信托基金（Real Estate Investment Trusts，REITs）。商业地产需要通过运营管理来实现经营收益提升和资产价值增值，因而不适合传统住宅的散售及预售方式，而资产持有模式所带来的重资产属性将成为商业地产企业发展的负担。轻资产化成为企业追求的目标——资产挪出表外，利润留在表内，保留对资产的运营控制，降低资产负债率，提高权益回报率。基金 + 权益型 REITs 的模式可以实现这一目标：开发商和物业持有商通过基金的形式投资地产项目，运营成熟后发行 REITs 实现股权的退出，通过“管理费 + 业绩报酬 + 部分资本利得”的方式来赚钱[6]。

三、PPP 资产证券化的优势

1. 作为潜在退出渠道被寄予厚望，然而现阶段股权投资借此实现直接退出较为困难

PPP 项目投资规模巨大、周期长，与商业地产一样具有重资产属性，除了建筑承包商、设备商、运营商等产业投资者外，还需要大量财务投资者参与，而财务投资者非常看重投资的退出和收益的最终实现，对 PPP 项目动辄 30 年的期限存在较大的疑虑。ABS 一度承担着市场对 PPP 退出路径创新的厚望，甚至有地产类的基金期待 PPP ABS 成为国内真正的权益型 REITs 的突破口。

然而，无论是此次备受关注的首批 PPP ABS 产品，还是过去的基础设施收费收益权的 ABS，基础资产都是未来的现金流，不构成会计意义上的资产，也就谈不上资产的出表和轻资产化，其本质是未来收益的提前变现，在资产端融入了现金的同时，负债端增加了应付账款。由于现金流与经营难以分割，原始权益人通常需要对证券化产品做出差额补足等承诺，加上基础设施（准）公共品的属性使得其资产所有权和特许经营权的转移都受到诸多限制，导致 PPP ABS 实际上难以实现“真实出售”和“风险隔离”，因此现阶段我们所说的 PPP ABS 还无法做成权益型的 REITs，无法为 PPP 项目的股权投资者提供直接的退出渠道。但其仍有可能通过改善项目的现金流，促进股东之间的股权转让，进而间接促进财务投资者实现退出。随着 PPP 市场的不断成熟以及资本市场对 PPP 的不断熟悉，未来 PPP 领域是否会出现具有主动管理能力的专业基金管理人进而催生类似权益型 REITs 的产品，留有想象的空间，但征得政府、放贷方和其他利益相关方的同意，仍然是其发行的重要前提。

2. 扩宽再融资渠道，提高再融资收益

相对提供退出渠道而言，拓宽再融资的渠道，提高再融资的收益，可能是力推 PPP ABS 更为现实的价值。PPP 项目的融资主要依赖于银行贷款，包括建设期贷款和建成以后的经营性物业贷款，除此之外，2014 年《国务院关于加强地方政府性债务管理的意见》中也明确鼓励 PPP 项目通过企业债、项目收益债和资产证券化等途径融资。在互相可替代的融资渠道之间，一个项目是否适合采用 ABS，主要取决于 ABS 是否能具有成本、期限上的优势，以及其他相对隐性的优势。

企业债的成本通常比 ABS 低（见图 3），但是企业债对发债主体的信用水平要求较高，要求成立年限满三年、三年连续盈利且平均净利润覆盖一年利息，项目公司通常无法满足利润要求：固定资产投资相关的折旧和摊销使得项目公司的利润往往在运营的中后期才能转正，早期即使净现金

流入较可观，利润很可能仍然为负数。而 ABS 则主要看基础资产本身的现金流，当资产质量较高时，ABS 有助于摆脱主体信用较低的影响。因此，对于 PPP 项目而言，资产证券化是比发行企业债更为可行、也更低成本（即使项目公司能发行企业债，成本也会比较高）的融资工具。

项目收益债的推广主要是为了替代平台公司发债，使得偿债来源和特定项目的现金流挂钩，收益回报更透明和容易预测。它与 ABS 一样，侧重基础资产所能带来的现金流。但项目收益债针对的是尚处于建设期或建设前期的项目，面临的不确定性更大，因此买方市场的接受度相对较低，从 2014 年推广以来，截至 2016 年 10 月 12 日，仅发行了 33 单，远低于同期基础设施收费收益权 ABS 的发行量。由此可见，对于 PPP 项目而言，ABS 是比项目收益债更受市场欢迎的产品。

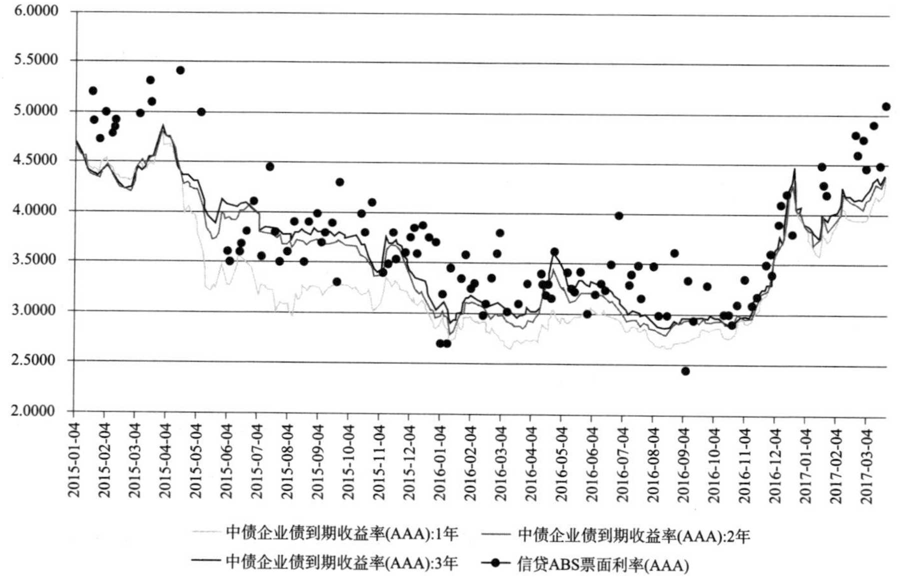

图 3　ABS 与企业债的发行利率比较 [7]

经营性物业贷款是 PPP 项目进入运营期后最主要的融资渠道，它是指将已购置或建成并投入运营的经营性资产所产生的稳定现金流作为第一还款来源的一种贷款。PPP ABS 的发行潜力主要取决于它与经营性物业贷相比的优劣势：

成本上，PPP ABS 通过结构化、标准化、拓展投资者范围、提供二级市场的流动性、降低监管要求的风险资本计提（在条款和期限相同的情况下，风险资本权重可从信用贷款的 100% 降低至高评级 ABS 投资的 20%[8]），能有效降低发行利率。但考虑到 ABS 发行的交易成本（如券商环节的费用为总融资额的 1%，按期限均摊，则 5 年期的产品每年的券商成本为 0.2%），以及 ABS 在资金归集上比银行贷款更严格的管理，当 PPP ABS 的发行利率比银行贷款低 0.5% 以上时，PPP ABS 才在成本上具有吸引力[9]。过去发行的基础设施收费收益权 ABS 产品中，从利率的绝对水平上看，最低达 2.80%（南京城建污水处理收费资产支持收益专项资产管理计划 / 大都市 2014–1，一年期利率 2.80%，四年期利率 3.80%），最高达 15.00%（大都市热电公司电力上网收费权专项资产管理计划，一年期利率 9.00%，四年期利率 15.00%）。从与同期（或相近）国债到期收益率的利差来看，利差最低达 0.31%（刚完成发行的中信建投 – 网新建投庆春路隧道 PPP 项目资产支持专项计划，14 年期优先 A 利率为 4.05%），利差最高达 11.36%（大都市 2014–1）。[10]

期限上，基础设施收费收益权 ABS 最常见的期限为 3–7 年，其中 5 年期的产品最为普遍（见图 3）。10 年以上的产品较少，其中，期限最长的为中信证券 – 首创股份污水处理 PPP 项目收费收益权资产支持专项计划，达 18 年；此外，云南公投曲胜高速公路车辆通行费收益权资产支持专项计划 – 招商资管二号和一号分别为 16 年和 12 年；中信建投 – 网新建投庆春路隧道 PPP 项目资产支持专项计划为 14 年；衡枣高速公路车辆通行费收益权资产支持专项计划为 10 年。与经营性物业贷款相比，PPP ABS 在期限上的优势不明显。

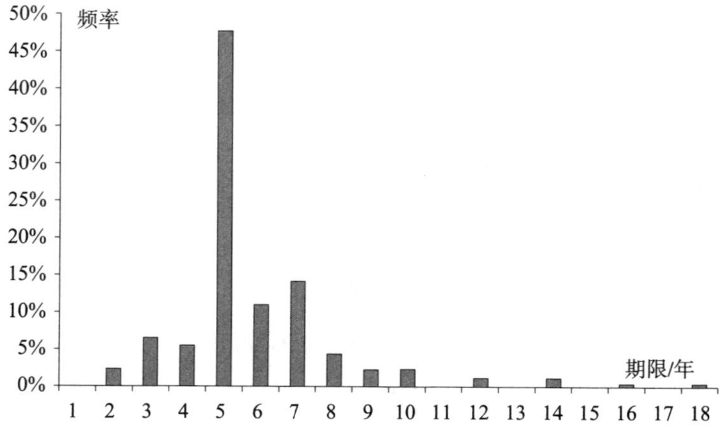

图 4 基础设施收费收益权 ABS 产品的期限分布

综上，PPP ABS 与银行贷款相比，不具有绝对的优势，需要具体项目具体分析，无法成为普遍适用的 PPP 融资工具：对于能取得国开行、农发行贷款的央企主导的大型 PPP 项目，ABS 不具备任何优势；而对于一些现金流较稳定、但母公司信用水平不是非常高的中型 PPP 项目而言，存在借助 ABS 置换贷款，降低融资成本的机会。

3. 作为倒逼信息公开、改善 PPP 投资环境和规范运作的工具，获取更多政策红利

从更宏观的市场环境层面来看，PPP ABS 为投资者提供了分散化投资的工具，原本用于一个项目贷款的金额可以用于同时投资多个项目的 ABS，有助于投资者和放贷方分散自身的投资风险；另一方面，它也为资本市场上更多原先无法参与到 PPP 投资中的投资者提供了投资 PPP 的机会，资本市场广大投资者的参与有助于分散 PPP 项目的风险；此外，PPP ABS 对信息披露的要求较高，有助于倒逼 PPP 的规范化以及信息的公开化、透明化，改善 PPP 的投资环境。

本轮 PPP 推广以来，随着财政部、发改委的规范、指南等文件相继出台，制度上得以逐步完善，财政部近年来问责地方违规举债、要求核查部

分特殊项目、出台 PPP 信息公开办法等举措，更是体现了强调规范运作的态度和改善 PPP 投资环境的决心。PPP ABS 作为倒逼信息公开、规范程序的工具，在审批绿色通道之外，或许有望获取更多的政策红利，届时 PPP ABS 的吸引力将进一步提升。

四、未来“基金 + 权益型 ABS”的 PPP 资产管理模式畅想

现阶段，PPP ABS 作为收益型 ABS，其角色局限于为 PPP 项目提供了一个再融资的选择，它相比于银行贷款并不具有绝对的优势，因而只适用于部分项目，在政策推动下，未来 PPP ABS 的规模会增长，但很难成为最主流的 PPP 融资渠道，只能是一种补充渠道。

未来，随着新建 PPP 项目减少、进入存量时代，加上资本市场对 PPP 的不断熟悉，金融体系、信用体系、透明机制和监管体系的完善，或许有一天，我国也将出现大量的专业运营商和比肩麦格理、万喜的具有主动管理能力的平台，届时有望实现“基金 + 权益型 ABS”的 PPP 资产管理模式：基金管理人募集基金投资于基础设施项目、组建资产池，由专业运营商负责项目的运营、提高资产价值，运营成熟后通过竞价转让或权益型 ABS 来实现股权的退出，让更广泛的投资者甚至个人投资者有机会参与到基础设施的投资中，让平台和专业运营商实现轻资产化运营，以“管理费 + 业绩报酬 + 部分资本利得”的形式实现收益，让沉淀在基础设施中的资金流动起来，让基础设施市场更加生机勃勃！

参考文献

[1] 数据来自“World Bank PPI Database”，网址：http：//ppi.worldbank.org/customquery. 注：世界银行界定的 PPP 项目为私人资本主导的，国企控股的政府和社会资本合作项目不在 PPI 数据库中。

[2] 数据来自“中国资产证券化分析网”，网址：https：//www.cn-abs.com/Market/MarketSummary.aspx. 检索过程：市场分析 – 产品列表 – 收费收益权 &PPP– 剔除物业租金、航空票务收入、公交票务收入、景区票务收入、学费等非基础设施类的

产品。

[3] 刘轩.美国资产证券化研究 [D].西南财经大学，2014.

[4] 李佳.资产证券化的产生、运作及监管趋势研究——基于美国市场的经验借鉴 [J].上海经济研究，2015，07：28-35.

[5] 张玉喜.资产证券化的发展：主要类型、趋势及启示 [J].浙江学刊，2009（6）：179-183.

[6] 篇幅所限，对 REITs 的介绍可参见李耀光先生的《未来 PPP 资产证券化的策略就是 PPP+REITs》一文（http：//mp.weixin.qq.com/s/LBYNchDc9GnkJNrpkpeTzA）。

[7] 图片引自广发资产管理李茂年、刘焕礼先生的《PPP 证券化需要重视的若干问题》。

[8] 来自于中诚信证评副总裁岳志岗先生的访谈。

[9] 来自于招商证券企业资产证券化业务负责人董航先生的访谈。

[10] 以上发行利率以及后文的产品期限数据来自中国资产证券化分析网 https：//www.cn-abs.com/Market/MarketSummary.aspx，国债到期收益率来自 WIND。

PPP 资产证券化两大引擎：ABS 和 ABN

【作者简介】

郑大卫，上海浦东发展银行总行 PPP 中心副主任

吴　夷，上海浦东发展银行总行资产证券化产品经理

【文章内容】

谈起 PPP 资产证券化，大家必论 PPPABS 动力强劲。殊不知，PPP 资产化还有一大引擎即 PPPABN。

2005 年 8 月证监会推出首单企业资产证券化试点项目，2012 年 8 月银行间交易商协会发布《银行间债券市场非金融企业资产支持票据指引》，标志着企业资产证券化项目在两个市场正式拉开序幕。随着 2016 年 12 月《关于发布 < 非金融企业资产支持票据指引（修订稿）> 及 < 非金融企业资产支持票据公开发行注册文件表格体系 > 的公告》颁布，资产支持票据业务进一步引发新的生机，为非金融企业盘活存量资产、降低资产负债率增加了新型金融工具。

一、ABN 和 ABS 相同之处

（一）产品本质

资产证券化（Asset Securitization）作为结构融资工具，是指将基础资产（Underlying Assets）进行打包集合，通过对基础资产池现金流的结构安排和组合实现风险和收益的重新分配，其本质是将相对缺乏流动性的基础

资产转化为不同信用级别的可流通证券。

（二）产品功能

资产支持票据（Asset-Backed Notes，ABN）依据《中华人民共和国信托法》，资产支持证券（Asset-Backed Security，ABS）依托《证券公司资产证券化业务管理规定》和《资产支持计划业务管理暂行办法》，分别通过信托计划、专项计划实现与融资人的破产隔离。因此资产支持证券和资产支持票据具有一致的业务本质和功能属性，可盘活存量资产、提高资产流动性，优化企业资产结构和资产负债表，有助企业拓宽融资渠道。

（三）分层结构

资产支持票据和资产支持证券会采用结构化分层技术，将证券化产品分为优先级和次级多档证券，其中优先级又可按照偿付顺序先后分为优先 A 档和优先 B 档。在基础资产现金流偿付时，按照优先 A 档、优先 B 档、次级档的先后顺序分配利息和本金。当基础资产产生的现金流不足以偿付各档本息时，次级档本金和预期收益作为优先档的损失缓冲垫，优先保障优先档的本息安全。同时，证券化产品还可根据风险和收益安排，为各档产品设置不同的调息机制、付息方式和偿付方式。

（四）产品期限

产品期限安排上，资产支持票据和资产支持证券的产品期限会与基础资产期限相匹配，因此对于基础资产回收周期较长的证券化产品，期限可以达到 18 年甚至更长。同时，在产品结构中，可以设置优先收购权、回购选择权等方式，给予融资人提前终止、缩短产品实际存续期限的权利。

二、ABN 和 ABS 不同比较

（一）发行市场

资产支持票据是在中国银行间市场发行的非金融企业债务融资工具。

银行间市场发行的产品品种包括国债、地方政府债、同业存单、金融债、企业债、中期票据、短期融资券、定向工具、资产支持证券和资产支持票据等。截至 2017 年 4 月底，中国银行间市场债券存量规模为 593891.49 亿元，其中资产支持票据 341.04 亿元。

资产支持证券是在证券交易所、全国中小企业股份转让系统、机构间私募产品报价与服务系统、证券公司柜台市场等证券交易场所发行的并经基金业协会备案的专项计划。截至 2017 年 4 月底，上交所和深交所债券存量规模为 267123.18 亿元，其中资产支持证券 5852.91 亿元。

（二）发行方式

资产支持票据采用注册制，通过承销机构向交易商协会提交注册文件获得注册通知书，可在两年的有效期内分期发行，首期发行应在注册后六个月内完成，后续发行应向交易商协会备案。资产支持票据可定向发行，也可公开发行，给予融资人更多选择空间。

资产支持证券采用备案制，通过管理人向各证券交易场所申请挂牌，证券交易所对资产支持证券的挂牌、转让进行自律管理。专项计划设立后，管理人需向中国基金业协会进行备案。同时，资产支持证券的合格投资者应当符合《私募投资基金监督管理暂行办法》的管理要求，属于私募发行。

（三）资产类型与发起机构

无论是资产支持票据还是资产支持证券，基础资产均需满足以下条件：权属明确，可以依法转让，可以产生独立、可预测的现金流且可特定化的财产权利、财产或财产和财产权利的组合。有所不同的是，资产支持证券实施负面清单管理，即不属于负面清单的资产均可作为基础资产发行证券化产品。从市场已发行的证券化产品来看，银行间资产支持票据主体评级均较高，交易所资产支持证券主体资质差异较大，因而呈现出在相同时期不同主体发行的同一评级证券票面利率水平不同的现象。

表 1　银行间市场资产支持票据发行主体资质

项目名称	发起机构 / 原始权益人	发行总额（亿元）	发起机构 / 增信机构主体评级
中信海洋直升机股份有限公司 2017 年度第一期	中信海洋直升机股份有限公司	3.52	AA
北控水务（中国）投资有限公 司 2017 年第一期	北控水务（中国）投资有限公司	21.00	AAA
立根融资租赁有限公司 2017 年度第一期	立根融资租赁有限公司	9.33	AAA
远东租赁 2017 年度第一期	远东国际租赁有限公司	29.33	AAA
平安国际融资租赁有限公司 2017 年度第一期	平安国际融资租赁有限公司	14.01	AAA
中国中车股份有限公司 2016 年度第一期	中国中车股份有限公司	24.12	AAA
中国铁塔股份有限公司 2016 年度第一期	中国铁塔股份有限公司	50.00	AAA
中电投融和融资租赁有限公司 2016 年度第一期	中电投融和融资租赁有限公司	16.01	AA+
九州通医药集团股份有限公司 2016 年度第一期信托	九州通医药集团股份有限公司	10.00	AA+
国泰租赁有限公司 2016 年度第一期	国泰租赁有限公司	3.00	AA
远东国际租赁有限公司 2016 年度第一期信托	远东国际租赁有限公司	20.68	AAA

（四）交易结构

在交易结构安排上，资产支持票据可采用两种模式：一种是没有特定目的载体（Special Purpose Vehicle，SPV）参与的抵质押结构，即特定目的载体即为发起机构本身，一般是采用“特定目的账户 + 资产质押”的操作模式，该模式下无法实现“真实出售”和“破产隔离”，但交易结构更加简单；另一种是引入特定目的载体参与的破产隔离结构，虽然实践中该特定目的载体均为信托计划，但同时也为特定目的公司作为特定目的载体留了空间。

资产支持证券必须通过特殊目的载体发行，且该特殊目的载体为证券公司、基金管理子公司为开展资产证券化业务专门设立的资产支持专项计划，由此形成独立于融资人和相关参与机构的专项计划资产。

三、PPP 与证券化产品

目前交易所已发行 5 单 PPP 项目资产支持专项计划，分别涉及污水处理收费收益权、供热收费收益权、专营补贴收入债权。

表 2

项目名称	融资人	发行总额（亿元）
华夏幸福固安工业园区新型城镇化 PPP 项目供热收费收益权资产支持专项计划	固安九通基业公用事业有限公司	7.06
广发恒进 – 广晟东江环保虎门绿源 PPP 项目资产支持专项计划	东莞市虎门绿源水务有限公司	3.20
中信证券 – 首创股份污水处理 PPP 项目收费收益权资产支持专项计划	临沂首创博瑞水务有限公司	5.30
中信建投 – 网新建投庆春路隧道 PPP 项目资产支持专项计划	杭州庆春路过江隧道有限公司	11.58
太平洋证券新水源污水处理服务收费收益权资产支持专项计划	新疆昆仑新水源科技股份有限公司	40

上述 5 单已落地的 PPP 证券化项目均在增信方式上采用了优先次级结构、现金流超额覆盖、差额支付、回售回购流动性支持。针对产品存续期间较长的问题，均采用了票面利率调整权、投资人回售和收购权人回购的条款设置。

中国银行间债券市场已拥有多层次债券类型和丰富的投资人积累，而 PPP 项目证券化不仅仅是融资目的，更是从公开透明融资操作去反向引导、规范 PPP 规范化实施。资产支持票据要求主承销商、资产服务机构、资金监管机构、资金保管机构、律师事务所、会计师事务所、信用评级机构、资产评估机构各尽其职，尽职调查、后续管理、信息披露、投资者保护无一不是对资产端各义务人按照市场化原则严谨履约的倒逼机制。

当前，随着国家发改委、证监会联合发布的《中国证监会关于推进传统基础设施领域政府和社会资本合作（PPP）项目资产证券化相关工作的通知》（发改投资〔2016〕2698 号），PPPABS 已为 PPP 项目证券化带来了破冰效应。相信 PPPABN 也将迎来 PPP 项目证券化项目落地。相信通过双引擎推动，将有助于 PPP 资产证券化市场化发展，帮助更多的 PPP 项目盘活资金，吸引两个市场更多的专业化机构投资者参与。同时，也希望未来 PPPABS 和 PPPABN 在 PPP 项目对原始权益人准入、基础资产标准、交易结构要求等方面各有侧重，满足不同层次的资产证券化需求。

首单园区 PPP 资产证券化到底长什么样

【作者简介】

王苗苗，北京明树数据科技有限公司研究员

【文章内容】

上周 PPP 圈子里，最热闹的莫过于 2017 年 3 月 10 日首批落地的 4 单 PPP 资产证券化项目，分别是上交所批准发行的中信证券—首创股份污水处理 PPP 项目收费收益权资产支持专项计划（5.3 亿元）、华夏幸福固安工业园区新型城镇化 PPP 项目供热收费权资产支持专项计划（7.06 亿元）与中信建投—网鑫建投庆春路隧道 PPP 项目资产支持专项计划（11 亿元），以及深交所批准发行的广发恒进—广晟东江环保虎门绿源 PPP 项目资产支持专项计划（3.2 亿元）。

一、国内资产证券化推动发展事项

2016 年 12 月 26 日，发改委、证监会联合印发《关于推进传统基础设施领域政府和社会资本合作（PPP）项目资产证券化相关工作的通知》，对鼓励进行资产证券化的 PPP 项目，明确要求项目已经正常运营 2 年以上，并已产生持续、稳定的现金流。

2017 年 1 月 9 日，发改委投资司、证监会债券部、中国证券投资基金业协会与有关企业召开了 PPP 项目资产证券化座谈会，标志着 PPP 项目资产证券化工作正式启动。

2017年2月22日，发改委公布各地共上报PPP资产证券化项目41单，其中污水垃圾处理项目21单，公路交通项目11单，城市供热、园区基础设施、地下综合管廊、公共停车场等项目7单，能源项目2单。

2017年2月17日，上交所、深交所、中国基金业协会同时发文支持本轮PPP项目资产证券化，并开设了“绿色通道”，设立相应的PPP证券化工作小组，落实专人专岗要求，在严格执行规定的前提下，保证了项目审批的进度，本次落地最快的专项计划从受理到获得无异议函仅2天时间。

二、资产证券化模式操作

从资产证券化的产品类型来看，可进行证券化的PPP项目底层资产包括债权、收费权和PPP项目公司股权，对应的资产证券化业务模式也可简分为债权模式、收费收益权模式和股权模式。

从PPP资产证券化的操作流程来说，主要包括开展尽职调查、确定基础资产、构建特殊目的载体、基础资产转让、信用增级、设立与发行六大步骤。

从PPP资产证券化交易结构来说，关键步骤包括：认购人通过与管理人签订《认购协议》；管理人根据与原始权益人签订的《资产买卖协议》的约定；资产服务机构根据《服务协议》的约定，负责基础资产对应收入的回收和催收；在分配日，管理人根据《计划说明书》及相关文件的约定，向托管人发出分配指令，托管人根据分配指令，进行专项计划费用的提取和资金划付，并将相应资金划拨至登记托管机构的指定账户用于支付资产支持证券本金和预期收益。

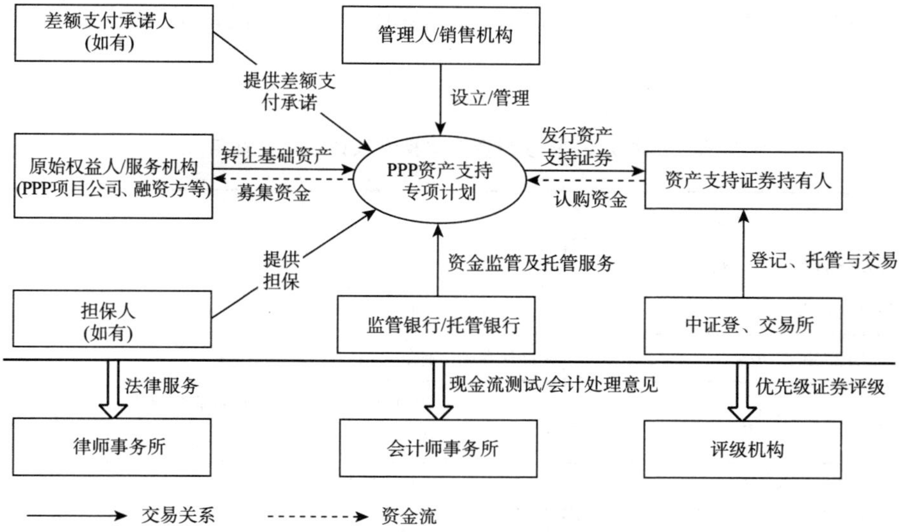

来源：刘飞，刘洪光．行稳致远，静待花开——PPP 资产证券化业务法律操作事务解析．

图 1　PPP 资产证券化交易结构图

三、首单 PPP 资产专项计划解析

2017 年 3 月 10 日，华夏幸福固安工业园区新型城镇化 PPP 项目供热收费收益权资产支持专项计划获上交所批准，是首单落地的园区 PPP 资产证券化项目，此前还成功入选国家发改委和中国证监会首批传统基础设施领域 PPP 资产证券化融资项目。

本次专项计划发行规模 7.06 亿元，其中优先级资产支持证券募集规模为 6.7 亿元，占比 95%，分为 1 年至 6 年期 6 档，均获中诚信证券评估有限公司（以下简称“中诚信证评”）给予的 AAA 评级；次级资产支持证券规模 0.36 亿元，期限为 6 年，由九通基业投资有限公司（华夏幸福全资子公司、原始权益人固安九通基业公用事业有限公司控股股东）全额认购。以固安工业园区 PPP 项目供热产生的现金流作为第一还款来源，并由华夏幸福为优先级资产提供差额支付承诺、为原始权益人提供流动性支持、为

原始权益人提供购回及投资者售回提供保证担保，并设计了现金流超额覆盖的产品。

表 1　本次 PPP 项目资产支持专项计划主要参与方

角色	参与方
原始权益人 / 资产服务机构	固安九通基业公用事业有限公司
计划管理人	招商证券资产管理有限公司
牵头代理推广机构	招商证券股份有限公司
联席代理推广机构	中信建投证券股份有限公司、兴业证券股份有限公司、中信证券股份有限公司
财务顾问	中国农业银行股份有限公司
托管人	中国邮政储蓄银行股份有限公司北京分行
监管银行	中国邮政储蓄银行股份有限公司廊坊市分行
评级机构	中诚信证券评估有限公司
法律顾问	北京大成（青岛）律师事务所
代理推广机构法律顾问	上海市方达（北京）律师事务所
会计师	中兴财光华会计师事务所（特殊普通合伙）

认购人通过与计划管理人签订《认购协议》，将认购资金以专项资产管理方式委托计划管理人管理。投资者取得资产支持证券，计划管理人以认购资金向原始权益人购买并受让基础资产。本次专项计划第三年末开放利率调整、购回和售回机制。

资产支持证券仅代表专项计划权益的相应份额，不属于计划管理人或者其他任何服务机构的负债。本次专项计划的现金流预测是基于假设条件，存在预测偏差风险及现金流混同及被挪用风险，并可能出现原始权益人丧失供热收费权等基础资产风险。目前基础资产包含的三个供热站项目中，有两个尚未获得竣工验收。因此专项投资前，需明确现金流预测基础、基础资产情况、相关主体履约情况等，关注项目风险，做出理智投资决策。

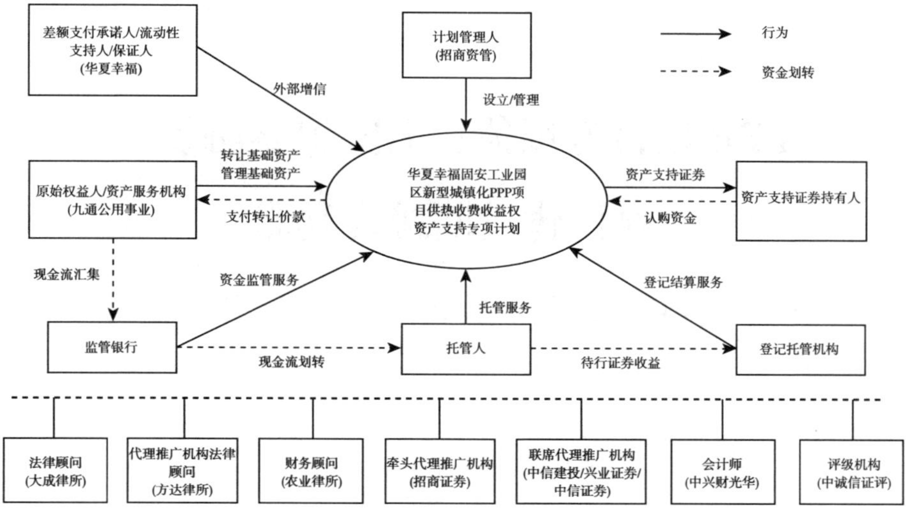

图 2　本次专项计划的交易结构图

资产证券化是 PPP 对接资本市场的重要路径，拓宽 PPP 项目融资渠道，有助于实现投资资金的有序退出。同时，PPP 项目资产证券化，有助于通过资本市场的力量倒逼 PPP 项目参与主体规范运行 PPP 项目，从而提高国内 PPP 市场的规范性，实现长远发展。

本次固安工业园区新型城镇化 PPP 项目供热收费收益权资产支持专项计划的成功落地，是华夏幸福在拓展融资渠道方面的又一次创新和实践，园区首单 PPP 资产证券化也具有全国性的示范意义。

PPP 项目专项债：有限追索融资 + 项目建设期融资利器

——《PPP 项目专项债券发行指引》简评

【作者简介】

张继峰，国家发改委财政部 PPP 专家库双库专家，京云天新峰投资管理中心（有限合伙）合伙人

【文章内容】

2017 年 5 月 3 日，《中国经济导报》发布了吴浩、赵超霖的《PPP 项目债券融资开闸国家发展改革委发布 PPP 项目专项债券指引》一文。文章公布了 4 月 25 日国家发改委印发的《政府和社会资本合作（PPP）项目专项债券发行指引》的全文。这标志着 PPP 业内期待已久的“PPP 项目专项债”正式出炉。

在短短的 4 个月时间里，国家发改委整合 PPP 业内、资本市场众多资源和力量，接连推出了“PPPABS”“PPP 项目专项债”两大 PPP 融资利器，体现了发改委在 PPP 模式与金融创新结合方面的“功力”，以及为促进 PPP 项目落地、提高 PPP 项目可融资性倾注的“洪荒之力”。相比于运营期融资工具 PPPABS，建设期融资工具 PPP 项目专项债的推出，对于目前高歌猛进的 PPP 建设市场，可谓“久旱逢甘雨”。

“PPP 项目专项债”，是继 2015 年 4 月推出战略新兴产业、停车场、地下综合管廊、养老产业四个专项债、11 月推出“双创债”、12 月推出

“绿色债券”以来，发改委推出的第 7 个专项债。“PPP 项目专项债”保留了其他几个专项债的一些优势，也有着 PPP 项目独有的一些特征。本文对这一办法加以简要评析。

一、PPP 项目专项债的基本规定

（一）发债主体和支持项目类型

《指引》明确了“PPP 项目专项债券”，是指“由 PPP 项目公司或社会资本方发行，募集资金主要用于以特许经营、购买服务等 PPP 形式开展项目建设、运营的企业债券”。因此：

1. 发债主体为 PPP 项目公司或社会资本方。这一主体界定，与《项目收益债券管理暂行办法》第二条规定的项目收益债发债主体——“项目实施主体或其实际控制人”是一致的。此外，这条规定还有另外一层含义，即 PPP 项目专项债可以是一般的“企业债”（依托企业主体信用发行），也可以是“项目收益债”（依托项目现金流发行）。

2. 支持项目类型，是“以特许经营、购买服务等 PPP 形式开展项目建设、运营的企业”。特许经营和购买服务，从项目回报方式角度来讲，也即使用者付费、政府付费和可行性缺口补助。基本覆盖了PPP项目的收费模式。

（二）重点支持领域

《指引》规定，“现阶段支持重点为：能源、交通运输、水利、环境保护、农业、林业、科技、保障性安居工程、医疗、卫生、养老、教育、文化等传统基础设施和公共服务领域的项目”。除了上述产业领域，这句话最终的定语，是“传统基础设施和公共服务领域的项目”。也即包括了发改委主管的“基础设施”领域和财政部主管的“公共服务”领域，都可以按照《指引》发行 PPP 项目专项债。

（三）债券资金用途

《指引》规定："发行 PPP 项目专项债券募集的资金，可用于 PPP 项目建设、运营，或偿还已直接用于项目建设的银行贷款。"笔者认为，其实还可以包括股东为项目建设先期投入的，超出项目资本金的股东借款。因为按照银行的固定资产贷款、项目融资贷款等制度性要求，银行贷款是可以用于偿还上述股东借款。

（四）债券发行条件

主要包括：

1. 符合《公司法》《证券法》《企业债券管理条例》《项目收益债券管理暂行办法》和发改委其他规范性文件规定。

2. PPP 项目运作应规范、透明，已履行审批、核准、备案手续和实施方案审查程序。鼓励甲级资质的中介机构编制可研报告的项目发债。

3. 应建立以 PPP 项目合同为核心的合同体系，相关合同文件应合法、规范、有效。

4. PPP 项目应能够产生持续稳定的收入和现金流，项目收益优先用于偿还债券本息。来源于政府付费和财政补贴的项目收益应按规定纳入中期财政规划和年度财政预算。

5. 传统基础设施领域的 PPP 项目应纳入传统基础设施领域政府和社会资本合作（PPP）项目库。在项目入库方面，没有提及"公共服务"类项目是否入库。

上述 5 点发行条件，预示了只有规范的项目、合法合规的项目、优质的项目、入库的项目，才能发行 PPP 项目专项债，才能获得市场的认可。与 PPPABS 一样，这样也会倒逼 PPP 项目规范化运作。

二、PPP 项目专项债的优势

（一）解决增信主体缺失问题 + 建设期融资——项目收益债的优势

1. 囊括了项目收益债的发行方式，有利于解决增信主体缺失问题。项目收益债依托的是项目自身的现金流，而不是项目公司的主体信用，一般仅需进行债项评级。这对于有限追索融资的、缺乏增信主体（政府方和社会资本方都不愿意为项目融资提供增信、担保）的 PPP 项目，可谓是量身定做。当然，项目收益债早在 2015 年 7 月份即出台了。PPP 项目专项债是对 PPP 项目发行项目收益债的一次“书面确认”。

2. 为 PPP 项目建设期融资提供了“专项融资工具”。《项目收益债券管理暂行办法》第二十条规定：“项目收益债券募集资金投资项目原则上应为已开工项目，未开工项目应符合开工条件，并于债券发行后三个月内开工建设。”这条是说，三个月内开工的项目，和已开工的项目，都可以发行项目收益债。“PPP 项目专项债”如果发行的是项目收益债，即可以按照这一规定执行。因此，债券发行的时间比 PPPABS 要早，即不用等到项目进入运营期两年，这样将极大地支持项目建设期的融资需求，与 PPPABS 形成时间上的互补。PPP 项目专项债可以成为项目资本金、项目贷款之后的又一种项目建设资金来源。

（二）发债效率和发债条件——专项债的优势

2015 年发改委出台的六个专项债，积累了很多用债券融资推动重点领域专项建设的经验。PPP 项目专项债也不例外。与其他专项债类似，PPP 项目专项债的优势包括：

1. 效率上，“比照‘加快和简化审核类’债券审核程序，提高审核效率”。

2. 发行企业债的，允许企业使用不超过 50% 的债券募集资金用于补充营运资金。

3. 发行企业债，主体信用等级达到 AA+ 及以上的发行主体申请发债的，可以：（1）核定发债规模时不考察非金融企业债务融资工具的规模。（2）发行人可根据实际情况自主选择是否设置市场化增信方式。

4. 发行项目收益债，主体信用等级达到 AA+ 及以上的发行主体申请发债的，"可不设置差额补偿机制，但应明确项目建设期利息偿付资金来源，并提供相应法律文件"。这一点是比项目收益债还要优惠的条件。项目收益债必须设置差额补偿机制。

5. 鼓励上市公司及其子公司发行 PPP 项目专项债券。这一点与专项债中的"绿色债券"一致。

6. 发行人可根据项目资金回流的具体情况科学设计债券发行方案，支持合理灵活设置债券期限、选择权及还本付息方式，债券存续期不得超过 PPP 项目合作期限。

上述 6 点专项债的优势，除了第 4 点之外，其余 5 点在 2015 年的 6 个专项债或多或少都有提及，尤其是国家和发改委重点支持的"绿色债券"，是专项债的"集大成者"（见《绿色债券发行指引》发改办财金〔2015〕3504 号），但第 4 点是 PPP 项目专项债的创新之处，是连"绿色债券"都没有的优势。

三、PPP 项目专项债的完善空间

《指引》第二条"发行条件"第（二）款规定："以项目收益债券形式发行 PPP 项目专项债券，原则上应符合我委印发的《项目收益债券管理暂行办法》的要求。"但是，《项目收益债券管理暂行办法》第十八条"项目收入的认定"规定："债券存续期内合法合规的财政补贴占项目收入的比例合计不得超过 50%。"也就是说，政府付费（项目公司全部收入来源于政府支付）的项目，以及可行性缺口补助中政府财政补助比例超过项目公司总收入 50% 的项目，是无法发行项目收益债，也无法发行 PPP 项目专项债的。

财政部 PPP 中心《全国 PPP 综合信息平台项目库第五期季报》显示，截至 2016 年年底，按照三种回报机制统计，使用者付费项目 4687 个，投资 4.60 万亿元，分别占入库项目总数和总投资的 42% 和 34%；政府付费项目 3591 个，投资 3.37 万亿元，分别占 32% 和 25%；可行性缺口补助项目 2982 个，投资 5.52 万亿元，分别占 26% 和 41%。也就是说，PPP 项目中有相当多的项目收入来源于政府付费或缺口补助，按照项目收益债的这项规定，25% 的政府付费项目不能发行专项债；41% 的缺口补助项目中有相当多的项目也无法发行。

其实，ABS 制度中的一项规定，使得 ABS 已经很好地解决了这一问题。证监会的《资产证券化业务基础资产负面清单指引》列明了八类不适宜采用资产证券化业务形式或者不符合资产证券化业务监管要求的基础资产，其中第一条即："以地方政府为直接或间接债务人的基础资产。但地方政府按照事先公开的收益约定规则，在政府与社会资本合作模式（PPP）下应当支付或承担的财政补贴除外。"也就是说，政府作为债务人的基础资产是不能发行 ABS 的，但 PPP 模式下政府付费或财政补贴的，可以作为基础资产发行 ABS，而且没有"不超过 50%"的限制要求。在 PPP 模式下，基础资产现金流全部来源于政府付费，也可以发行 ABS。这与项目收益债"不超过 50%"的要求相比，有比较大的进步。

因此，PPP 项目专项债未来可以更加完善，可以加上如下条款："以项目收益债券形式发行 PPP 项目专项债券，且项目回报方式为政府付费或可行性缺口补助的，可不受《项目收益债券管理暂行办法》第十八条'债券存续期内合法合规的财政补贴占项目收入的比例合计不得超过 50%'的限制。"这样，PPP 项目专项债就"追上"了 PPPABS，弥补了项目收益债的这一不足之处。

PPP 项目专项债结合了项目收益债和专项债的双重优势，对 PPP 项目建设期融资具有重要作用。在当前阶段推出 PPP 项目专项债，其现实意义甚至要大于 PPPABS！笔者认为，如果 PPP 专项债未来再能更加完善，将 66% 的政府付费和可行性缺口补助项目纳入发债范围，这项金融创新工具对 PPP 模式的推广、对提高 PPP 项目落地率和项目可融资性的作用将不可估量！

PPP 项目融资落地为何难?

——从银行 PPP 政策角度分析

【作者简介】

丁前俊，龙元明城金融资产部副总经理

吴　鸣，龙元明城金融资产部管培生

梁　雪，龙元明城投资部主管

姚　丽，金融资产部融资经理

【文章内容】

2017 年 9 月，PPP 头条发布了《16 万亿 PPP 项目融资到位仅万亿，社会资本金融机构各说各话》，揭示了全国范围内 PPP 融资存在的问题，目前社会资本融资到位率不足，仅为 30% 左右。国家虽然在政策上大力支持 PPP 项目发展，但为何金融机构并不买账?

一、谁是提供 PPP 融资的主力

根据央行发布的 2017 年上半年金融统计数据报告，2017 年 6 月份社会融资规模增量累计为 11.17 万亿元，比上年同期多 1.36 万亿元。而以企业债券和股票为代表的直接融资同比减少了 2.27 万亿元，占同期社会融资规模增量的 0.9%，间接融资仍然是社会融资的主力军。

2017 年 8 月份《四川省财政厅 PPP 项目融资成本信息发布》一文提

到，在融资落地的 42 个项目中，由银行提供融资的项目共计 37 个，占比 88.1%。其中：国有大型商业银行提供融资的项目合计 23 个；全国性股份制商业银行提供融资的项目合计 4 个；城市商业银行提供融资的项目合计 10 个。由非银行业金融机构提供融资的项目共计 5 个。

结合银行信贷提供的资金规模较大、资本较低、期限较长的优势来看，可大致推测在全国 PPP 融资已落地项目中，至少有 80% 是通过银行来解决项目的资金需求。

为何其他融资工具（保险、基金、资管等）没有成为 PPP 项目融资的主流？根据表中四个方面的比较，可进行如下分析：

表 1

	保险	券商	资管计划	银行
资金价格	成本略高于银行	成本略高于银行	成本远高于银行	一般在 4.5%-6%
期限	可长达 20-30 年	一般不超过 10 年	一般不超过 5 年	一般在 10-20 年
风险控制	原则上要求提供强增信	对于主体评级较高的，可以采用信用方式	原则上要求提供强增信	可以采用信用、应收款质押等非社会资本担保方式的增信措施
投资要求	国家级或省级重点项目；社会资本信用评级不低于 AA+；政府负债水平较低；必须为地市级（含）以上项目	发行主体一般要求评级在 AA 及以上；发行规模不能高于公司净资产的 40%；政府层级高、项目类型好	对社会资本要求较高（央企、大型国企、大型上市民企	必须纳入 PPP 项目综合信息平台；项目层级可以为区县级项目，政府公共预算收入不低于 15 亿元

首先，由于国家对 PPP 项目在政策上的大力支持，使得越来越多的国企和民企参与到 PPP 项目中来。充分的市场竞争使得 PPP 项目的回报率越来越低，大量的社会资本在项目融资时往往会将资金价格作为重要参考。因此，在授信政策同等的条件下，银行资金以其低成本的优势成为社会资本融资的首选。

其次，通过对国有商业银行和股份制商业银行授信政策的收集和比较，不难发现银行对于政府层级和财政实力的要求也远低于其他金融机构。数据显示，部分商业银行对区县级项目，在政府公共预算收入不低于

15 亿元的情况下原则上是可以准入的。这一点使银行贷款和其他融资工具相比有着更大选择范围。

最后，目前参与 PPP 项目的社会资本方主力多为建筑企业，而该类企业由于长期处于高负债的水平，因此，在 PPP 融资时就会提出项目公司负债不并表的要求。根据我国企业会计准则，是否拥有对另一个企业的控制权作为纳入合并报表的前提。而控制权主要从四个方面来看：占多数表决权；不享有多数表决权但书面约定享有受托管理权；公司章程或协议明确规定能够对财务和经营政策实施控制；在董事会或类似机构能够控制被投资单位。

为避免上述条件出现，在项目公司贷款时可以采用信用贷款和应收账款质押相结合的方式进行出表。具体来讲，一方面，由于社会资本方对项目公司贷款并未提供担保，故不承担连带责任，在报表中不作为或有负债列示。另一方面，项目公司在成立之初，除政府方出资之外，社会资本方通过引入基金、信托等方式成为项目公司非控股股东，社会资本方不享有控制权，即可达到出表要求。

二、银行对 PPP 项目风控关注点

通俗点说，银行的使命就是资金的买卖。从资金供给方买入低成本的资金，卖给资金需求方高成本的资金，在买卖的过程中赢得利息差。由于银行信贷大多是一种债权融资行为，银行承担的是无限风险，赚取的却是有限的固定收益，这一特点决定银行最关注资金的风险程度，即放出的款项能否按时按量收回。

通过收集和比较各家银行现有的 PPP 项目授信政策，大体总结，银行的风控关注点主要有以下 8 点：

（一）PPP 项目的合规性

银行对 PPP 项目合规性的前期审核时主要集中在 4 个方面：a. 项目纳入 PPP 项目综合信息平台库；b. 项目通过实施方案、物有所值和财政承受

能力等资料的论证，并经过同级政府或相关部门审批通过；c. 关注 PPP 合同的合规性，合同中必须明确政府每年支付的可用性付费和运维绩效付费逐年纳入地方政府财政预算管理；d. 政府付费的总金额能够覆盖银行借款本息。

（二）项目资料的完整性

银行在授信资料收集和放款前提中要求：项目立项、环评、土地等各项行政许可要件齐全、合法、有效，并取得开工建设所需全部批复文件。

（三）资金封闭运作

银行为了对项目财务运作过程进行财务监督，确保专款专用，及时掌握项目经营情况，通常会要求项目公司在银行开立监管户，具体来说：签署资金监管协议，开立监管账户。要求资本金的投入和支出均需通过监管户，政府未来付费账户需支付该账户，且需向政府报备该账户为政府付费的收款户。监管账户的变更需经过银行同意。

（四）项目增信措施

将项目的未来收益权（应收账款收益权）全额质押给银行，并通过中国人民银行征信中心的应收账款质押登记系统进行质押和公示。

（五）政府层级和项目类型

银行在选择项目时不仅注重项目的类型，还会关注当地政府的财力指标和债务指标。一般来说，银行对当地政府公共预算收入最低要求是 15 亿元，部分银行对于一些偏好的项目类型（如水利、环保）和区域（如浙江、福建），甚至还会进一步放宽对政府公共预算收入要求。在项目收益来源方面，由于政府付费类项目风险较小，通常作为银行的首选项目；在项目类型方面，民生类项目完工风险较小，如学校、医院、养老院、安置房。由于这些项目是政府的民生工程，所以还款来源更有保障，银行自然更加放心。

（六）完工风险和政府信用风险

政府信用的体现出现在项目运营期，一旦项目完工存在问题，则项目违约风险较大，故银行需关注社会资本的建设能力和项目资金的筹措能力。除此之外，银行还会注重政府信用风险，政府财力越好、层级越高、项目类型越好，则政府信用风险越低。

（七）纳入预算和出具人大决议

项目运营期开始，政府需按 PPP 合同支付可用性付费和运维绩效付费。有关实施主体需要在运营期前对于该项目做预算编制，并提交财政局出具预算报告。一旦预算报告经人大决议表决通过后，政府付费的风险将极大降低。

（八）第二还款来源的控制

银行出于偿债风险的考量，在项目建设期内通常会要求社会资本方提供合法、足值、有效的抵质押担保或落实有代偿能力的保证担保，如果确实不能提供其他有效资产抵押或保证担保的，可采用预期收益质押。且银行要求如果项目总投资超过评估总投资，则缺口资金由股东追加投入解决，不得增加银行借款。

三、银行要求难满足，项目融资落地难

根据 2017 年商业银行出具的 PPP 政策文件中对 PPP 项目审查审批要点的要求，整理出部分国有商业银行、股份制商业银行和部分城市商业银行对已落地 PPP 项目的准入要求，详见下表。结合全国范围内 PPP 项目分布区域、政府层级和财政实力、项目期限、社会资本方的性质、社会资本方是否担保及政府是否出具人大决议等文件 6 个层面进行分析，从银行审

批关注点和实际PPP项目能否满足银行授信要求进行比较，得出项目融资落地难的根源所在，从而提出相应的意见和建议。

表2　银行授信政策要点

银行授信政策要点	项目准入要求
政府层级	区、县级及以上。
政府债务率	区、县级不高于100%；地市级不高于120%；省会城市（含直辖市、计划单列市）不高于150%。
财政收入	区、县级地方财政公共财政预算最好不低于15亿元；地市级及以上不低于50亿元。
社会资本	央企、地方国企优先选择；上市公司、大型民企及经验丰富、财务状况良好的企业；中小民营企业审慎介入。
项目类型	重点支持发起人层级较高的项目；重点支持国家级、省级PPP示范项目；重点支持政府付费、可行性缺口补助项目；重点支持社会效益明显、公共事业类和民生类项目。
项目期限	原则上不超过15年。
贷款增信措施	大型央企、国企可采取信用方式贷款，其他企业原则上需要提供担保。
人大决议或同等证明文件	发达地区对人大决议等文件不做强制要求；经济欠发达地区要求政府提供人大决议或承诺函等文件。
入库	要求项目入全国PPP综合信息平台项目库。
银行准入区域	全国，重点分布在东部沿海地区、直辖市、计划单列市等。

（一）中标项目政府公共预算收入VS银行要求财政实力

从银行授信政策要求和已中标项目所处地区政府公共预算收入看，大部分商业银行对政府层级要求以地级市及以上为主。对于区县级项目有些银行虽然可以准入，在财政实力和政府负债率方面却要求较高，个别股份制银行要求偿债资金来源于区、县级（含直辖市、副省级城市下辖区、县）财政的，相应地方GDP不低于500亿元、地方政府综合财力须在100亿元（含）以上。而区、县级政府公共预算收入在100亿元以上的仅有63家。在债务率方面，数据显示多数银行要求区、县级债务率不得高于100%，地市级及以上可以放宽至120%甚至150%。

图 1 为 2016 年各级政府平台公开数据显示的实际落地项目，区、县级项目数量占比 63%，总金额为 24968.27 亿元，金额占比 37%；省、市级项目数量占比 37%，总金额为 43072.75 亿元，金额占比 63%。说明区、县项目虽然数量多但平均中标金额都较小。图 2 为不同等级政府公共预算收入的区县分布，其中公共预算收入低于 15 亿的区、县级有 550 家，占所有中标区、县的比重为 52.78%，即超过一半以上的中标项目所在地财政实力偏弱。也就是说，大部分区、县级项目在银行融资是非常困难的。

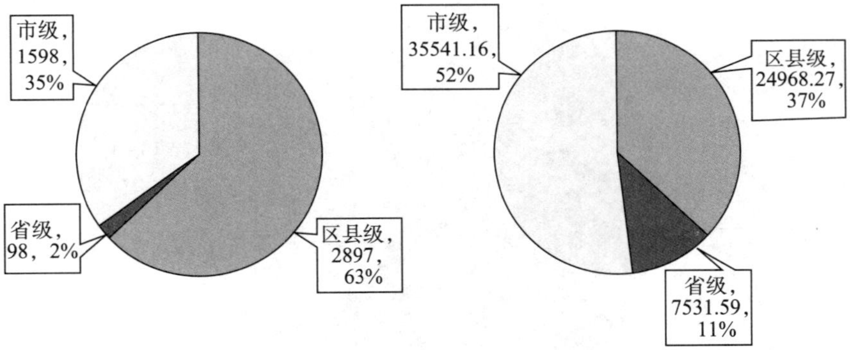

图 1　全国范围已落地项目政府等级

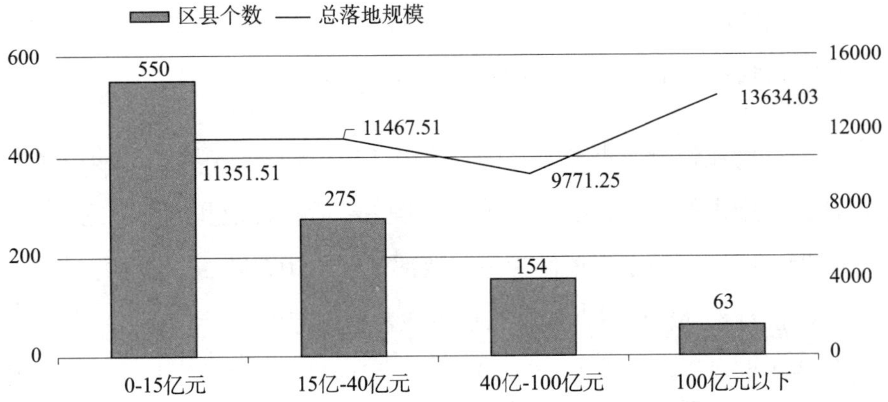

图 2　不同等级公共预算收入区县个数及落地项目规模

（二）中标项目期限 VS 银行贷款项目期限

除个别银行外，多数银行对贷款的期限要求是 10 年，超过 10 年的须向人民银行备案，最长期限不高于 15 年。

图 3 实际落地的项目期限显示，截至 2017 年 9 月份，中标项目期限在 10 年到 15 年的仅有 1523 个，占比 38%。大部分项目期限都不低于 15 年，无法达到银行对最长贷款期限的要求。这对于 PPP 项目融资来讲，增加了银行贷款审批难度。

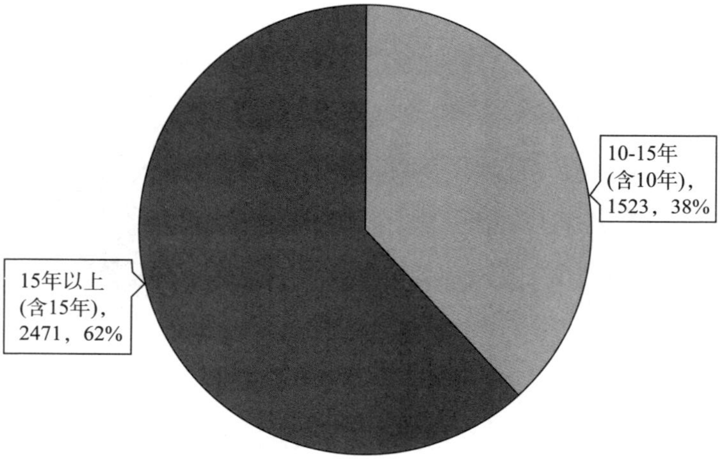

图 3　不同期限落地项目个数情况

（三）中标所在区域 VS 银行授信偏好区域

除国有商业银行网点分布范围较广外，股份制商业银行主要集中在中东部地区，城市商业银行授信区域主要是总部所在省份和沿海发达城市。即银行授信区域以中东部地区为主，西部地区集中在陕西，西藏、青海和宁夏等省份对于部分股份制银行来讲不在其授信范围。

从图 4 来看，截至 2017 年 9 月份，中标项目数量排名前四的省份分别是山东、河南、新疆和四川；中标规模前四名的省份分别是河北、云南、四川和新疆。从中标区域来看西部地区（尤其是云南、四川和新疆地区）

的中标数量和金额高于全国平均水平，这些省份的金融机构分布较少，且政府财政实力较弱，银行对于西部地区的中标项目放款要求更加严格。

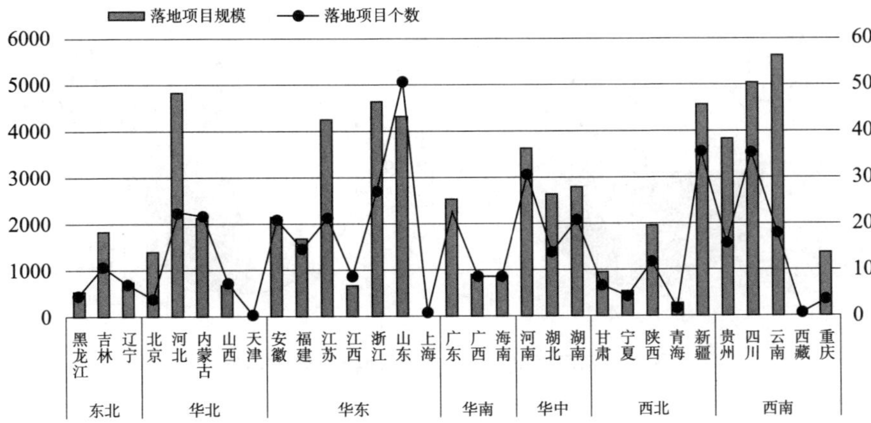

图 4　不同区域落地 PPP 项目情况

（四）中标社会资本方类型 VS 银行对社会资本方要求

从商业银行授信政策中对社会主体的要求来看，资金实力强、信用评级较高、财务指标良好的央企和地方国企是银行项目贷款的首选，上市民营企业、大型企业以及社会资本方在 PPP 项目上有经验的企业也可以成为银行在 PPP 业务上的授信主体，而中小型民营企业是银行审慎放款的对象。除了资产结构和企业性质外，银行还关注企业的施工能力、管理团队水平以及质量安全的情况。

图 5 中标项目的企业类型显示，央企中标金额达到 33307.72 亿元，占比 49%、地方国企中标金额为 17506.74 亿元，占比 26%，而民营企业仅占比 25%，金额为 16782.35 亿元；从中标数量来看，民营企业中标数量达到 2199 个，占比 48%。说明在 PPP 项目招标中，对于规模较大的项目央企和地方国企凭借其特殊的优势获胜，民营企业只能竞争总投规模较小的 PPP 项目。在 PPP 项目融资中，银行除了关注项目规模大小之外，更加关注社会资本方是否为央企或地方国企。通常情况下，银行对于央企或地方

国企参与的 PPP 项目授信政策更为宽松。

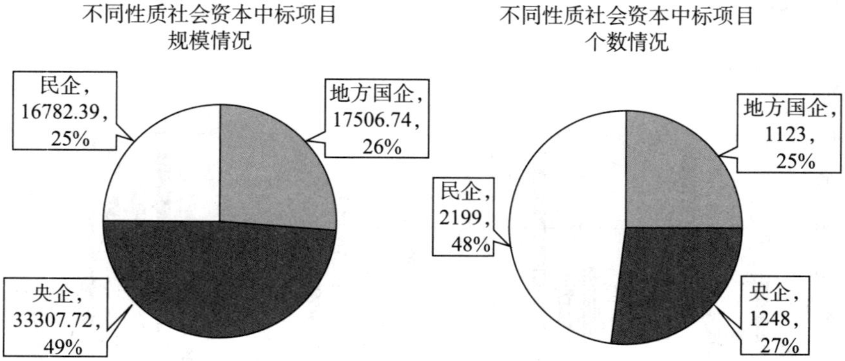

图 5　不同类别社会资本方中标数量与占比

（五）项目缺少强增信 VS 银行要求提供担保

由于 PPP 融资合同由项目公司和银行签订，具有期限长、金额大的特点。因此银行审批时除了要求项目应收账款收益权质押外，还会要求社会资本方提供担保。而社会资本方为降低资产负债率、风险隔离等不愿提供担保，银行出于风控角度不愿承担信用贷款带来的不确定性风险，因此双方的矛盾点成为现阶段 PPP 项目融资落地难点所在。

2017 年 8 月份，成都路桥公司因为不愿提供担保和银行要求必须出具担保文件之间未能达成一致，导致成都路桥与宜宾市政府签订的价值 82 亿元的高速公路项目（BOT 模式）因融资失败而解除双方协议。

（六）政府不愿出具证明文件 VS 银行要求纳入中长期规划

财政部印发的《关于印发政府和社会资本合作模式操作指南（试行）的通知》中规定“项目合同中涉及的政府支付义务，财政部门应结合中长期财政规划统筹考虑，纳入同级政府预算，按照预算管理相关规定执行”。财政部出台的《政府和社会资本合作项目财政承受能力论证指引》要求“通过论证的项目，各级财政部门应当在编制年度预算和中期财政规划时，将项目财政支出责任纳入预算统筹安排”。

大部分银行对于政府付费和财政补贴类的 PPP 项目，尤其是对落后地区，出于风险考虑，要求政府必须要出具人大常委会决议或纳入预算的证明文件，证明政府将该项目的支出纳入政府中期财政规划和跨年度预算安排中。本质上来讲，政府付费或可行性缺口补助项目和项目公司提供的公共产品的质量或服务绩效挂钩，属于政府采购但政府不承担兜底责任。因此人大常委会出具的批复文件对项目融资仅有增信作用，对社会资本方融资时能够有利于降低项目融资成本。

在 87 号文出台之后，部分地区政府担心出具人大常委会或纳入预算的证明文件会被认定为政府债务，因此不再出具。银行对于不具备人大常委会决议或承诺函的项目融资上会予以限制，影响社会资本方的融资成本，甚至导致项目无法落地产生违约。

四、PPP 项目融资中应当如何平衡各方矛盾点？

（一）关注 PPP 项目的合法性，以合同形式约定政府支出责任

首先，财政部门会根据 PPP 项目的情况分析政府支出责任，因此银行没有必要一定要求政府的支出纳入中长期规划和预算，只要 PPP 项目按照 92 号文履行程序，政府的支出责任自然会进入预算管理的程序。其次，社会资本方应在 PPP 项目合同谈判过程中明确约定项目实施机构应保证将 PPP 项目相关的财政支出责任纳入财政预算的义务并就约定相应的违约责任。最后，银行和社会资本方都应该在项目实际推进中，及时了解每个年度政府预算编制情况，确认 PPP 项目纳入年度财政预算。

（二）关注 PPP 运作流程合规性，弱化政府层级和公共预算收入

PPP 项目在实际融资过程中，银行对于政府层级较低的 PPP 项目要求更加严格，除了要求政府出具承诺纳入预算等文件外，政府的公共预算收

入和负债率也是银行判断政府违约风险的依据。而规范的 PPP 项目通过依法招标、政府合法合规采购，并且通过物有所值评价、财政承受能力论证、实施方案等文件的评审，在流程上 PPP 项目运作做到了依法、合规，对政府和社会资本方没有法律风险。因此，银行对于完全合法合规的 PPP 项目不必担心进入运营期后政府违约、无法收回本息等问题。

（三）关注 PPP 项目现金流，弱化社会资本方担保责任

社会资本针对 PPP 项目成立的项目公司，其主要目的是做到破产风险的隔离。但实际中金融机构针对项目公司的融资需要社会资本提供担保和连带责任，使项目公司与社会资本无法实现真正意义上的风险隔离。对于这一问题，金融机构应改变原有的风险控制理念。PPP 项目进入运营期后，银行应当更多关注项目公司所产生的现金流是否能覆盖贷款本息。

（四）关注社会资本方 PPP 专业能力，弱化社会资本股东背景

根据银行对 PPP 项目授信政策的分析，更多的银行把央企和地方国企作为 PPP 项目贷款的重点客户，而忽略了在 PPP 项目上经验丰富且专业能力较强的民营企业。银行应当关注对 PPP 项目较强的施工能力和行业经验的社会资本，丰富的公共服务或基础设施项目的建设或运营经验能够保障项目高质量完成，并最大可能达到政府绩效考核，避免产生社会资本方违约问题。而且，PPP 项目运作上有着成功经验的社会资本方也能够更好地保障项目流程的合法合规。

（五）引入中长期融资工具，解决期限错配问题

政府部门应当在政策上鼓励长期资金，如保险资金、社保资金等金融机构，加大参与 PPP 项目的力度。因为保险和社保等资金相对于银行贷款来说，具有期限长、成本较低的优势，能够更好地匹配 PPP 项目，解决 PPP 项目因收益率不高、期限较长带来的问题。

通道业务受限下 PPP 融资风险的转移

【作者简介】

洪　健，注册国际金融分析师，中国准精算师，长期关注 PPP 投融资业务的理论和实践

【文章内容】

摘要：在 PPP 融资中，“资本金结构化”和“社会资本的退出机制”是最核心的两个问题。传统模式下，社会资本退出机制不健全，建筑施工类企业（以下简称“企业”）一般采取资本金结构化方式进行风险对冲。但在资管新规、192 号文和 92 号文影响下，资本金结构化中的通道业务受限；同时，PPP 不断走向规范化，加上政策层面的支持，以资产证券化为代表的社会资本退出机制正在崛起。矛盾双方发生了转化，PPP 融资的风险也由后端向前端转移，“前端结构化 + 后端证券化”的重心也发生互易，笔者从这个角度进行分析。

一、资管新政解读

（一）资管层面

2017 年 11 月，《关于规范金融机构资产管理业务的指导意见（征求意见稿）》（以下简称“征求意见稿”）落地，在刚性兑付、资金池、通道嵌套、期限错配、穿透等原则性问题上采取保持高压态势，杜绝了资管机构利用监管漏洞以规避法规监控的可能性。资管新规涵盖证券、基金、银

行、信托、保险等资管产品，而且强调投资者适当性管理要求。

（二）银行系资金通道受限

2017 年 12 月 22 日，银监会下发《关于规范银信类业务的通知》（银监发〔2017〕55 号文），对通道类业务进一步规范，要求商业银行不得利用信托通道规避监管要求或实现资产的虚假出表。此外，还点名禁止银行通过信托将资金违规投向房地产、地方政府融资平台、股票市场、产能过剩等限制或禁止领域。对于银行而言，合规要求进一步细化，规避监管的通道或被“锁死”。

（三）财办金〔2017〕92 号文 + 国资发财管〔2017〕192 号文的综合影响

2017 年 11 月，财办金〔2017〕92 号文规定，不得以债务性资金充当资本金或由第三方代持社会资本方股份。国资发财管〔2017〕192 号文要求落实股权投资资金来源，不得通过引入“明股实债”类股权资金或购买劣后级份额等方式承担应由其他方承担的风险。

法规颁布之前，为了实现加杠杆，企业一般采用资本金结构化模式，比如“明股实债”“股东借款”“回购 + 差补”“小股大债”等形式筹集项目的资本金。但随着融资新政策的出台，游戏规则已经发生了深刻变化，结构化融资受到限制。在资本金结构化实践中，央企作为劣后级的结构化专项基金模式被明令禁止，对企业的 PPP 业务的开展影响较大。

二、企业 PPP 融资的实践

PPP 融资一般包括项目贷款（债权部分）和资本金融资（股权部分）两部分。对于前者而言，一般是银行等金融结构，根据信用和评级进行放贷，债权部分融资较为单一，笔者不予讨论，重点分析资本金及其退出机制两个方面。

（一）资本金结构化

企业开展 PPP 业务，资本金结构化是否落实是影响 PPP 项目落地的核心因素。对于资本金结构化的实践，需要关注之处笔者做了简单分析：

①银行系的资金一般不能直接入股 SPV 公司，往往借道券商资管、信托计划等通道；但如今通道被锁死，绕道监管的成本急剧增加。

②券商资管计划、信托计划等是资本金融资的来源之一，既可以直接入股 SPV 公司，也可以通过私募股权基金进行投资。但实际中这种模式使用的不是很普遍。

③养老金和保险金进入 SPV 公司，由于其本身要求的安全性很高，故往往通过结构化私募股权基金的模式，作为优先级，但新政策对此有不利效应，后续需要进行其他模式的探索，如平层基金，但需要其他增信或担保，这一点问题很大；寻找新的资金方做劣后，国企央企做夹层、养老金和保险金做优先级的模式也有一定空间。

（二）社会资本退出机制

资本金结构化的前提是找到合适的金融资本入股 SPV 公司，而金融资本是否进入，首先考量的是资金安全，所以合理的社会资本退出机制对于金融资本开展 PPP 项目而言至关重要。一般情况下，PPP 项目可通过以下几种模式实现社会资本的退出：

①期满移交，到期无偿移交股权给政府是最普遍的退出方式，大部分 PPP 项目采用 BOT 方式运作，就移交的形式、内容等事前约定；但问题是退出的周期可能较长。

②上市或者收购。这种模式比较理想，但实际中由于流动性、专有性等问题比较突出，成功的实例很少，通过 PPP 项目与资本市场的对接，借助二级市场的交易来完善社会资本的退出通道，这是理想的模式，在中国

的发展还不够完善，制度建设还需加强。

③股权回购，政府或者产业资本承诺股权回购，可协议约定由政府制定机构、运营的社会资本或者第三方对前期社会资本、金融资本进行回购，其中政府回购最为常见。

④售后回租方式，SPV 公司将资产售后租回，在运营期内向租赁公司支付租金，项目结束后租赁公司按照协议价格转回 SPV 公司，SPV 公司再向政府移交，社会资本提前退出。

⑤项目收益债或者资产证券化等方式，资产证券化产品可实现“非标准化转标准化”，增强资本流动性，为产业资本和金融资本的退出提供通道；在融资新政大的背景下，这种退出机制有广阔的运用空间，下文据此会有详细分析。

三、PPP 融资风险的转移

（一）社会资本退出机制的变化

融资新政策之前，社会资本退出机制较为单一，以期满移交为主，退出机制的不健全，带来风险的不确定性。因此，为了对冲掉不确定性风险，企业一般会利用杠杆，尽量少出资、不出资、多干活、快速回笼资金，赚取建筑安装工程费，争取用施工利润全面覆盖出资额，以此有效地控制 PPP 风险。

新形势下，结构化融资受到限制，出资上的杠杆也受到一定程度的制约。同时，国家大力整治 PPP 市场，监管力度加强，PPP 规范化趋势日渐明朗，为新的社会资本退出机制提供了良好的土壤。以资产证券化为代表的新的退出机制正在不断健全，也是发展的大势所趋。具体介绍可参照笔者的《融资新政背景下对 PPP 融资问题的探究》一文。

（二）风险转移模式的变化

随着 PPP 回归理性和初心，“风险共担”渐成共识。部分企业（尤其是央企）企图通过采取“资本金结构化 + 不增信、不担保、不并表”等措施实现无风险地拿项目，从而躺挣施工利润的日子或许渐行渐远，后续 PPP 业务开展，分担风险已成为不可避免的途径。

矛盾双方不断转化，与之同时社会资本的退出机制逐渐完善，在十九大提出“金融服务实体”的背景下，金融一级市场和二级市场作为 PPP 社会资本的退出通道已然大势所趋，PPP 规范化的趋势也为新的退出通道提供了良好的环境。所以，在新的背景下，企业需要转变 PPP 融投资思维，在项目的融资过程中承担必要的风险，这也基于以下考虑：①前期承担的风险并不是绝对风险，可以在后期通过社会资本的退出进行对冲或缓解。②这既体现了 PPP 回归理性的国家政策导向，也是企业（尤其是国企）承担社会责任的题中之意。

四、风险转移对 PPP 融资业务的影响

新法律法规对 PPP 资本金融资的影响，读者可参考 PPP 知乎黄华珍的《最严新政对 PPP 项目资本金融资的颠覆性影响》一文，该文从融资模式及其结构化设计的变化等方面进行详细的分析，笔者这里不再赘述，笔者从风险转移机制的变化带来的影响角度谈谈自己的看法。

（一）推高融资成本

一方面，资本金部分企业实际出资的越多，资金成本也就越高，退出风险也就越大，这是显性成本。除此之外，隐性成本也不容忽视：新规规定，企业在资本金方面出资义务加强，同时考虑到 SPV 框架下，金融机构一般只管出资，不管建设和运营（主要由企业操控），综合考虑，企业的

并表风险大增，为规避并表的通道设计无疑会助推融资成本。

另一方面，资管新政加强监管，但在第三方独立托管、嵌套层数等方面还保留了一些余地，给资管机构实际业务的开展留有了空间。但毫无疑问，通道越多，费用越高，羊毛出在羊身上，最后还是回到融资成本上。

（二）企业被迫转变 PPP 思路

在整个金融市场降杠杆的大环境下，企业的杠杆也受到控制，部分央企以前那种象征性出资的“融投资带动总承包”模式受到冲击，不拿真金白银外加依靠分包从而躺着挣钱的模式或将不在。

从 PPP 发展周期来看，2015 年以来，PPP 疯狂扩容，由于周期较长（10 到 30 年），而政府方和国企央企的领导任期哪有那么长，“先做大业绩政绩蛋糕，升职加薪，问题踢给以后的接盘侠去解决”的思想具有很大煽动性，因此过往的 PPP 投融资大多采取野蛮式、粗放式方法。但国家为规避隐性债务风险，PPP 走向规范性且回归理性，投融资的游戏玩法也发生了变化。监管层激励社会资本先承担风险，再提供合理的、专业的退出机制来对冲风险，这是顺应 PPP 发展潮流的大势，顺势者昌，企业需要转变 PPP 思维，提前进行战略布局。

（三）融资变化倒逼 PPP 投融资创新

在 PPP 融资实务中，资本金结构化和社会资本的退出机制是最重要的两方面，二者都是围绕着企业在 PPP 业务中的风险展开。在新规背景下，风险分布模式发生转移，前端结构化受到限制，促使企业、其他资金方在后端采取证券化方式的退出机制方面重点发力。为了对冲风险，以资产证券化为代表的社会资本退出机制已然站在了 PPP 新时代的风口，企业要做的不是等风来，而是兵马未动粮草先行，未雨绸缪才能有备无患。

警惕政企合作变成政企合谋

——谈谈 PPP 模式和 PPP 项目的可持续发展

【作者简介】

韦小泉，北京和明投资咨询有限公司总经理、财政部 PPP 中心财务专家

【文章内容】

一、中国 PPP 发展动因

PPP 官方翻译为政府和社会资本合作，但王守清教授一直认为，基于中国国情，翻译为政企合作更为合适。PPP 是个好东西，所以也都在采用。对于处于转型发展阶段的中国而言，推广应用 PPP 模式更具有别样意义。同济大学熊伟和诸大建（2016）提出了 PPP3.0 理论，PPP1.0 阶段的主要目的是解决融资问题，PPP2.0 阶段的主要目的是提升效率，PPP3.0 阶段的主要目的是促进可持续发展。按此理论框架，那么中国目前显然仍处于一个 PPP1.0 和 PPP2.0 并存的阶段。换句话说，当下中国采用 PPP 模式的主要原因一方面是为了解决财政资金投入不足，通过引入社会资本加快基础设施建设和提升公共服务供给能力，进而促进经济发展；另一方面是让专业的人做专业的事，提高效率和质量。

中国经济发展的主要动力是三驾马车，即“投资、出口和消费”，但近几年，出口持续低迷，国内消费难以提振，只有投资依然是促进经济增

长的有效途径。中国的投资主要是政府主导驱动型，虽然中国的财政收入增长率高居世界榜首，但仅仅依靠政府财政投入，仍然是远远不足的，加之近几年中国的投资效率一直处于下降态势，即同样的 GDP 产出，现在相比过去需要更多的投资。因此，随着国发〔2014〕43 号文的出台，地方政府融资平台为政府融资的路径被封死。为了解决融资困境，PPP 成为了一种替代路径。显然，财力不足的地方政府更有动力积极的推广应用 PPP 模式。但对于经济发达地区的地方政府而言，PPP 模式的融资动力则并不强烈，他们对 PPP 的需求更多的是提高效率和促进可持续发展，如果政府还没自觉认识到这点，那么一般倾向于对 PPP 模式采取谨慎态度。

二、中国 PPP 发展现状

自 2014 年中央政府开始大规模推广 PPP 模式以来，经过三年的政策动员、知识普及和项目跟进，PPP 在中国已成燎原之势。截至 2016 年 12 月末，财政部入库 PPP 项目已达 11260 个，投资额 13.5 万亿元。短短几年，中国 PPP 发展之快，应用之多，世所罕见，前所未有。这固然反映了中国对 PPP 的高度重视和政府的执行力之高效，也是否该反思一下：我们的步子是否迈得太快？是否操之过急？此外，从入库 PPP 项目可以看出，我国 PPP 项目存在显著的空间分异，而且这种分异跟社会经济有着明显的负相关性，即经济发达地区 PPP 项目少，尤其是作为经济增长极的京津冀、长三角和珠三角等三大城市群，PPP 项目较少；而经济相对落后的中西部地区，PPP 项目相对较多，比如贵州的 GDP 排名仅为全国第 21（2016 年），但 PPP 项目高居全国第一。这说明中西部地区仍处于 PPP1.0 阶段，而沿海发达地区处于 PPP2.0 或前 3.0 阶段。

成就喜人，但问题同样突出。PPP 模式大规模大范围多领域推广，也产生了诸多问题，比如滥用 PPP、乱用 PPP、错用 PPP。简单地说，主要问题包括但不限于：（1）过多，PPP 不是万能的，并不是所有领域都适合采用 PPP，PPP 只适合基础设施和公共服务领域的项目，一些纯市场化的项目就不适合用 PPP，一定要明白，PPP 能让合适的项目变得更有效率，但不能让坏的项目变好；（2）过急，以前工程领域“只有效果图一张，业主明天要打桩”的笑话在 PPP 领域并不少见，总想着一两个月就完成几十亿元上百亿元的项目，甚至有些地方政府明确要求所有 PPP 项目都要 15 天内完成两评价一方案的编制；（3）过糙，很多 PPP 项目前期论证粗糙，早早内定社会资本，拿个本子抄袭一下走过场，项目的可行性评价形同虚设，文本内容甚至连项目名称都没改过来；（4）过分，“PPP 是个框，什么都往里装”，但框也有边界，不能无限容纳，PPP 的虚火导致了大量的伪 PPP，BT 项目、纯融资项目、市场化项目等，按个 PPP 的名义，负责任一点就请咨询机构花点心思设计包装一下，摇身一变就成了 PPP 项目。出现这些异化现象并不可怕，可怕的是这些乱象的背后隐约有不少地方政府的影子。

三、基于政企合谋的理论分析

政企合谋（collusion）是聂辉华教授（2006）提出的一个理论分析框架，用以解释中国经济高速增长中的一些负面问题，比如矿难、污染等，提供了一个对“高增长”和“多事故”并存的中国模式的理论解释。其模型结构见图 1。模型有三个主体：中央政府、地方政府和企业，中央政府委托地方政府作为代理人，监督企业的生产活动并获取收益。企业通过生产获得利润，地方政府除了获得税收，地方官员还因为 GDP 和经济发展而获得政治晋升等好处。在信息不对称的前提下，中央政府对地方政府的监管存在不到位的可能，地方政府会利用中央政府的监督缺失，与企业形成共谋，纵容或默许企业选择坏的生产方式获取更大的利益，地方政府也获得更多的利益，比如税收和经济发展带来的升迁。但坏的生产方式带来诸多不好的社会效益和社会影响，这种成本最终由当地居民和中央政府来承担。

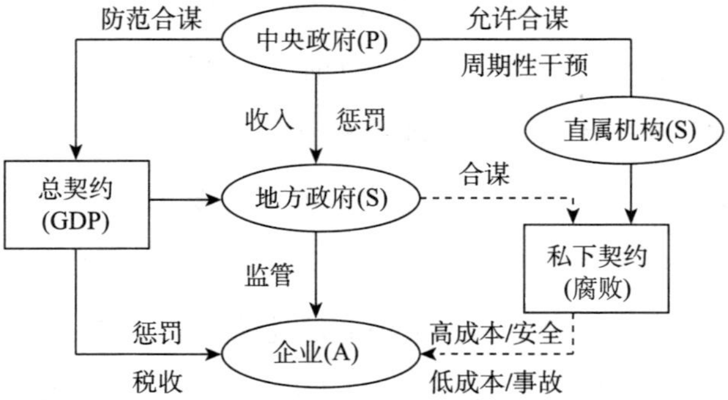

图 1　政企合谋模型

以政企合谋模型来分析中国 PPP 的怪现状，就能有一个很好的解释。中央政府出于发展经济、提高效率和质量、弥补资金缺口、促进体制机制改革等原因，授权和鼓励地方政府采用 PPP 模式发展基础设施和公共服务，地方政府与社会资本合作融资、建设、运营、维护、管理 PPP 项目。在此过程中，企业出于利益最大化的内在需求，会采用一些非常规手段，比如固定回报、明股实债、暗箱操作、真 BT 假 PPP 等。地方政府明知这种做法违法违规，但由于企业行为可以加快项目落地、尽快完成投资行为、尽早实现固定资产投资目标，也会采取默许甚至鼓励的态度，加之中央政府缺乏强有力的全面监督，政企合作就变成了政企合谋！

那么中央政府对政企合谋是什么态度呢？一方面，中央政府的人手精力有限，对地方政府的监督不会及时到位；另一方面，聂辉华教授（2015）也提出了一个分析框架。中央政府在经济发展与社会稳定（承担事故后果）之间有一个权衡。简单地说，就是政企合谋给中央政府的收益大于成本时，中央政府对合谋会默认，比如 PPP 模式和项目如果存在不规范，只要不是太严重，中央政府也不会追究；政企合谋给中央政府的成本大于收益时，中央政府就会采取措施，比如某市轨道交通 8 号线项目社会影响太大，中央政府承受不住，就发文核查。总之，中央政府对政企合谋的干预会受到很多因素影响，比如地方经济发展水平（经济差的地方，出于发展经济目的，对政企合谋会宽松点），社会舆情（例如前两个财团做社会资本的轨道交通项目由于社会反响并不是很大，结果就不了了之），以及国内外环境的变化等。

四、一点反思

短期看，政企合谋会给地方政府带来一定的收益，但这种收益是以损害公共利益和长远利益为代价的。政企合谋会削弱企业的创新动力，扭曲政企关系，加剧官员腐败，恶化软预算约束，阻碍舆论监督，压抑社会组织发育，最终阻碍各项改革进程（聂辉华，2013）。在 PPP 领域，从长远看，为了 PPP 的健康发展和可持续发展，必须对政企合谋毫不留情，坚决采取措施予以防止和纠正。

对于中央政府而言，首先就是要加强对地方政府违规行为的监督，加大信息公开的力度，加强社会监督，把苗头扼杀在摇篮中，只有让地方政府和企业都看到合谋的结果是很严重的，才有威慑力。对于地方政府而言，之所以采取合谋行为，部分是因为对 PPP 模式缺乏正确的认知，也有部分是出于短期利益诉求，明知故犯。对此，一方面还要继续加大宣传培训的力度和针对性，另一方面，PPP 的推广方式也需要反思，是否适合采用 PPP 模式一定要认真论证，物有所值评价不能停留在纸面上，否则运动式的大面积的推广运用是否违背了 PPP 发展的客观规律？！

PPP，不可超越基本建设程序

【作者简介】

王新荣，云南云岭工程造价咨询有限公司总工程师，云南省财政厅PPP专家库成员

【文章内容】

自2014年国务院、国家发改委、财政部大力倡导在公共服务领域推行PPP模式以来，近4年的时间，各地政府、各路社会资本、各PPP利益相关方，经历了从陌生好奇、疑惑围观到被动驱使、蜂拥而入的过程。目前的PPP，颇有泛化推广的趋势。无论什么项目，均可“包装”成PPP；无论什么项目，似乎只要一披上PPP的外衣，各行业主管部门都得为其让步，一路绿灯。大有所向披靡、超越既有基本建设程序的架势。这些现象，究其本质，还是由于部分地方政府、行业主管部门、社会资本及各利益相关方，或对国家推行PPP模式的宗旨产生了误解或出于短期利益驱动所致！若长此以往，不仅违背国家有关部门关于规范、健康有序推行PPP模式的要求，还将为项目的后期运作埋下风险和隐患。

一、PPP模式的属性和定位

在我国，PPP已被定义为“政府和社会资本合作”。纵观近几年来有关部委密集出台的相关PPP政策文件，PPP相对于传统政府投资，就是在政府负有提供责任的基础设施或公共服务领域，改变以往单一政府投资

或以政府投资为主的投融资和建设管理模式、改变以往项目建成后交由政府有关部门或专门成立某一机构接管运营维护的模式，由政府和社会资本构建一种合作关系，以社会资本为主，负责投融资、建设管理、项目建成后的运营维护，社会资本按约定的期限和方式，收回其投资、运营维护成本，获得合理的回报，政府主要负责承担配套政策支持、监管责任或付费责任，大部分 PPP 项目，在整个合作期内，资产权属仍归政府所有，社会资本方仅享有经营权和政府特许的其他权限，合作期满、社会资本回收投资、获得合理回报后，项目资产及相关权利无偿移交政府。

根据《国务院关于投资体制改革的决定》（国发〔2004〕20 号）精神，建设项目按照投资主体划分，可分为企业投资和政府投资两大类型。

PPP 项目中，政府或直接注入部分项目资本金，或对于无“使用者付费”及“使用者付费不足以满足社会资本投资及合理回报”的，在合作期内，由政府以财政补贴等形式，给予社会资本“政府付费”或“可行性缺口补助”。实质上政府仍然承担了投资责任，在建设期内承担部分资本金投资（股权投资责任）、在运营维护期逐年承担政府付费或缺口补助（无非是将以往政府在建设期内的集中投入，化解为中长期分解投入），所有的财政支出责任要求列入“中长期财政预算”，最终的投资责任主体，仍然是政府。一句话，政府作为负有提供公共服务责任的主体，PPP 项目最后还是由政府“埋单”。因此，PPP 项目，终究属于“政府投资”的范畴。

二、国家对不同投资主体的监管

国发〔2004〕20 号文，明确规定了对于企业投资项目和政府投资项目的监管程序。对于企业不使用政府投资建设的项目，一律不再实行审批制，区别不同情况实行核准制和备案制；企业投资建设实行核准制的项目，仅需向政府提交项目申请报告，不再经过批准项目建议书、可行性研究报告和开工报告的程序。而对于采用直接投资和资本金注入方式的政府投资项目，则要求“进一步完善和坚持科学的决策规则和程序……政府投资项目一般都要经过符合资质要求的咨询中介机构的评估论证……特别重大的项目还应实行专家评议制度；逐步实行政府投资项目公示制度……审批项目建议书和可行性研究报告，同时应严格政府投资项目的初步设计、概算审批工作……”。

上述规定清晰地告诉我们，企业投资建设的项目，实行核准制或备案制；而对于“预算内投资项目采取直接投资和资本金注入的”政府投资建设的项目，实行审批制，需要审批项目建议书、可行性研究报告、初步设计、概算；需要经咨询中介机构的评估论证或专家评审（特别重大的项目）；需要实行公示制度等。

2014 年 1 月 29 日，国家发改委第 7 号令发布的《中央预算内直接投资项目管理办法》规定，直接投资项目实行审批制，包括审批项目建议书、可行性研究报告、初步设计。情况特殊、影响重大的项目，需要审批开工报告。

2016 年 5 月 19 日、2016 年 12 月 12 日，国务院先后发布了《清理规范投资项目报建审批事项实施方案》（国发〔2016〕29 号）、《政府核准的投资项目目录（2016 年本）》（国发〔2016〕72 号），进一步加大了简政放权、放管结合、优化服务的改革力度，明确规定实行审批制的投资项目，在可行性研究报告批复后，报建审批事项精简为 42 项、企业投资项目凡不在核准目录内的，实行备案制。

尽管在国发〔2004〕20 号文之后，国家有关部门进一步深化改革，补充制定了一系列简政放权、简化基本建设程序和行政许可的手续，但对于政府投资行为，仍然强调规范、仍然坚持科学的决策规则和程序、仍然未放弃审批制度。

PPP，其实只是在改革历程中政府投资项目多了一种创新模式，它的政府投资属性、基本建设属性告诉我们，项目是否有建设实施的必要性、可能性、可行性、是否符合地区和行业发展的规划、是否符合公众的需求、是否经得起各类专项审查或评估等，与项目是否采用PPP模式毫无关系，项目在决策和前期工作阶段，还须严格遵循政府投资项目基本建设程序。

财政部、国家发改委在倡导推行PPP模式的有关文件中，虽然强调为了提高工作效率，要进一步减少审批环节，建立联审机制，要求各部门简化办理手续、优化办理程序，但并未忽略关键的决策和许可程序。例如财政部联合国土资源部、住房城乡建设部等部委发布的《关于组织开展第四批政府和社会资本合作示范项目申报筛选工作的通知》，明确规定申报PPP项目应具备的基本条件之一，是“新建、改建项目已纳入土地利用总体规划、城市总体规划和各类专项规划，并按规定完成立项、项目可行性研究、项目核准或备案、供地方案等前期工作。存量项目涉及国有资产、股权转让的，已按规定办理资产评估手续”。

国家发改委《关于切实做好传统基础设施领域政府和社会资本合作有关工作的通知》发改投资〔2016〕1744号、《传统基础设施领域实施政府和社会资本合作项目工作导则》（发改投资〔2016〕2231号）等，均明确要求PPP项目应做好项目决策、加强项目可行性研究及审批，依法依规履行投资管理程序，重大基础设施政府投资项目，应重视项目初步设计方案的深化研究，细化工程技术方案和投资概算等内容。

财政部、发改委对PPP项目前置要件的规定，充分体现了项目前期决策和许可的必要性，同时与我国现行基本建设程序要求保持高度一致。

三、遵循基本建设程序，是科学决策和管理的体现

基本建设程序是对建设项目从设想、规划到建成投产所经历的整个过程中各项工作开展的先后顺序，它反映工程建设各个阶段之间的内在联系和客观规律，是从事建设工作的各有关部门和人员都必须遵守的原则，与之相应的各项行政许可或审批，均具有相应的法定依据。因此，基本建

设程序，既是建设项目的规律，也是国家对建设项目的规定。既然是“规律”和“规定”，那我们就没有违背它的理由和权利。

我国现行的基本建设程序，是自新中国成立以来，参照其他国家做法，并结合自身建设实践、充分吸取经验教训、不断总结完善和改革的结果，甚至是以很多失败的教训和无谓的代价换来的，尽管随着经济的发展和改革的不断深化，仍存在不断优化和简化的空间，但至少在现阶段，基本建设程序仍是加强基本建设管理的一项重要内容，从事基本建设活动，必须严格执行程序。

与传统项目相比，PPP 项目应履行的程序更加严格，不是比传统项目少了，而是更多了。在决策阶段，增加了项目实施方案的论证（项目采用 PPP 模式的必要性、可能性、可行性、合作方式策划分析、合作双方边界划分、责权利划分、风险识别及分配、项目财务分析论证等）、物有所值评价（对于政府来说，项目采用 PPP 模式从各项定性指标到投入产出比较，是否优于采用传统的政府投资模式）、财政承受能力论证（本级财政承担的本项目及同期全部 PPP 项目政府支出责任是否在一般公共预算支出 10% 的范围内）；在建设期、竣工验收阶段及运营维护阶段，增加了对项目建设绩效及运营维护绩效的评估（严格来讲，该程序并非 PPP 独有，对于任何模式的建设项目，无论由谁建设、由谁运营维护，都应开展绩效评价，无非是以往和现阶段，大部分传统项目执行不到位，可评可不评，或评价流于形式。而 PPP 项目则不然，因为项目建设成果的优劣、运营维护的各项考核是否达标，是使用者付费、政府付费或缺口补助的直接依据。因此，建设和运营维护绩效评价，自然成为 PPP 项目不可或缺的程序）；在合作期满，PPP 项目还增加了一个移交程序。

四、PPP 项目应履行的基本建设程序

按照我国现行的基本建设程序规定，结合财政部、发改委对倡导 PPP

模式的规定，让我们来认真梳理一下，一个典型的新建 PPP 项目，应当履行哪些基本建设程序和行政许可。

1. 规划许可

（1）土地利用总体规划

（2）项目建设用地（含临时用地）规划

（3）建设工程规划

2. 项目用地审批

（1）项目选址意见

（2）用地预审

用地预审的前置条件，必须完成土地利用总体规划、地质灾害危险性评估、压覆矿产资源调查及许可。

3. 项目建议书或可行性研究报告审批

项目建议书或可行性研究报告审批，应当完成以下前置条件：

（1）编制完成项目建议书或可行性研究报告

（2）项目选址意见

（3）用地预审

（4）环境影响评价及审批

（5）节能审查

有的项目，可能还涉及到水土保持方案审批、地震安全性评价、文物保护意见、占用林地审批、社会稳定风险评估等。

4. 财政承受能力论证、物有所值评价、实施方案审查论证

对于 PPP 项目，在可行性研究报告批复及相应的前期工作完成后，还要求项目的实施方案、财政承受能力论证和物有所值评价须通过政府及有关部门的审查论证，并要求在各环节信息公开，接受监管和社会公众监督。

5. 项目报建

国发〔2004〕20 号文规定，对于政府投资项目，采用直接投资和资本金注入方式的，从投资决策角度只审批项目建议书和可行性研究报告，除特殊情况外不再审批开工报告。

6. 初步设计及概算审批

初步设计应在可行性研究的批复范围内，初步设计概算是确定建设项目投资额的依据、是实施建设项目投资控制的依据、是考核建设项目建设成本节约或超支的标准，一经批准的概算，是控制项目建设总投资额的最高限额的依据。

7. 招投标制度的执行或审批

PPP 项目应遵守招标投标法律法规，采用邀请招标或非招标方式的，应经有关部门批准。

8. 施工图设计审查或备案

按国家有关部门规定必须进行施工图设计及相关强制性规定审查的，应遵循其规定。

9. 施工阶段各专项审查或许可

依据项目的情况和个性，履行相关的手续。

10. 建设管理

按照建设管理程序，应建立健全并执行一系列建设管理制度。

11. 竣工验收、竣工决算审查或审批

12. 建设期绩效考核及评价

按上述程序规范、完整履行，项目达到合同约定的使用和运营标准后，进入运营期，执行 PPP 合同对运营期的约定。

五、现状和问题

1. 项目本身的规划许可缺失

PPP 项目应符合地区及行业发展规划，属于宏观层次的规划。各地区都有自己的五年发展规划，现阶段处于“十三五”期间。我们在近几年的 PPP 咨询中，每到一个地区或州市，各地政府或有关部门，几乎都有一个不约而同的举动，那就是端出一大本装帧精美的当地国民经济和社会发展第十三个五年规划纲要和一大堆涉及各行各业的项目表，要求我们从中“筛选识别”PPP 项目，似乎咨询机构俨然可以为当地行业主管部门当家做主，火眼金睛，能快速筛选识别合适的 PPP 项目！

这些现象表面上是当地政府和有关部门对第三方咨询机构的信任，实质上是超越了咨询机构的职责和能力，行业主管部门放弃了自己的职责职权，也不符合 PPP 项目筛选的程序。财政部制定的《政府和社会资本合作模式操作指南（试行）》（财金〔2014〕113 号）规定，“行业主管部门可从国民经济和社会发展规划及行业专项规划中的新建、改建项目或存量公共资产中遴选潜在项目”；国务院法制办 2017 年 7 月 21 日公开征求意见的《基础设施和公共服务领域政府和社会资本合作条例》也明确规定，“县级以上人民政府有关主管部门根据经济社会发展需要、社会公众对公共服务的需求、相关发展建设规划以及本条例第三条的规定，在组织开展前期论证的基础上，可以提出拟采用政府和社会资本合作模式的基础设施和公共服务项目”。

按照上述规定，项目是否适合采用 PPP 模式暂且不论，但它要在符合地区发展规划、行业发展规划等宏观规划的前提下，根据需求，完成各类专项规划。因此，我认为真正具有现实意义的，应该是针对项目本身的建设用地规划、建设工程规划、项目选址意见等具有个性的、“专项”的规划，而非各地在信息平台中上传的、长篇累牍的、让人花大量时间从头读到尾也找不出与拟实施项目有半点关系的十三五发展规划纲要！

2. 项目建议书、可行性研究报告粗放、深度不够

部分 PPP 项目，或是地方政府“筛选识别”或某一领导“指示”要“包装”成 PPP 后，才开始委托咨询机构编制项目建议书或可行性研究报告，加之有的编制机构资质等级低（例如丙级）、缺乏经验及与项目相适应的专业能力，对项目基础数据调研不够，编制质量差，内容肤浅、论证不充分，甚至项目自身建设的背景分析、建设的内容及规模、必要性及可行性论证都存在问题，建设内容不断调整、投资估算、经济分析数据恍若天文，更无法满足 PPP 实施方案编写和进行相应财务测算的要求。更有甚者，有的 PPP 项目是“潜在”社会资本方发起的，当然，按照国家有关规定，只要是符合当地经济社会的发展、满足公共需求，PPP 项目由社会资本发起也是允许的，无可厚非。关键是，项目建议书或可行性研究应该是由第三方机构独立、客观进行论证的，但此类项目通常的编制单位，是由“潜在”方委托的，利益驱使、角度不同，论证的结论自然会不同。

3. 项目决策管理不严、决策程序流于形式

部分 PPP 项目不是遵循有关规定履行必要的决策论证、行政许可程序，而是因果倒置，根据财政部信息平台中需要录入或上传的资料或根据申报示范项目时要求提供的资料来“查缺补漏”，后补各种审批或许可手续，这些审批或许可，不是为项目决策而产生，而是为 PPP 而打造，一天之内，不经过组织专家论证或请专业咨询机构评审，便可以办齐各式各样的批复。“审批”——理当先审后批，但有的项目已经简化为直接“批”了！

由于前期论证、决策不充分，有的项目甚至在社会资本采购落地后，才回头来反思建设内容的必要性，重新调整方案。

4. 前期工作准备不充分，项目开工后举步维艰

部分地方政府片面追求 PPP 项目的“落地率”，在前期工作未落实到位的情况下，便启动社会资本的采购，匆忙开工，开工后由于受规划、项目用地、设计等工作滞后的影响和制约，边干边停，欲速不达。例如某项目由于施工进场道路临时用地征用未协调妥当，开工后临时施工道路被迫改道、方案变更，导致仅临时道路变更一项，投资增加近千万元。

还有的 PPP 项目，急于开展社会资本采购，表面看来项目已“落地”，但实质上根本不具备开工条件，只有几张粗放的概念性规划图、几张经过电脑渲染看起来眼花缭乱的效果图，但初步设计在哪里？施工图在哪里？项目所在地的水文地质勘查情况如何？地上建筑物该采用何种基础形式？埋设多深？……一无所知。

5. 初步设计、施工图设计随意性强，没有投资控制的概念

初步设计概算必须控制在批复的可研投资估算范围，是我国多年以来一贯坚持的原则。远的不说，就说前面提到的 2014 年 1 月 29 日国家发改委第 7 号令发布的《中央预算内直接投资项目管理办法》，该办法依然明确规定，初步设计应当符合国家有关规定和可行性研究报告批复文件的有关要求，投资概算应当包括国家有关规定的项目建设所需的全部费用，批准的初步设计及投资概算应当作为项目建设实施和投资控制的依据，概算超过可行性研究报告批准投资 10% 的，或者项目单位、建设性质、建设地点、建设规模、技术方案等发生重大变更的，应当报告审批部门，审批部门可以要求项目单位重新编制和报批可行性研究报告。

PPP 项目的所谓“全生命周期整合”，将原本分工明确、各环节、各单位互相制衡的工作，整合给了社会资本。中标的社会资本与政府出资代表组建的 SPV 中，实质上是由社会资本负责主导项目的设计、融资、施工等，尤其是无“使用者付费”的项目，尽管 PPP 实施方案中设计了绩效考核，但部分社会资本始终认为其投资反正是由政府“埋单”，从施工方到建设管理者的观念和角色还未转变过来，未树立投资控制的理念，施工图设计未进行充分的技术经济论证比选，存在不合理、浪费情况，将批复的投资估算限额抛之脑后，初步设计及后续变更等随意性强，为投资控制和最终的竣工决算埋下隐患。

6. 招标时点前移，投融资与设计施工整合打包，增加了投资控制难度

根据《工程建设项目施工招标投标办法》（七部委 2003 年第 30 号令），工程招标应当具备的条件，至少包括初步设计及概算已经批准、有招标所需的设计图纸和技术资料。而目前大部分 PPP 项目，在可研批复后即开展社会资本招标，且通常将施工承包捆绑打包，中标的社会资本，同时也是项目的施工承包方。PPP 项目投资少则几亿元、多则几十亿元甚至上百亿元，在招投标阶段，没有初步设计图纸，更谈不上施工图；没有概算、没有工程量清单、没有招标控制价，有的 PPP 实施方案、PPP 合同条款，对投资如何控制、如何结 / 决算未明确约定或不清晰……这些问题，都将为日后的竣工决算、投资成本认定等埋下隐患。多年的实践证明，一旦合同约定有缺漏，过程中管控措施缺位，竣工决算就有可能成为一个旷日持久的扯皮、陷入无限期的纠纷，甚至需要通过官司才能解决。但到了竣工阶段，一切该不该发生的，均已发生；一切不合理的现象，已既成事实；一切补救措施，为时已晚。

7. 无健全的建设管理制度

基本建设管理，尤其是在施工阶段，需要一系列的制度约束，工期控制、质量管理、投资控制、安全文明、环境保护和水土保持、设计优化、变更管理、物资材料采购管理、各类应急预案等。而许多已开工建设的 PPP 项目，根本没有建立这些制度，究其原因，还是社会资本尚未完成角色转变。PPP 模式下，社会资本应从传统的接受管理的施工方，转变为承担建设管理责任的甲方，有责任、有义务建立健全与项目相匹配的建设管理制度。以往我们咨询机构受国家审计机关的委托，对政府投资项目开展在建期审计或竣工决算及效益审计时，“建设单位管理制度的建立健全和执行情况”，是一个必审和无法回避的审计内容。

六、结语

个人在近 4 年的 PPP 咨询实践中，一直紧随国家推进 PPP 的脚步，不断学习、领会和思考相关政策文件，也不断反思我们咨询工作的规范性。尽管不同部门间的规定存在一定的矛盾，有待进一步探索改进，但对于 PPP，我们也一直在探索和践行。看到这些现象，提出这样的观点，但愿是杞人忧天，但愿是言过其实。只想说明一点：PPP，是早就经发达国家实践证明行之有效的模式，但并非到处都可用；PPP，其实在我国已经有

20 多年的探索和实践，是老概念、新名词，应该结合近几年的实践认真总结其经验和得失；PPP，是国家创新政府投资项目投融资体制和公共服务项目建设、管理、运营等方面的改革和探索，是为了创新公共服务的供给机制、提高公共服务的效率和质量；PPP，不是利益各方一开始疯抢、然后把玩腻了就抛弃的玩具，而是各地基础设施及公共服务领域建设和发展的长期举措。总而言之，PPP，要想走得更高、更远，需要规范、健康、有序；PPP，不能违背基本建设内在的客观规律，应科学决策并遵循基本建设程序。

项目全生命周期管理与咨询

【作者简介】

杨宝昆，云南云岭工程造价咨询有限公司董事长，发改委、财政部PPP专家库双库专家

肖光睿，北京明树数据科技有限公司首席执行官，发改委和财政部PPP专家库双库专家

【文章内容】

明树数据与云南云岭就PPP项目全生命周期管理与咨询这一全新概念，围绕政府方和社会资本方在PPP项目不同阶段的管理需求联合推出系列文章，详细阐述PPP项目全生命周期管理与咨询服务的内容和意义。本系列文章开创性地提出了关于PPP项目的三大理论体系：PPP项目全生命周期管理与咨询、基于BIM技术的项目全生命周期管理与咨询、PPP叠加BIM全生命周期管理与咨询，并构建了“PPP+BIM+招标采购+工程造价全过程管理+绩效管理+财务管理+项目管理”的全生命周期管理与咨询模式，以推动PPP的规范发展，实现PPP项目的更高质量、更高效率和更加物有所值的可持续发展。

PPP模式自2014年在我国基础设施和公共服务领域规范推广以来，在优化市场资源配置、促进投融资体制改革、创新公共服务供给机制、激发经济社会要素活力、构建政企新型合作伙伴关系等方面起到了积极作用，取得了令人瞩目的阶段性成果。财政部财金〔2014〕76号文第三条提出，“探索项目采购、预算管理、收费定价调整机制、绩效评价等有效管理方

式，规范项目运作，实现中长期可持续发展，提升资金使用效益和公共服务水平”，财金〔2016〕92号文从总则、采购管理、预算管理、监督管理等强调PPP项目的全生命周期管理。目前，四川、山东等省份早已将PPP全生命周期管理提升到PPP核心理念的高度，从政策制定、操作指南、培训宣传、能力建设等方面建立了覆盖PPP全生命周期的制度体系。

对PPP项目开展全生命周期管理与PPP模式要求提高工程质量，主动降低运营成本，提高运营管理效率和服务水平，不断深化创新的意识，以市场化的理念和专业化的管理运作项目的理念完全吻合。同时，对PPP项目进行全生命周期咨询，符合两个“P”对PPP项目全生命周期管理的需求，体现了项目过程管理、集成管理和价值工程的理念，有利于全面统筹、识别和分析PPP项目各阶段的具体内容、流程和风险，以此制定相应的计划和措施，严格遵循项目各阶段项目活动的内在规律，从而保证项目各阶段决策科学、实施连贯、互为支持和印证、全过程管理的要求，确保PPP项目实现预期目标，体现预期效果。为此，针对PPP项目全生命周期管理的特点，系统分析其中的咨询要点，构建PPP项目的全生命周期管理和咨询的系统架构。

一、相关概念及相互关系解析

1. PPP项目全生命周期定义

PPP项目的全生命周期是指项目从发起、识别、筛选、准备、设计、融资、建造、运营、维护至终止移交的完整周期。

和传统项目全生命周期相比，PPP项目的全生命周期增加了两个环节：

（1）在项目决策完成和项目建设之间，增加了PPP项目识别、准备环节，目的是对项目是否适宜采用PPP模式、项目是否符合采用PPP模式、项目采用PPP模式是否优于传统模式、财政是否能够承受支出责任等进行前期论证，对后期项目采购签约落地和规范实施起到纲领性作用。

（2）在项目合作期满，明确了项目移交和开展整体绩效评价工作，目的是对运营期结束 PPP 项目形成资产的性能、数量、质量和权属等进行明确和有序移交，确保项目由社会资本方和项目公司移交给政府方后，项目能够继续提供公共产品和服务。

PPP 项目的全生命周期和传统项目全生命周期差异详见下图：

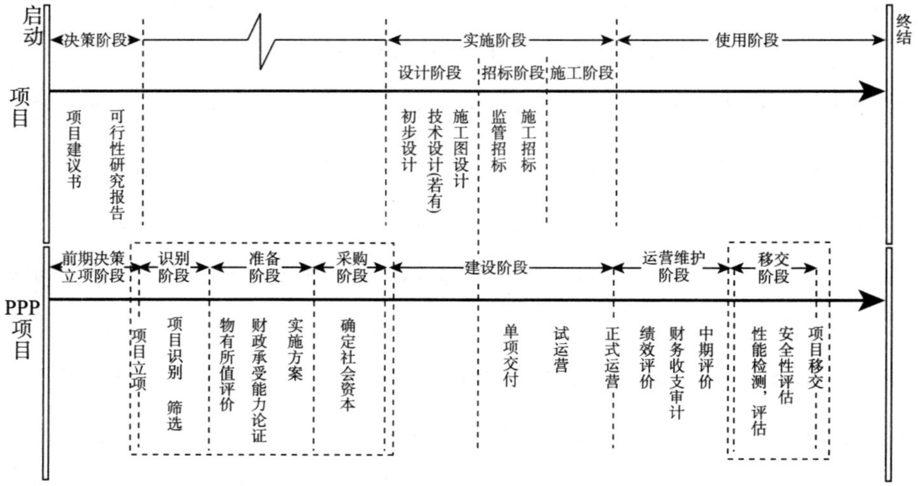

图 1　PPP 项目的全生命周期和传统项目全生命周期差异

2. 对项目全生命周期管理与咨询的定义

PPP 项目全生命周期管理是指政府方、社会资本方、项目公司等在有限的资源约束下，运用系统的观点、方法和理论，对项目涉及的全部环节和工作进行的有效管理，即从项目的发起开始到项目结束的全过程进行计划、组织、指挥、协调、控制和评价，目的是实现公众利益最大化（政府方目标）和获得合理回报（社会资本方目标），包括了项目决策阶段的开发管理（DM）、项目实施阶段的项目管理（PM）、项目运维阶段的设施管理（FM）。

PPP 项目全生命周期咨询是根据委托方 PPP 项目全生命周期管理需求，在识别、准备、采购、执行、跟踪和验收等阶段，建立 PPP 全生命周期综合服务理念、流程和标准，借助“互联网 +”思维，引入大数据、云计算、BIM 技术等实现 PPP 项目全生命周期信息收集、集成、分析和运用，实现 PPP 项目全生命周期管理目标，即追求公共利益最大化和获取合理回报的协调统一，在公平和效率之间找到最佳实现路径。

3. 引入 PPP 项目全生命周期管理与咨询的意义

PPP 模式将过去由政府部门独家提供公共产品和服务转变为通过政府与社会资本合作模式来提供，以克服市场失灵与政府失灵的“两失”问题，解决政府缺资金、缺效率的“两缺”问题[1]。PPP 关注点已经从基础设施本身转移到了公共服务本身，基础设施建设不是 PPP 追求的目的，它只是提供了实现公共产品和服务的载体。对 PPP 项目进行全生命周期管理改变了传统项目设计与建设脱节、建设与运营割裂、分段管理、互不衔接造成的弊端，从项目目标确立、建设观念、行为过程、结果运用等方面，建立 PPP 项目全生命周期管理理念：

（1）需要从项目决策阶段开始引入全生命周期管理，改变传统项目只注重建设的思维，从满足未来运营、实现政企长期合作目标、提高资金使用效率和公众满意度的角度，考虑项目建设的地点、规模、内容及投资等；

（2）为了确保 PPP 项目投资决策的正确性和可行性，需要开展项目风险分析、物有所值评价、财政承受能力论证、实施方案的编制和审核，确保项目适宜采取 PPP 模式，项目条件对社会资本有吸引力；

（3）为了提升服务的质量和效率，需要社会资本和项目公司不断优化设计、节约项目投资、控制项目成本，提高项目的使用功能、质量；

（4）政府负有提供公共产品和服务的责任和义务，为了有效解决政府债务过重，提升公共产品和服务的效率、质量，确保社会公众的利益，政府要履行 PPP 项目的监管责任，需要建立全过程的质量、价格监管和全生命周期绩效考核机制，促进社会资本不断创新管理机制、提高资金使用效率、提升服务能力、水平；

（5）通过 PPP 项目移交阶段性能测试和有序规范移交，确保政府和公共部门接收后能够继续有效运营，为公众提供公共服务。

因此，PPP 项目全生命周期内五个阶段的活动，涵盖前期论证、设计、融资、建设、运营维护和移交等环节，形成一个结构多元、环节紧密的链状管理模式。成功的 PPP 项目需要对全生命周期活动进行监测、评估、预控和管理。

PPP 项目具有涉及参与方较多、行业领域广泛、周期较长、专业复杂、投资额较大、交易结构复杂等特点，在国内缺少成功经验可以借鉴，政府方和社会资本方不完全具有全生命周期管理的经验和相应人才的状况下，对 PPP 专业咨询有较高依赖度，需要借助第三方专业机构的力量为 PPP 项目全生命周期的规范实施提供专业的服务。通过引入 PPP 全生命周期咨询机构，可以协助参与方了解 PPP 政策、法律法规、实务操作流程和要点，促进 PPP 项目规范化实施。咨询机构能够协调项目参与双方诉求，搭建沟通的桥梁，促成项目签约，平等合作。PPP 项目全生命周期管理中的各类专业技术性问题，需要引入第三方专业机构提供系统、整体、连续性的技术支持和咨询服务，避免分段、分块式咨询带来的前后脱节缺乏连贯的咨询弊端。

二、PPP 项目全生命周期管理与咨询和传统项目的区别

1. PPP 项目全生命周期管理的特点

PPP 全生命周期管理时刻处于动态变化中。从 PPP 项目前期基于对项目初步概况的认知，凭借对外部环境的预测、内部数据的分析，初步确立了 PPP 项目目标、运作构架、操作流程，跟随项目阶段的推移，所获取的信息量逐步增加，需要适时调整阶段管理目标，对管理计划、相关参数进行修改、调整和补充。

PPP 项目全生命周期管理具有信息集成管理特征。以项目管理的理念和方法作为 PPP 全生命周期管理的基础，引入“互联网 +”思维，借助大数据、BIM、物联网技术为全过程动态管理提供信息集成，搭建项目各参与方的信息化平台，将从项目启动策划到资产移交终结所有环节的工作、

内容转化为可收集、可分析、供决策、供监管的信息，为项目各参与方运用，从而提升项目价值。因此，需要将具有PPP项目全生命周期动态管理的特点、理念、流程、规则和执行，通过建立DM（项目决策阶段的开发管理）+PM（项目实施阶段的项目管理）+FM（项目使用阶段的设施管理）信息集成管理框架和流程再造后予以体现和运用[2]，最终实现PPP项目目标。

2. PPP项目全生命周期管理与传统项目全生命周期管理异同

（1）PPP项目全生命周期管理与传统项目全生命周期管理的相同点包括：

生命周期基本相同。两类项目都要经过启动、规划、执行、监控、收尾五个过程，构成了项目的生命周期。各个过程（或阶段）的前后顺序通常会涉及到技术转移或成果形成，形成阶段搭接中的重叠和快速跟进。

生命周期都符合项目运作的一般规律。两类项目运作的一般规律即项目开始时，成功的概率是最低的，而风险和不确定性是最高的，随着项目逐步地向前发展，外部因素对项目实施的影响越来越小，此时，项目成功的关键更取决于内部管理和控制。

生命周期管理都适用于项目管理的方法，同时，运用BIM技术实现项目可视化、协调性、模拟性、优化性和可出图性，将项目参与各方汇集在同一平台上，共享同一项目信息集成，满足项目建设、运营、资产管理等需要。

（2）PPP项目全生命周期管理与传统项目全生命周期管理的不同点包括：

项目全生命周期管理启动时点和启动内容不同。PPP项目全生命周期管理启动时点是识别、筛选阶段，工作包括：项目前期调查，编制PPP初步实施方案，在此基础上完成物有所值评价和财政承受能力论证，决定是否可以采取PPP模式实施项目，通过两个论证的项目，经同级政府批复后，开展PPP项目第二阶段的工作。而传统项目全生命周期管理的启动是立项决策阶段，主要工作有编制项目建议书，进行可行性研究，工程项目的环境影响评价等。

参与方的关系和职责不同。PPP 项目全生命周期管理主体是政府和中标社会资本，它们之间是平等的合作伙伴关系。政府方的职责是负责 PPP 项目价格和质量监管，承担政策、法律、最低需求等风险。社会资本的职责是承担项目设计、建设、运营维护、移交工作，承担项目设计、建设、融资、运营维护、移交等商业风险。同时，政府基于 PPP 项目合同形成与项目公司之间的平等民事法律关系，需要按照 PPP 项目合同的约定实施绩效考核下的政府付费，协助项目公司获得 PPP 项目顺利实施的相关配套政策、批件或资源。而传统项目全生命周期管理主体是政府和各个参建、运营（生产）单位，它们之间关系有两种：一种是基于行政授权、文件下达形成的授权关系；一种是基于市场竞争、合同签约形成的委托和受托关系。政府职责是完成项目设计、建设、运营维护（生产）工作，承担政策、法律、商业等风险。各个参建、运营（生产）单位职责是根据授权或委托，完成授权或委托范围内涉及的项目设计、建设、运营维护（生产）工作，在授权或委托范围内承担自身受托责任风险。

实施程序不同。PPP 项目全生命周期实施程序相对复杂，需要经过“五阶段十九步骤”，其中物有所值评价、财政承受能力论证、PPP 实施方案等任一环节未通过项目将无法按 PPP 模式推进，而传统项目按照基本建设程序和生产运营方案执行，项目开工建设前经政府相关部门审核审批后，即可向后推进。

回报机制和政府支出责任不同。PPP 项目全生命周期管理的重点之一是项目回报方式和绩效考核下的政府付费机制。根据项目收益情况，PPP 项目采取使用者付费、政府付费和可行性缺口补助三种回报机制，项目全生命周期管理中，需要尽量发挥社会资本的创新和专业优势，做好全生命周期的成本控制和绩效考核，全生命周期成本的高低和绩效考核结果决定政府付费支出大小和社会资本的回报高低。而传统项目由政府直接投资或采用购买服务方式，双方按照合同约定确认或根据审计结果确认政府付费支出责任。

3. PPP 项目全生命周期咨询的特点

PPP 项目全生命周期咨询具有咨询服务领域广、周期长、委托要求高、专业难度大等特点，咨询团队需具有熟悉工程、造价、财务、融资、采购及项目管理的专业人才组成，建立 PPP 咨询 +BIM 咨询 + 招标代理 + 全过程造价咨询 + 财务审计 + 绩效评价 + 项目管理的系统咨询理念，强化能力建设，从分阶段分块式咨询向全生命周期咨询、从纯技术咨询向政策 + 实务操作咨询转型升级，统筹思维，提供贯穿于 PPP 项目全生命周期的综合咨询服务整体解决方案，为地方政府区域性策划、债务化解、投融资管理提供整体咨询，对项目全生命周期提供全过程咨询。

4. PPP 项目全生命周期咨询与传统项目全生命周期咨询异同

PPP 项目全生命周期咨询与传统项目全生命周期咨询都必须遵循基本建设程序。基本建设程序通常分为项目决策阶段（项目建议书阶段、项目可研阶段）、设计阶段、实施阶段（招投标阶段、施工阶段）、竣工验收阶段和项目后评价阶段。通常情况下，PPP 项目在可研批复完成后进入，按照 PPP 项目的操作流程开展识别、准备阶段工作，PPP 项目的操作流程并不影响基本建设程序，如果采用 PPP+ 施工总承包的方式，项目的设计工作依然正常推进，如果采用 PPP+EPC 总承包的方式，那么，设计工作需待社会投资人招标选定后由社会投资人完成设计工作，无论采用哪种模式，基本建设程序不变，PPP项目的操作流程植入、服从于基本建设程序。

和传统项目全生命周期咨询相比，PPP 项目全生命周期咨询增加了准备阶段咨询、采购阶段咨询、绩效评价、中期绩效评估、项目公司收支审计、移交阶段咨询，根据操作流程，这些阶段的工作内容都必须按程序开展，为传统咨询机构带来了巨大的增量空间。

三、PPP 项目全生命周期管理的核心理念

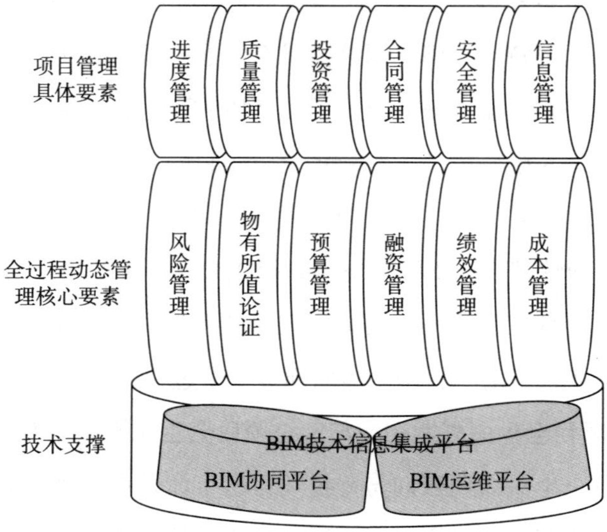

图 2　PPP 全生命周期管理

成功的 PPP 项目全生命周期管理是从项目目标确立开始，树立 PPP 项目全生命周期管理理念，倡导物有所值，即借助“互联网 +”思维，引入大数据、云计算、BIM、物联网技术等，建立包含 BIM 协同平台和 BIM 运维平台为载体的 BIM 技术信息集成平台，采用 PDCA 循环手段，以风险管理、物有所值论证管理、预算管理、融资管理、绩效管理、全生命周期成本管理（LCC）六个要素管理为核心，结合具体项目开展的进度、质量、投资、合同、安全、信息等管理内容，实现 PPP 项目全过程、动态化、信息化管理。

1. PPP 项目管理是全生命周期风险管理

PPP 项目一般具有投资规模大，建设、运营合作周期长、技术要求高、涉及项目利益相关方众多、合作关系复杂等特点，是高风险聚集的项目，围绕风险管理涉及到的风险识别、分析、控制、评价等活动，需要在 PPP 整个生命周期不同阶段、不同利益相关方间加强风险管理，并将风险

分析、评价活动充分体现在PPP合同条款及合同执行过程中。伴随项目案例增多，建立风险源指标库、风险分析和评价模型库，能有效实施全生命周期风险管理，根据PPP项目内外因素变化和不确定性事件影响，不断动态分析新的风险，并做出不同的风险分配和应对措施，确保政企合作长期稳定、实现共赢。

2. PPP项目管理是全生命周期预算管理

PPP项目政府方需要承担相应的财政支出义务，而健全的公共财政管理制度可以管理和保障政府在PPP项目中的支出义务。根据财政部财金〔2014〕113号文件第25条规定："项目合同中涉及的政府支付义务，财政部门应结合中长期财政规划统筹考虑，纳入同级政府预算，按照预算管理相关规定执行。"财金〔2015〕21号文件第5条规定：通过财政承受能力论证的项目，各级财政部门应当在编制年度预算和中期财政规划时，将项目财政支出责任纳入预算统筹安排。每一年度全部PPP项目需要从预算中安排的支出责任，占一般公共预算支出比例应当不超过10%。"第28条规定："通过论证且经同级人民政府审核同意实施的PPP项目，各级财政部门应当将其列入PPP项目目录，并在编制中期财政规划时，将项目财政支出责任纳入预算统筹安排。"……PPP项目中，涉及政府支付义务的，应纳入政府预算进行管理，这一方面是对PPP项目中的政府支付义务的约束和管理，同时也是对社会资本和金融机构在PPP项目中提供相应服务或产品后获得政府支出的主要保障。为了确保社会资本参与PPP项目能够得到成本补偿和合理回报，在激发社会资本自身创新和活力、提升公共产品服务质量和效率的基础上，PPP项目需要引入全生命周期的预算管理，财政部门作为预算管理的职能部门，项目实施机构和出资单位作为预算编制、申报、执行部门，从项目启动到终结，PPP项目政府支出责任和纳入财政年度及中长期预算规划工作需要通过项目预算立项确认（财务测算、财政承受能力论证、预算纳入中长期规划的批复）、项目预算的编报和审批、项目预算的执行和偏差分析、项目预算调整等环节来完成。

3. PPP项目管理是全生命周期成本管理

对PPP项目投资控制和运营成本控制是PPP项目全生命周期成本管理最重要的内容之一。PPP项目成本包括建设成本、运营成本、融资成本、税费等成本费用要素，是决定政府支出责任大小和社会资本投资回报高低的核心要素。在全生命周期内，PPP项目成本要素处于动态变化中，如大部分PPP项目从起点开始只是完成了可研批复，项目投资从可研估算、设计概算、施工图预算、招标控制价、合同价、竣工决算投资是个动态控制过程，和传统建设模式的项目相比，投资控制具有更大的不确定性，融资成本在以基准利率为基础的确认中，也会在合作期内随着国家利率调整而变化，运营成本将随着社会资本运营效率和政府成本监审和绩效考核结果发生变动，税费也会随着收入的变化和国家税收政策的调整而变化。因此PPP项目成本管理将贯穿于全生命周期的管理始终。

4. PPP项目管理是全生命周期融资管理

PPP项目投资大，尽管融资风险交由社会资本承担，社会资本或项目公司具体负责融资工作，但是政府方作为合作伙伴关系一方和未来项目公司股东，也需要考虑政府是否要投资？投资多少？资金从哪里来？什么时候投入？如果政府能够争取到国家政策补贴、奖励或融到低利率的政策性资金款，也需要投入到项目公司，减少社会资本融资金额，进而减少政府支出责任。此外，PPP项目融资问题不仅涉及到建设期资金来源、利率、结构、到位和使用的时间、规范性，运营期内也需要考虑融资问题，包括运营期流动资金安排、建设资金还本付息计划、社会资本方股权回报确定和资金安排等问题。在项目进入运营期后，还会面临社会资本的项目再融资需求，具体形式可包括项目资产证券化、经营性现金流证券化和项目公司股权转让等。因此，PPP项目融资问题不仅关系到项目是否按照既定目标顺利推进，同时也是合作双方共同需要管理的环节。PPP项目融资管理涉及投资决策、融资决策、融资结构设计、融资谈判和融资执行相关环节，需要根据项目总投资、建设进度、运营期流动资金需要和还本付息计划等综合加以管理和控制。

5. PPP 项目管理是全生命周期绩效管理

PPP 实行绩效考核下的政府付费机制，即使使用者付费项目不需要政府付费支出，执行过程中也没有发生政府风险支出责任，也需要开展绩效考核，对 PPP 项目目标实现程度、项目进展情况、项目实现效益、效果及公众满意度等开展多维度绩效评价，以绩效评价结果作为对价支付依据，并纳入预算管理、财政中期规划和政府财务报告，既有效弥补当期财政投入不足，有利于减轻当期财政支出压力，平滑年度间财政支出波动，防范和化解政府性债务风险。同时，可以促进社会资本方不断改进公共产品和服务水平和质量，促进政府方提升治理能力、改进预算管理、优化资源配置、提高项目决策和实施的科学化水平、并主动接受社会公众监督。PPP 全生命周期绩效管理包括由绩效目标管理、绩效运行跟踪监控管理、绩效评价实施管理、绩效评价结果反馈和应用管理共同组成的综合系统。在这个系统的设计中应体现激励相容约束的契约机制，即 PPP 项目应建立“激励相容、提质增效”的绩效目标，明确细化项目绩效指标考核体系，开展覆盖 PPP 项目全生命周期的监管和评价活动，并将结果反馈和应用于政府支出预算资金安排和运行监管中，确保 PPP 项目经得起检验，依法合规地保障社会资本利益，使社会资本方在追求自身利益最大化的行为选择符合政府方设定的政策目标和利益取向。政府方是绩效评价的主体，社会资本和项目公司可以开展绩效自评，绩效评价的起点应该从 PPP 项目启动开始，至少从项目已有一定产出的建设阶段就开展绩效评价工作，对决策阶段、招投标阶段和执行阶段中体现的项目投入、管理能力、风险分配等因素进行总结，终止项目移交阶段完成后的整体绩效评价。

6. PPP 项目管理是全生命周期监督管理

PPP 项目全生命周期监督管理主体包括政府、公众、媒体等，其中，PPP 项目以政府为主导，政府负有向公众提供优质且价格合理的公共产品和服务的义务，承担 PPP 项目的规划、采购管理、监督等行政管理职能，并在行使上述行政管理职能时形成与项目公司或社会资本之间的行政管理法律关系。为此，政府方和公众需要做好 PPP 全生命周期监督管理工作，包括立项监管，制定基础设施和公用事业的发展规划，考察项目的必要性，以及是否适用于 PPP 模式；对社会资本方选择的监管，通过竞争方式选择一家（或联合体）最适合的企业授予其特许经营权。项目建设、运营期的绩效监管，包括质量、价格、服务水平和财务等方面的监管。PPP 项目事关公众的切身利益，需要秉承公开透明的原则，主动接受社会公众和媒体的监管，全流程在阳光下运行，促进竞争、激励创新，达到提高公共服务质量、实现公共利益最大化、增加公众福利的目的。为此，要按照财政部综合信息平台和发改委推介项目库要求，发布统一、规范、权威的信息，既有利于 PPP 各参与方掌握信息、进行决策，也有利于政府全面、准确地了解实际情况，提高政策制定的针对性、有效性，支持政府债务风险防控工作，引导 PPP 市场健康规范发展。同时，要充分利用大数据理念、技术和资源的要求，发挥 PPP 大数据优势，搭建 PPP 项目信息平台及项目库，有利于社会资本对项目条件和指标进行分析、决策，参与 PPP 项目市场竞争，主动接受政府方和社会公众监督，也有利于各级政府和财政部、发改委对 PPP 项目推进速度、规范运作情况的监督。另外，PPP 项目运行中，涉及价格调整的，还需按照听证程序及价格管理部门规定，涉及项目质量的，主动接受政府和社会公众质询和监督。

四、PPP 项目全生命周期管理与咨询的主要内容

1. 识别 PPP 项目主要参与方

政府方：政府授权实施机构、出资机构、财政部门、发改部门等。

社会资本方：依法设立且有效存续的具有法人资格的，符合 PPP 项目采购条件的企业，包括民营企业、国有企业、外国企业和外商投资企业。

项目公司：由社会资本单独或和政府出资者代表共同出资设立的企

业，具体承担 PPP 项目设计、融资、建设、运营等工作。

承包方与分包方：主要负责 PPP 项目的建设，通常与项目公司签订工程总承包合同。

在 PPP+EPC 或 PPP+ 施工总承包采购方式下，承包商可能与社会资本方为同一人。对于规模较大的项目，承包商可能会与分包商签订分包合同，把部分工作分包给专业分包商。根据具体项目的不同情况，分包商从事的具体工作可能包括设计、部分非主体工程的施工，提供技术服务以及供应工程所需的货物、材料、设备等。承包商负责管理和协调分包商的工作。

运营方：主要负责 PPP 项目的运营和维护事务，通常与项目公司签订 PPP 项目运营维护协议。在部分 PPP 项目中，运营方与社会资本方为同一人。

产品或服务购买方：与项目公司签订长期购销合同以保证项目未来的稳定收益的购买方。

其他参与方：与 PPP 项目全生命周期密切相关的如咨询机构、监理单位等。

2. 明确 PPP 项目全生命周期 PPP 项目全生命周期管理与咨询关系

PPP 项目全生命周期管理和咨询的关系是委托和授权关系，互为依存、互为促进，委托方的全生命周期管理需求是咨询机构全生命周期咨询服务的目标、内容，委托方通过开展 PPP 项目全生命周期管理，不断提出和扩展 PPP 项目全生命周期咨询服务的要求，咨询机构借助专业能力和服务意识，在完成受托任务的情况下，拓展委托方的管理需求，最终双方实现促进 PPP 项目顺利实施、实现政企合作的一致目标。

3. PPP 项目全生命周期各阶段管理与咨询内容

站在政府方角度分析，PPP 项目全生命周期各阶段管理活动和与之对应的咨询服务活动。

全生命周期管理内容		全生命周期咨询内容
1.适宜采用PPP模式的项目识别和筛选 2.存量资产的清查、评估工作、识别和筛选工作 3.委托专业咨询机构完成一方案两轮证的编制和评审(审批) 4.开展PPP项目招商、推介和测试工作 5.确保PPP模式项目信息填报及时、规范	识别筛选和准备阶段	1.开展前调查，找到符合PPP模式运用领域和成熟度的备选项目 2.编制PPP初步实施方案 3.编制财务测算报告、物有所值评价报告、财政承受能力论证报告 4.完成两个论证的专家审核和上报财政部门审核工作 5.开展市场测试 6.完成项目实施方案上报同级政府审核工作 7.完成PPP项目平台上报录入工作 8.其他委托事项
1.按照政府采购法、招标投标法及PPP采购相关管理规定，招选符合条件的社会资本方 2.与推荐的候选社会资本开展谈判，确定预中标、成交社会资本，并签署确认谈判备忘录 3.确定中标、成交社会资本与其签订PPP合同 4.与中标社会资本成立项目公司，按照PPP合同完成融资交割事宜	采购合约阶段	1.提供采购文件和合同谈判文件咨询 2.协助采购人完善项目边界条件，选定社会资本方 3.协助采购人完成PPP协议谈判以及合同签署工作 4.编制采购方案、采购计划 5.编制采购文件 6.组织招标、开标、评标，协助选择中标社会资本方 7.协助采购人完成合同谈判及签约 8.其他委托事项

全生命周期管理内容		全生命周期咨询内容
1.协助项目公司完成项目开工前的审批、报建手续 2.协助项目公司完成建设前的土地征迁安置、招拍挂(如需)等手续，满足开工用地条件 3.组织审核项目公司提交初步设计和施工图设计 4.开展项目施工过程的项目管理、资金监管工作 5.完成项目竣工验收和资产结转工作	执行阶段—建设期	1.按照委托人的要求进行设计概算的审核 2.按照委托人的要求进行工程预算的审核 3.按照委托人要求参加设计阶段关于项目投资、工程造价的相关会议 4.施工阶段全过程造价控制服务，具体包括但不限于： (1)审核工程索赔、工程量经济签证及新增综合单价 (2)参与工程各类经济合同的起草或审核 (3)协助审核设计变更 (4)审核工程计量、进度拨款及制定资金使用计划 (5)现场成本控制及相关报告、报表的编制 (6)参与工程主要材料的市场调查、提供参考信息 5.竣工结算审核 6.编制或审核竣工决算 7.其他委托事项
1.开展运营期成本监控和绩效评价工作 2.对项目公司提出价格调整和付费提出申请，根据法规和PPP合同约定做出答复或提出审批意见	执行阶段—运营期	1.按PPP项目合同约定开展项目公司成本审计 2.按PPP项目合同约定开展绩效考核 (1)每年绩效考核(至少一次)； (2)中期绩效评估(每三至五年一次)。 3.其他委托事项

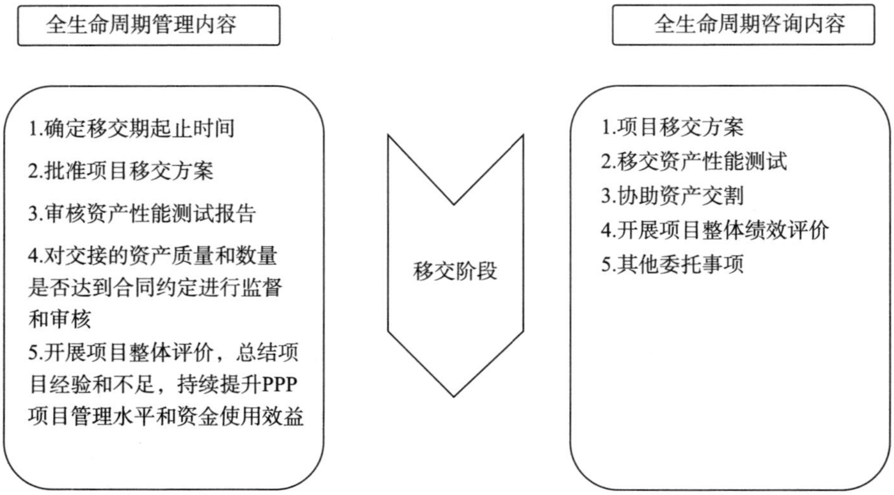

图 3　PPP 项目全生命周期各阶段管理与咨询内容

结语

PPP 项目由于投资体量大、合作周期长、涉及专业多、交易结构复杂等特点，需要引入项目管理的理念、方法和技术工具对 PPP 项目各个实施阶段、各项具体工作实施有效的管理和监控。PPP 项目建立预算、绩效、成本、融资、风险、监督管理等全生命周期管理核心理念，实施动态管理，能够促进社会资本持续提升公共服务供给质量和效率，促进政府不断转变职能、提高治理能力、优化资源配置、控制节约成本的政策目标实现，对 PPP 项目实施全生命周期管理不仅纳入国务院、财政部等出台的规范性文件，也将在实践中推动 PPP 项目利益关系方主动去运用。而引入第三方专业机构，为 PPP 项目全生命周期管理提供规范、系统、整体、连续性的技术支持和咨询服务，能够避免分阶段、分主体提供咨询带来的前后脱节、把握不住重点、缺乏连贯性和稳定性的弊端，满足 PPP 项目利益相关方的管理和监控需要，符合合作共赢、风险分担的 PPP 精髓，也是咨询服务行业由单一向综合、由分散向整合、由低端向高端转型发展的必由之路。实践证明，根据PPP项目全生命周期管理需求，开展全生命周期咨询服务，极大地促进了第三方咨询机构转型升级、延伸咨询服务产业链，打造新型咨询业态，促进了咨询行业的健康良好发展。

参考文献

[1]王天义.PPP的情怀和格局—PPP的价值认知、理念认同与精准操作.（2017-05-30 来源：搜狐财经）.http：//news.jstv.com/a/20170530/1496104142649.shtml

[2]尹贻林.未来十年造价管理的发展趋势.PPT（2015-9-13日 来源：百度文库）

收费公路 PPP 操作指南

【作者简介】

李　飞，北京明树数据科技有限公司常务副总经理，国家发改委 PPP 专家库专家、财政部 PPP 专家库专家，中国 PPP 咨询机构论坛第一届理事会副秘书长

黄鹏锟，北京明树数据科技有限公司研究员，理学硕士，毕业于台湾政治大学，长期从事 PPP 研究相关工作

【文章内容】

交通运输部办公厅关于印发《收费公路政府和社会资本合作操作指南》的通知

各省、自治区、直辖市、新疆生产建设兵团及计划单列市交通运输厅（局、委）为进一步规范收费公路领域政府和社会资本合作（PPP）项目操作流程，结合 2016 年以来财政部、国家发展改革委等部门出台的 PPP 规范性文件，部对 2015 年部办公厅印发的《收费公路政府和社会资本合作操作指南（试行）》（交办财审〔2015〕192 号）作了进一步修订完善，形成《收费公路政府和社会资本合作操作指南》。经部同意，现予印发。

交通运输部办公厅

2017 年 11 月 22 日

《收费公路 PPP 操作指南》在距离上次征求意见稿近一年后，终于千呼万唤始出来，给收费公路项目采用 PPP 模式一个明确的指引，也为市场的规范有序发展提供了指导。

首先，这份文件是对财政部财金〔2016〕92 号（不是刚刚出的 92 号文！）、国家发改委发改投资〔2016〕2231 号以及发改办基础〔2016〕2851 号操作模式和流程在收费公路行业的细化补充。

其次，明树数据统计，本轮 PPP 中，收费公路项目共计 370 项 /3.3 万亿元；已落地 166 项 /1.5 万亿元。还有大量项目未实施，由此可见本指南有很强的针对性。

第三，《操作指南》首次明确提出了项目审批（核准）方式，且该方式合理可行，也从实际操作中解决一直模糊的问题。

第四，相对来说，《操作指南》整合较多，需要破解的一些问题尚未涉及：

1. 收费公路性质问题与 PPP 模式的关系仍然没有提及，没有明确说出来政府还贷与经营性收费公路是否都可以使用 PPP 模式操作。

2. 沿线附属设施中经营性用地的取得是否可以并入社会投资人招标中。

3. 文内没有涉及收费价格的主导权及调整权。

第五，从规范有序发展来看，相信本操作指南后续还会有各类通用款模板。收费公路作为相对独立且受地域影响较小的行业，建设及运营期履约考核标准通用模板将会使项目的关注点逐步转为运营管理。

第六，明树数据还通过大数据初步梳理了近期收费公路特点，以供行业参考研究。

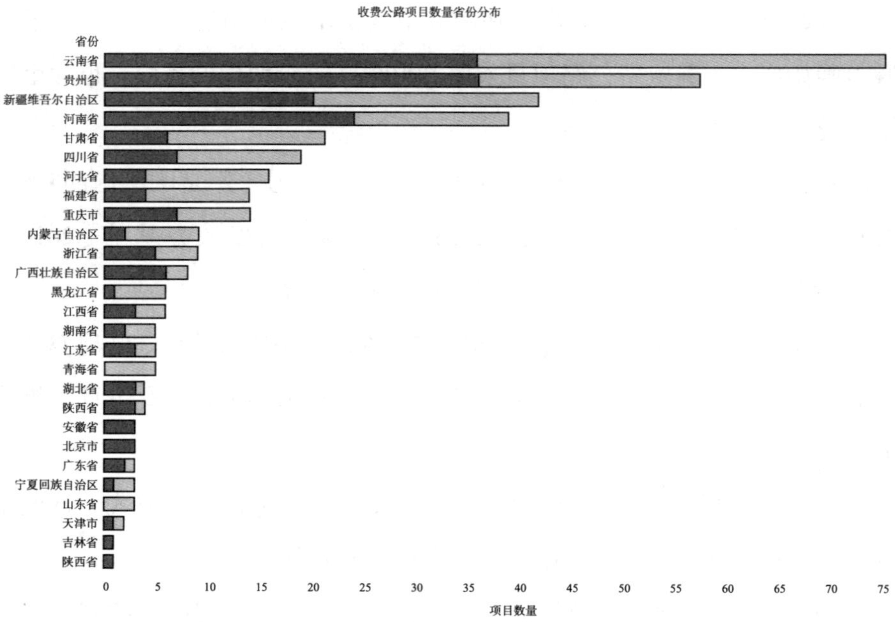

图 1　收费公路入库及落地规模

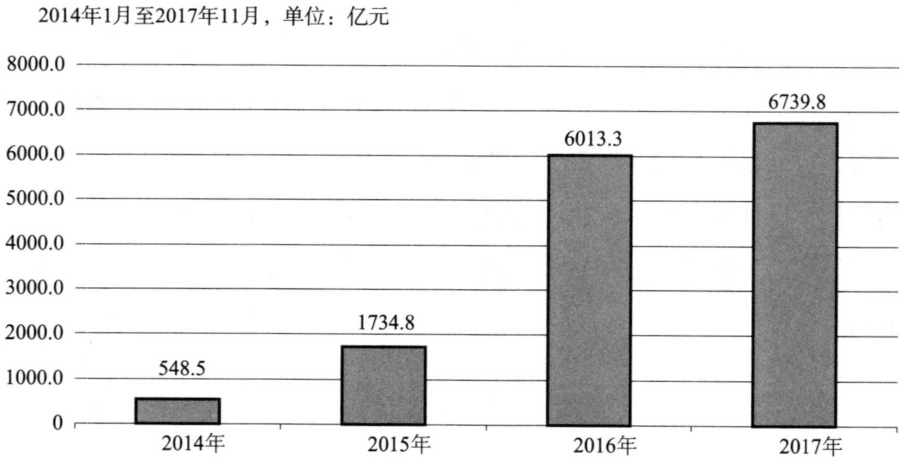

图 2　收费公路分年度落地情况

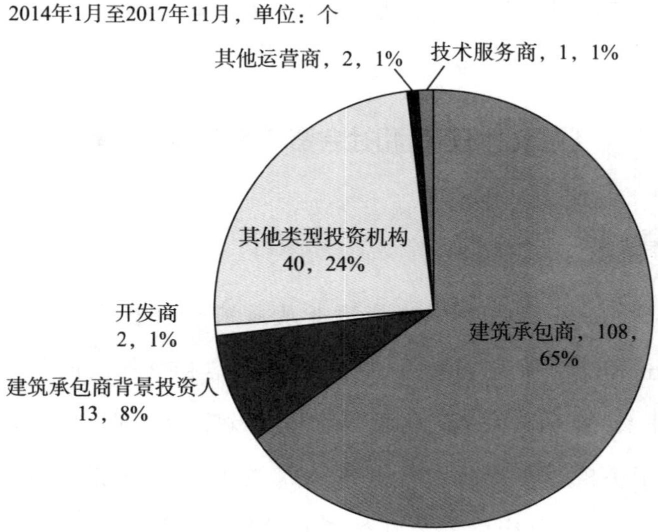

图 3　不同类型牵头人中标收费公路项目情况

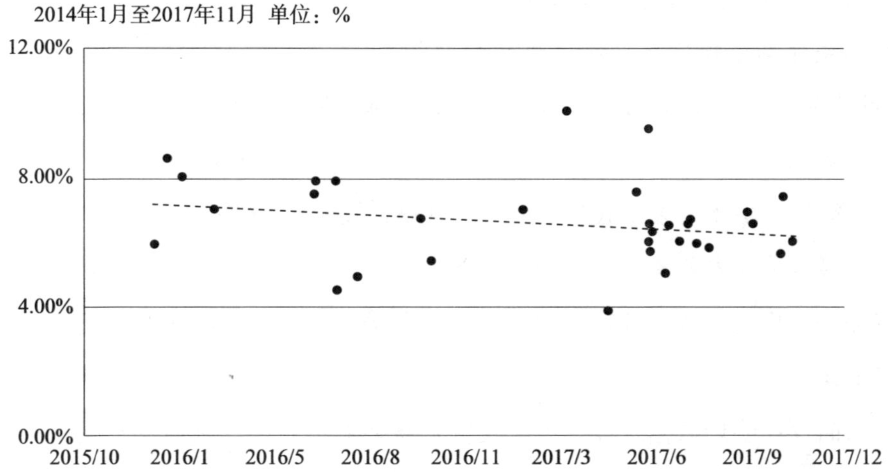

图 4　部分收费公路回报率散点图

下面是作者对《收费公路政府和社会资本合作操作指南》的逐条简评：

收费公路政府和社会资本合作操作指南

第一章 总 则

第一条 为推动收费公路领域开展政府和社会资本合作（Public-Private Partnership，简称 PPP），规范收费公路 PPP 模式的操作流程，根据《中共中央 国务院关于深化投融资体制改革的意见》（中发〔2016〕18 号）、《国务院办公厅转发财政部 发展改革委 人民银行关于在公共服务领域推广政府和社会资本合作模式的意见》（国办发〔2015〕42 号）、《基础设施和公用事业特许经营管理办法》（国家发展改革委、财政部、住建部、交通运输部、水利部、人民银行令 2015 年第 25 号）、《财政部关于印发 <政府和社会资本合作项目财政管理暂行办法> 的通知》（财金〔2016〕92 号）、《国家发展改革委关于印发 <传统基础设施领域实施政府和社会资本合作项目工作导则> 的通知》（发改投资〔2016〕2231 号）、《财政部 交通运输部关于在收费公路领域推广运用政府和社会资本使用模式的实施意见》（财建〔2015〕111 号）等规定，编制本指南。

简评：由于是去年底公开征求意见稿，故新的文件少被提及。

第二条 本指南所称社会资本方，是指已建立现代企业制度的各类国有企业、民营企业、外商投资企业、混合所有制企业，以及其他投资、经营主体。

简评：明树数据统计，本轮收费公路 PPP 项目中，央企参与规模占比 62%，地方国企参与规模占比 36%，民企参与规模占比 2%。

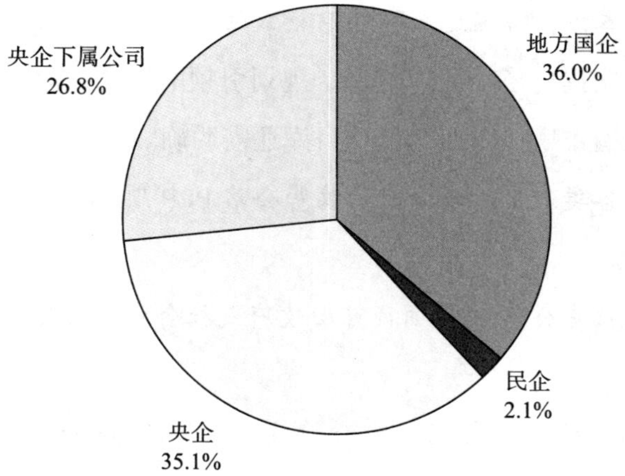

图 5　已落地收费公路项目牵头方企业性质规模占比

第三条　本指南适用于规范新建、改扩建收费公路领域开展的政府和社会资本合作项目（以下简称收费公路 PPP 项目）的识别、准备、社会资本方选择、执行和移交等活动。

第四条　收费公路 PPP 项目，是指社会资本方按照市场化原则出资，独资或与政府指定机构共同成立项目公司，通过特许经营等方式，参与收费公路投资、建设、运营和维护。政府通过授予特许经营权、合理定价、财政补贴等事先约定的收益规则，使社会资本方获得合理回报，实现防范并化解政府性债务风险，激发市场活力，增加公路基础设施有效供给等目标。

第五条　收费公路 PPP 项目的实施应当遵循风险分担、收益共享、物有所值、公共利益最大化等原则，各方应当按照公平、公正、公开和诚实信用的原则参与。

简评：收费公路性质问题与 PPP 模式的关系仍然没有提及，没有明确说出来政府还贷与经营性收费公路是否都可以使用 PPP 模式操作。

第二章　项目识别和准备

第六条　各级交通运输主管部门应根据公路交通发展规划在项目前期研究论证阶段，根据项目的特点及 PPP 模式的有关要求，判断项目是否适合引入社会资本方，将确定采取 PPP 模式的潜在项目，纳入 PPP 项目库。

简评：再次提出了项目库管理、规划引领的概念，但是哪一类行政等级的项目分别纳入哪一级别 PPP 项目库还需明确。

需要使用各类政府投资资金的收费公路 PPP 项目，应当纳入三年滚动政府投资计划。

第七条　收费公路 PPP 项目可由政府或社会资本方发起，以政府发起为主。

各级交通运输主管部门应配合财政、发展改革部门对纳入收费公路 PPP 项目库的潜在项目进行评估筛选，并根据公路交通发展规划提出收费公路 PPP 项目开发建议。

社会资本方可通过提交项目建议书的方式向交通运输主管部门或财政、发展改革等部门直接推荐潜在项目。

第八条　收费不足以满足社会资本方或项目公司成本回收和合理回报的，且政府对项目依法给予支持政策仍不能完全覆盖成本、实现合理回报的，可考虑给予合理的财政支持。对符合公路交通发展规划和车辆购置税支持政策的项目，可按照交通运输重点项目资金申请和审核规定，申请车辆购置税资金支持。

简评：文件明确了车购税的多种用途及性质。

可以采取建设期投资补助、资本金注入、运营补贴、贷款贴息等一种或多种方式对收费公路 PPP 项目给予支持，其中建设期投资补助、运营补贴和贷款贴息等作为可行性缺口补助，不作为项目资本金。

政府采用资本金注入方式支持收费公路 PPP 项目的，应明确政府出资人代表。政府指定的出资人代表按照本指南第二十六条第三款中所述的方式与社会资本方共同设立项目公司。

第九条　经过本级人民政府授权，各级交通运输主管部门可作为项目实施机构或者指定有关单位作为项目实施机构，负责项目识别和准备、社会资本方选择、执行和移交等 PPP 模式全生命周期的管理工作。

第十条　项目实施机构在项目工程可行性研究完成专家预审查后，可组织开展项目推介，介绍项目情况、了解潜在社会资本方财务实力、投融资能力、投资意向和条件等信息，进一步评估项目开展 PPP 模式的可行性，设计 PPP 模式的基本框架。

第十一条　对于确定采用 PPP 模式的项目，在开展项目前期各项工作的同时，项目实施机构组织编制 PPP 项目实施方案。

实施方案主要内容包括：项目基本情况、项目运作方式、交易结构（包括投融资结构、财务测算和回报机制等）、建设运营和移交方案、风险分配方案、绩效评价、合同体系和主要内容、社会资本方应当具备的条件及选择方式、保障和监管措施以及应当明确的其他事项等。

在实施方案编制过程中，各级交通运输主管部门应积极依托本级人民政府建立的 PPP 项目部门联动协调机制，统筹考虑开展 PPP 项目政府可赋予的政策措施，包括征地拆迁、项目沿线土地开发使用、建设期投资补助或者运营补贴等，并在实施方案和社会资本方选择招标文件中予以明示。

对于申请车辆购置税资金的项目，还应当在实施方案中提出资金申请理由、支持额度和政府支持方式，有关政府支持方式参见本指南第八条。

实施方案可委托第三方进行编制，承担编制任务的第三方应尽量避免与潜在社会资本方存在关联关系，如存在关联关系，不得利用其关联关系损害社会资本方选择的公正性。

简评：较为全面、详细地列明了实施方案内容，并且从实际操作层面提出了咨询机构尽量避免与潜在投资人存在关联关系。

第十二条　项目实施机构在编制完成项目实施方案后，向发展改革部门提交项目可行性研究报告（含相关附件，下同）或项目申请报告履行项目审批（核准）程序。

政府采用建设期投资补助、运营补贴、贷款贴息方式参与收费公路 PPP 项目，按照核准制管理；政府采用资本金注入或既有资本金注入又有建设期投资补助、运营补贴、贷款贴息一种或几种方式参与收费公路 PPP

项目，按照审批制管理。

简评：首次明确提出了项目审批（核准）方式，且该方式合理可行，也从实际操作中解决一直模糊的问题。

对于需要交通运输部进行行业审查的项目，同步逐级向交通运输部报送可行性研究报告或项目申请报告等相关材料，并在上报文件中提出政府支持方式。

交通运输部按程序出具行业审查（核准）意见，对于符合国家公路发展规划、国家投资政策和车辆购置税资金安排规定的项目，将同时明确车辆购置税资金的安排上限和支持方式。

简评：在申请中央车购税补助过程中，由于申请时点靠前、后续方案仍然需要不断完善调整，申报时不宜直接确定资金后续用途。

第十三条　项目审批（核准）后，项目实施机构根据项目审批或核准意见对项目实施方案进行完善。

各级交通运输主管部门或项目实施机构应重视项目初步设计方案的深化研究，细化工程技术方案和投资概算等内容，并作为确定项目实施方案的重要依据。

简评：收费公路项目投资体量较大，如果前期设计深度不够，后期发生变更将是双方争议焦点。细化方案虽然让社会资本自主度减少，但也有效降低了政企双方多种风险。

第十四条　项目实施机构可组织相关专家对项目实施方案进行评审。实施方案评审通过后，项目实施机构可委托专家或第三方编制项目物有所值评价报告。

项目实施机构应积极配合本级财政部门对物有所值评价报告进行审核。物有所值评价审核未通过的，项目实施机构可对实施方案进行调整后重新提请审核。

简评：此处专家对实施方案的评审更多的是一个初步评审的概念。

第十五条　经审核通过物有所值评价的项目，由交通运输主管部门协调本级财政部门，依据项目实施方案和物有所值评价报告，组织编制财政承受能力论证报告，并出具财政承受能力论证报告审核意见。财政承受能力论证审核未通过的，项目实施机构可对实施方案进行调整后重新提请审核。

第三章　社会资本方选择

第十六条　项目实施机构向本级人民政府上报项目实施方案申请联合评审。通过实施方案联合评审并经本级人民政府批准后，由项目实施机构按照相关规定组织开展社会资本方选择工作。

第十七条　项目实施机构应将上级或本级人民政府相关部门明确的支持政策作为选择社会资本方的基本条件对外公开发布。

简评：信息公开，一视同仁，对社会资本做到公平公正公开。

第十八条　项目实施机构根据项目实施方案和项目特点，通过公开招标、竞争性谈判等竞争方式择优选择社会资本方。

第十九条　通过公开招标、竞争性谈判等竞争方式选择社会资本方的程序，按照现行法律法规和有关规定实施。

第二十条　项目实施机构应当根据项目的特点和需要，依据批准的实施方案编制招标文件和 PPP 合同草案。招标文件和 PPP 合同草案中各项承诺和保障等相关交易条件不得超出已批准的实施方案规定的范围。

第二十一条　项目实施机构应当根据收费公路 PPP 项目的特点和需要，对潜在社会资本方的财务状况、投融资能力、商业信誉、市场信用、项目建设管理经验和项目运营管理经验等资格条件作出要求，但不得以不合理的条件限制或者排斥潜在社会资本方，不得对不同所有制形式的潜在社会方实行歧视性待遇。

项目实施机构应当接受具备投融资能力的潜在社会资本方参与投标，不得将具备设计或施工资格能力作为参与投标的强制性条件。对于具备设计或施工资格能力的社会资本方，或者自身不具备设计或施工资格能力但联合了具有相应资格能力的设计或施工单位共同组成联合体投标的社会资本方，按照《中华人民共和国招标投标法实施条例》第九条规定，中标后可以不再对设计或施工任务进行招标。对于不具备设计或施工资格能力的社会资本方，应当允许其中标后依法对设计或施工任务进行招标。

简评：明确了金融机构可以参与投标，且强调了施工资格能力不是必备条件。但在实际操作中，施工企业参与往往中标几率最大。

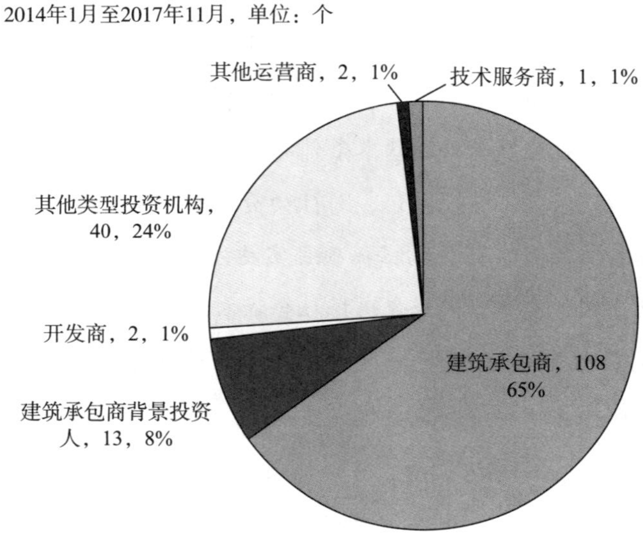

图6　不同类型牵头人中标高速公路项目个数情况

第二十二条　收费公路PPP项目社会资本方招标的评标办法可以采用综合评估法或者法律、行政法规允许的其他评标办法。

采用综合评估法的，应当在招标文件中载明对竞价因素、管理经验、专业能力、投资能力、融资实力以及信用状况等评价内容的评分权重和评分方法，根据综合得分由高到低推荐中标候选人。

根据收费公路PPP项目的运作模式和特点，社会资本方招标的竞价因素可设置为项目合作期限、需要政府给予的财政补贴额度、社会资本方提出的合理投资回报率、通行费收入最低需求等一项或者多项因素。

简评：

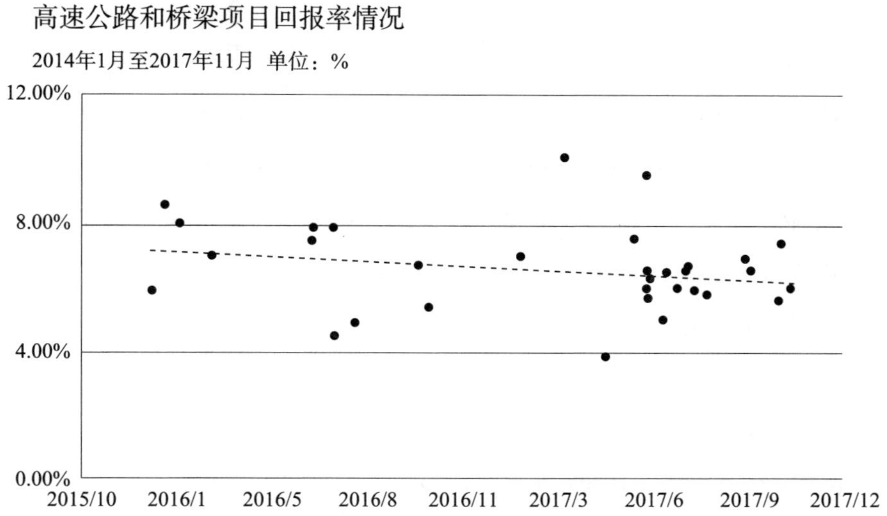

图 7　部分收费公路项目回报率散点图

第二十三条　采用公开招标方式的，项目实施机构应当在省级交通运输主管部门政府网站或者其他政府网站上公示前三名中标候选社会资本方名单及排名，公示期不得少于 3 个工作日。

简评：市政类项目会公示专家打分情况，收费公路项目投资较大，信息公开的要求更强烈，建议也可以参照。

第二十四条　公示结束后，项目实施机构可根据需要组织项目谈判小组，必要时邀请第三方提供专业支持。

谈判小组按照候选社会资本方的排名，依次与候选社会资本方进行合同确认谈判，率先达成一致的即为中选社会资本方。项目实施机构应与中选社会资本方签署确认谈判备忘录，并根据信息公开相关规定，公示相关信息。

第二十五条　谈判确定的合同文本及相关文件不能与实施方案、物有所值评价报告、财政承受能力论证报告及招标文件中已明确不得变动的核心条款发生实质性变更。

第二十六条　公示期满无异议的，由项目实施机构或交通运输主管部门会同投资主管部门将 PPP 项目合同提交本级人民政府批准。

经批准通过后，根据本级人民政府的授权由相关单位或项目实施机构与依法选定的社会资本方签订投资协议，约定其在规定期限内注册成立项目公司（项目法人），并与项目公司签订收费公路 PPP 项目合同。

项目公司可以由社会资本方单独设立，也可以由政府指定出资人代表采取出资入股或设立特殊股份的方式与社会资本方共同设立。

收费公路 PPP 项目合同应当主要包括以下内容：

（一）项目名称、内容；

（二）合作范围和期限；

（三）政府和项目公司的权利和义务；

（四）融资方案，投融资期限和方式；

（五）收费标准及其调整机制；

（六）项目建设标准及相关要求；

（七）养护管理和服务质量标准；

（八）合理投资回报确定及调整机制；

（九）履约保证金的有关要求；

（十）合作期内风险分担与保障；

（十一）建设运营服务监测和绩效评价；

（十二）安全质量保证金制度及其责任；

（十三）政府承诺和保障；

（十四）应急预案和临时接管预案；

（十五）合同期限届满后，项目移交方式、程序和要求等；

（十六）合同变更、提前终止及补偿；

（十七）监督检查；

（十八）违约责任；

（十九）争议解决方式；

（二十）需要明确的其他事项。

第二十七条　收费公路 PPP 项目法人确定后，如与审批或核准时的项目法人不一致，由项目实施机构或交通运输主管部门组织协调按照有关规定依法办理项目法人变更手续。

第二十八条　对于申请车辆购置税资金支持的收费公路 PPP 项目，在正式签署收费公路 PPP 项目合同后，由省级交通运输主管部门组织向交通运输部报送项目车辆购置税资金申请函、收费公路 PPP 项目合同及各项审批文件等相关材料。

其他收费公路 PPP 项目按照项目管理权限上报有关部门。

第二十九条　交通运输部收到省级交通运输主管部门上报的材料并确认符合条件后，对材料进行审查。通过审查的，交通运输部出具资金安排确认函，明确车辆购置税资金具体安排数额。

第四章　项目执行

第一节　项目财政预算管理

第三十条　各级交通运输主管部门应当根据预算管理要求，将收费公路 PPP 项目合同中约定的政府跨年度财政支出责任纳入中期财政规划，经财政部门审核汇总后，报本级人民政府审核，保障政府在项目全生命周期内的履约能力。

第三十一条　经本级人民政府同意纳入中期财政规划的收费公路 PPP 项目，由交通运输主管部门按照预算编制程序和要求，将合同中符合预算管理要求的下一年度财政资金支出纳入预算管理，报请财政部门审核后纳入预算草案，经本级人民政府同意后报本级人民代表大会审议。

简评：明确了纳入中长期预算及年度流程。

第二节　项目建设

第三十二条　项目公司正式成立后，应尽快开展项目融资。项目实施机构应会同本级财政部门敦促和监督社会资本方或项目公司做好项目融资工作。

各级交通运输主管部门不得为项目公司或社会资本方的融资提供担保。项目公司或社会资本方未按照收费公路 PPP 项目合同约定完成融资的，项目实施机构可依法提出履约要求，必要时提出终止收费公路 PPP 项目合同的要求。

简评：目前，项目中标后融资难以到位是项目面临的第一大问题，需要引起各相关参与方关注。

第三十三条　项目公司或社会资本方要按照合同约定统筹项目投入和产出，严格按照设计文件组织工程建设，加强施工管理，确保工程质量，并对工程质量负责。

第三十四条　项目实施机构可以采取聘请设计审查单位、对项目监理单位或者中心试验室试验检测服务进行直接招标等措施，对设计及工程质量进行监控；也可以聘请第三方中介机构对项目进行成本审计或者承担其他评估工作。

简评：明确了可以聘请第三方机构进行履约管理，市场上必然会出现一批PPP全生命周期咨询，但全生命周期咨询也要关注提供服务的种类及能力。

第三十五条　各级交通运输主管部门应根据收费公路 PPP 项目合同及有关规定，对项目公司或社会资本方履行 PPP 项目建设责任进行监督。

第三十六条　项目建成后至试运营通车前，项目实施机构应当对项目的建设规模、建设内容等合同约定和涉及公众服务的内容进行验收，并向交通运输主管部门出具验收意见，作为试运营通车收费的前置条件。

第三节　项目运营

第三十七条　项目公司或社会资本方要根据有关法律、行政法规、标准规范和收费公路 PPP 项目合同，对收费公路及其沿线设施进行日常检查、运营、维护，保证收费公路处于良好的技术状态，为社会公众提供安全便捷、畅通高效、绿色智能的公共服务。

简评：再一次明确了可研变更，但其他后续各类手续的办理仍然需要不断协调。

第三十八条　交通运输主管部门或项目实施机构应当按照收费公路 PPP 项目合同严格履行有关义务，为项目公司建设运营收费公路 PPP 项目提供便利和支持，提高公共服务水平。

第三十九条　交通运输主管部门或项目实施机构应根据收费公路 PPP 项目合同中的运营服务绩效标准和考核办法，定期对项目运营服务进行绩效评价，绩效评价结果应作为项目公司或社会资本方取得项目回报的依据。

第四十条　交通运输主管部门或项目实施机构应每 3 至 5 年对项目进行中期评估，重点分析项目运行状况和项目合同的合规性、适应性和合理性；及时评估已发现问题的风险，制定应对措施，并报交通运输主管部门或者本级人民政府备案。

简评：收费公路作为相对独立且受地域影响较小的行业，可以考虑出台绩效考核标准通用模板。

第四十一条　交通运输主管部门或项目实施机构、项目公司应依照《收费公路管理条例》的要求，公开披露项目相关信息，保障公众知情权，接受社会监督。

第四十二条　在收费公路 PPP 项目合同有效期内，合同内容确需变更的，协议当事人应当在协商一致的基础上签订补充合同，并报原审批机构审批。

第四十三条　在项目合作期内，因收费公路 PPP 项目合同一方严重违约或不可抗力等原因，导致社会资本方或项目公司无法继续履行合同约定义务，或者出现合同约定的提前终止合同情形的，在与债权人协商一致后，经原审批机构审批，可以提前终止合同。

收费公路PPP项目合同提前终止的，项目实施机构或交通运输主管部门指定的其他机构可以提前收回特许经营权，并根据实际情况和合同约定给予合理补偿或惩罚。

简评：建议在运营期排他性有个明确的说法、收费价格的主导及调整也没有涉及。

第五章　项目移交

第四十四条　在PPP合同期满后，社会资本方或项目公司应当以良好的运营和养护状态将收费公路PPP项目合同约定的项目及其附属设施、相关资料等无偿移交给政府有关部门或项目实施机构。

收费公路PPP项目合同中应当明确约定项目移交的过渡期、移交内容和标准、移交程序、质量保证及违约责任等。

第四十五条　项目移交应设置过渡期。过渡期宜为PPP合作期限届满前1年或2年，政府有关部门或项目实施机构和社会资本方或项目公司应当联合组建项目移交委员会，研究制定项目移交方案，共同做好项目移交过渡期的相关工作。

项目移交方案应当包括移交的资产、资料明细，双方委派的移交人员及移交程序等内容。

第四十六条　PPP合同期满前6个月，原审批机构应当对收费公路进行鉴定和验收。经鉴定和验收，公路符合取得收费公路权益时核定的技术等级和标准的，社会资本方或项目公司方可按照国家有关规定向交通运输主管部门办理公路移交手续；不符合取得收费公路权益时核定的技术等级和标准的，社会资本方或项目公司应当在交通运输主管部门确定的期限内进行维修养护，达到要求后，方可按照规定办理公路移交手续。

第四十七条　项目移交完成后，交通运输主管部门应会同政府有关部门对项目运行养护状况、成本效益、监管成效等进行评估。

第六章　附　则

第四十八条　本指南由交通运输部财务审计司会同综合规划司、公路局负责解释。

第四十九条　本指南自印发之日起施行，有效期五年，《收费公路政府和社会资本合作操作指南（试行）》（交办财审〔2015〕192 号）同时废止。

附：收费公路 PPP 项目操作流程图

收费公路PPP项目操作流程图

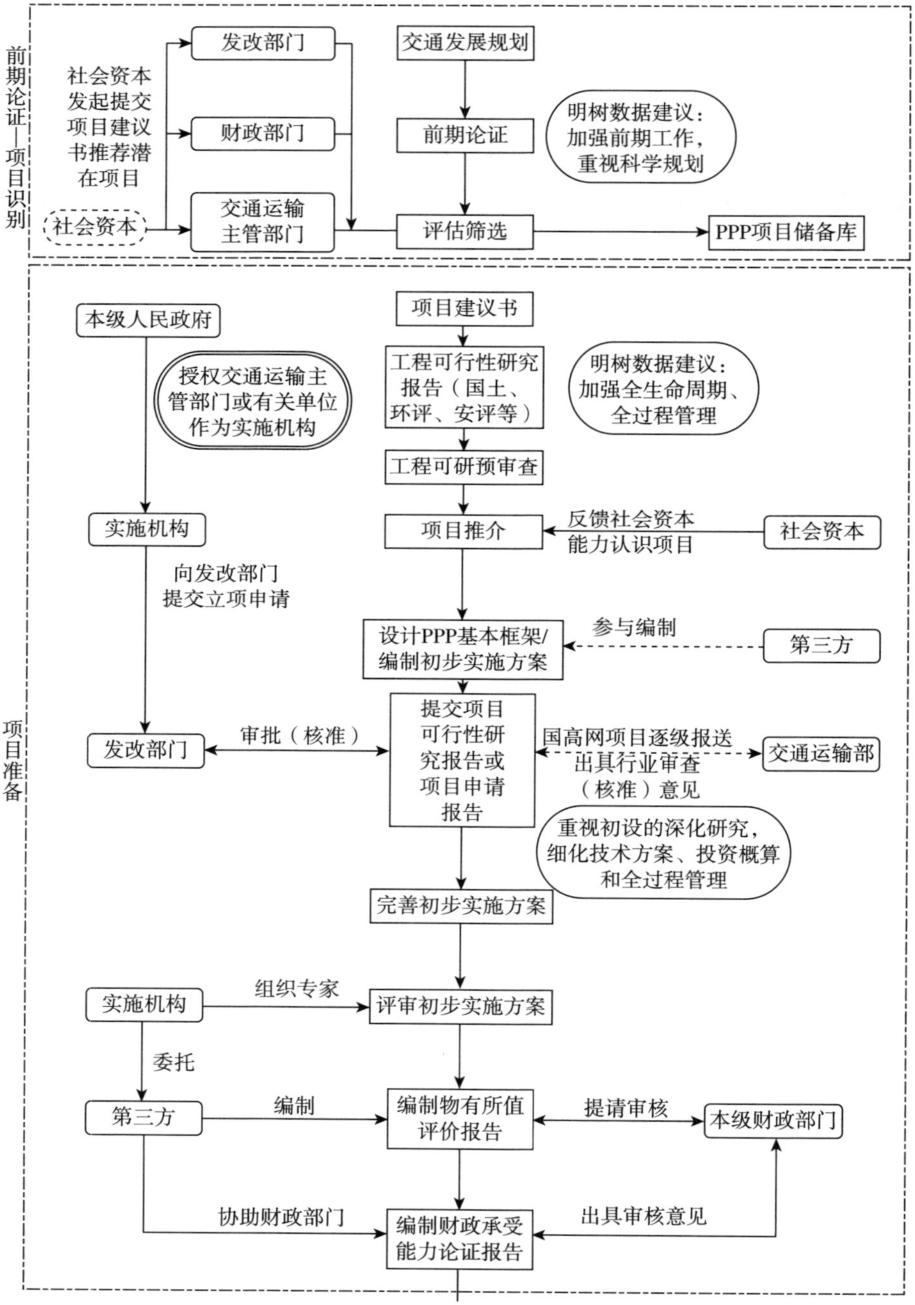

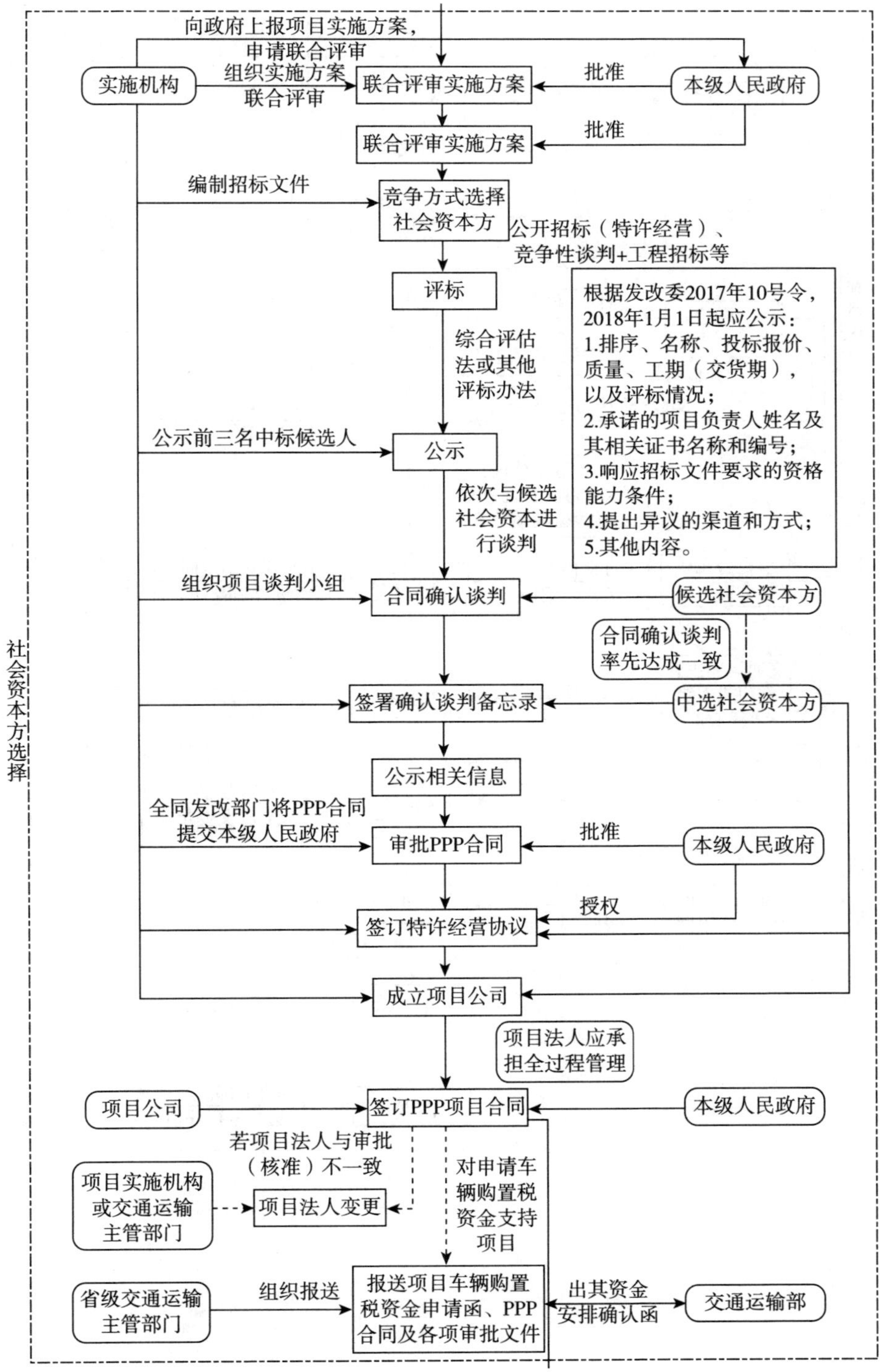
社会资本方选择
向政府上报项目实施方案，
申请联合评审
组织实施方案
联合评审
实施机构
联合评审实施方案
批准
本级人民政府
联合评审实施方案
批准
编制招标文件
竞争方式选择
社会资本方
公开招标（特许经营）、
竞争性谈判+工程招标等
评标
综合评估
法或其他
评标办法
根据发改委2017年10号令，
2018年1月1日起应公示：
1.排序、名称、投标报价、
质量、工期（交货期），
以及评标情况；
2.承诺的项目负责人姓名及
其相关证书名称和编号；
3.响应招标文件要求的资格
能力条件；
4.提出异议的渠道和方式；
5.其他内容。
公示前三名中标候选人
公示
依次与候选
社会资本进
行谈判
组织项目谈判小组
合同确认谈判
候选社会资本方
合同确认谈判
率先达成一致
签署确认谈判备忘录
中选社会资本方
公示相关信息
全同发改部门将PPP合同
提交本级人民政府
审批PPP合同
批准
本级人民政府
授权
签订特许经营协议
成立项目公司
项目法人应承
担全过程管理
项目公司
签订PPP项目合同
本级人民政府
若项目法人与审批
（核准）不一致
项目实施机构
或交通运输
主管部门
项目法人变更
对申请车
辆购置税
资金支持
项目
省级交通运输
主管部门
组织报送
报送项目车辆购置
税资金申请函、PPP
合同及各项审批文件
出其资金
安排确认函
交通运输部

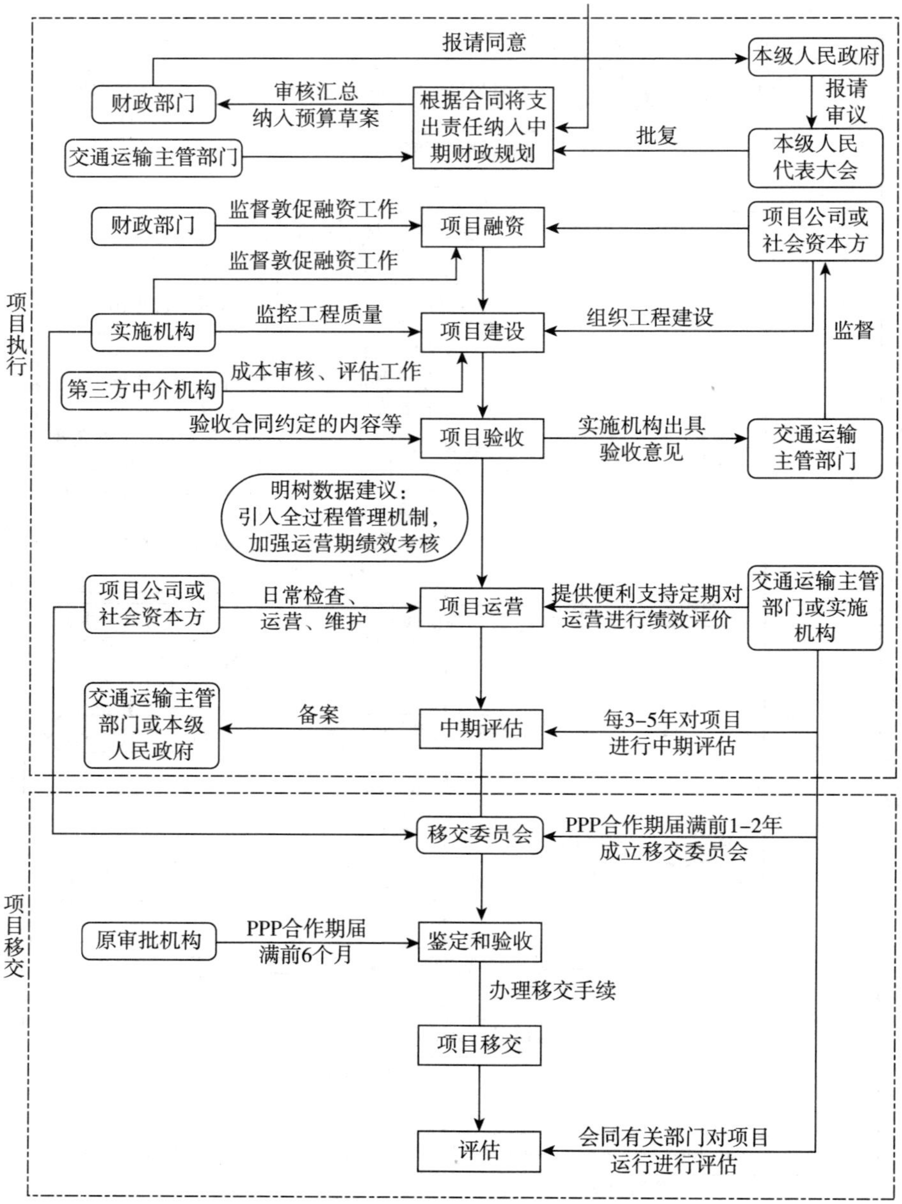
报请同意
本级人民政府
财政部门
审核汇总
纳入预算草案
根据合同将支出责任纳入中期财政规划
报请审议
交通运输主管部门
批复
本级人民代表大会
财政部门
监督敦促融资工作
项目融资
项目公司或社会资本方
监督敦促融资工作
项目执行
实施机构
监控工程质量
项目建设
组织工程建设
监督
第三方中介机构
成本审核、评估工作
验收合同约定的内容等
项目验收
实施机构出具验收意见
交通运输主管部门
明树数据建议：
引入全过程管理机制，
加强运营期绩效考核
项目公司或社会资本方
日常检查、运营、维护
项目运营
提供便利支持定期对运营进行绩效评价
交通运输主管部门或实施机构
交通运输主管部门或本级人民政府
备案
中期评估
每3–5年对项目进行中期评估
移交委员会
PPP合作期届满前1–2年成立移交委员会
项目移交
原审批机构
PPP合作期届满前6个月
鉴定和验收
办理移交手续
项目移交
评估
会同有关部门对项目运行进行评估

由社会资本方承担PPP项目用地征拆费用的合规性评析及管控建议

【作者简介】

李　兵，北京中伦（武汉）律师事务所律师，湖北省PPP专家库专家

【文章内容】

摘要

在当前推行的不少基础设施PPP项目中，存在“将巨额项目用地征拆费用由社会资本方承担，再由政府采购”的情况，尤其是对于拆迁费用金额较大或在项目工程总投资中占比较高的，有关部门应打破按传统政府投资项目可行性研究形成的项目投资思维方式，结合PPP有关规范性文件和国土部门有关规定，高度关注其合规性问题。如果不加控制，必会形成新型的地方政府及平台公司“变相融资”，造成PPP泛化滥用之乱象，最终影响国家推行PPP之效果。

关键词：PPP项目总投资　征拆费用　变相融资

一、问题的提出

在PPP项目中，一般由政府方承担提供满足开工建设条件的净地作为项目用地即供地责任。如果项目用地涉及征用拆迁及其补偿安置和场地平整的，由政府方负责完成有关工作。而在当前PPP实践中，多数依据项目

可研报告，将项目用地巨额的征拆及补偿安置费用，以“建设用地费”或“征拆费用”的名义安排由社会资本方承担，已由政府及其平台公司承担的，由社会资本方负责“偿还”；社会资本方承担相关支出后，再与项目工程建安费一并计入项目投资成本，最终由政府采购或从项目特许经营权收益中收回。这已然成为 PPP 项目运作当中的惯例。而且，不少新建市政基础设施类 PPP 项目中的“建设用地费”金额高达数亿元或数十亿元、比例超过项目工程总投资的 50% 以上。这一现象已引起多地财政等监管部门密切关注，因为承担征迁费用毕竟不同于承担项目建设运营，操作不当即构成假借“PPP”名义包装不应属于PPP合作范围内事项，进行变相融资。

财政部《PPP 项目合同指南（试行）》第二章“PPP 项目合同的主要内容”第六节“项目用地”中载明“即使由政府方负责取得土地权利以及完成相关土地征用和平整工作，也可以要求项目公司支付一定的相关费用。具体项目公司应当承担哪些费用和承担多少，需要根据费用的性质、项目公司的承担能力、项目的投资回报等进行综合评估。例如，实践中项目公司和政府方可能会约定一个暂定价，项目公司在暂定价的范围内承担土地使用权取得的费用，如实际费用超过该暂定价，对于超出的部分双方可以协商约定由政府方承担或由双方分担”。不少咨询机构据此草率认为，关于拆迁费用分担只要政府与社会资本方双方商定即可，不受上限约束。

财政部《PPP 项目合同指南（试行）》上述表述对于 PPP 实践的指导和规范意义显然是不够的，且不够严谨，还应强调双方协商征拆费用分担应遵守国家法律法规以及财政部、国土部颁布的有关规范性文件规定。

那么，将巨额拆迁费用纳入 PPP 合作范围是否合规或应当设定合规边界是本文尝试探讨的问题。这一问题涉及当前实施的众多 PPP 项目，关乎国家推行 PPP 的初衷和效果，以及部分地方政府及平台公司包装型“变相融资”操作的研判。

二、关于由社会资本承担征拆费用的合规性

根据《关于联合公布第三批政府和社会资本合作示范项目加快推动示范项目建设的通知》（财金〔2016〕91 号）规定，PPP 项目社会资本或项目公司不得作为项目主体参与土地收储和前期开发等工作，包括项目用地有关征拆及补偿安置和土地整理等工作。那么，如果由政府或政府指定平台公司承担上述具体工作，再由 PPP 项目公司或社会资本以“建设用地费用”名义出钱给政府方使用，再将有关支出纳入 PPP 项目总投资和政府采购，是否就合规了呢？笔者认为，由社会资本承担征拆费用不同于承担项目投资、建设和运维，需要区别看待。

第一，由社会资本承担征拆费用，融资属性较强，相关服务不属于“公共产品”。

单纯从由社会资本承担征拆费用来看，这一“服务”显然既不属于传统基础设施，也不构成公共服务。只是按传统政府投资项目模式，在编制项目可研报告时，将项目用地征拆有关费用与项目建安费用等一并作为项目投资成本。因此，从财务角度看，征拆费用支出属于项目完整投资成本的组成部分。

但从交易实质上看，先由社会资本承担征拆费用，再由社会资本从政府支付对价中收回前期支出，属于融资行为。就当前 PPP 口径下的“基础设施和公共服务”，社会资本的投资建设运营投入将形成具有一定功能的公共产品，产生具有公共效益的价值，再通过与政府采购交换收获投资和合理回报，这就是 PPP 交易实质中的“买卖（采购）关系”。而由社会资本承担征拆费用再采购，未能体现上述价值转换，更贴近“借贷关系”，而非“买卖关系”。

也正是因为这个原因，征拆费用的投资回报与建安费投资回报不应相同，笔者也注意到有部分项目已将两者区分设置回报率。而前者回报率的主要参照标准就是银行同期贷款利率。

第二，由社会资本承担征拆费用，不具有“可用性”，也因此不可考核。

根据《国务院办公厅转发财政部发展改革委人民银行关于在公共服务领域推广政府和社会资本合作模式指导意见的通知》（国办发〔2015〕42号）规定，“双方按照平等协商原则订立合同，明确责权利关系，由社会资本提供公共服务，政府依据公共服务绩效评价结果向社会资本支付相应对价，保证社会资本获得合理收益”。在 PPP“买卖关系”下，纳入 PPP 合作范围内的事项应具有“可用性”，即能够产生公共服务绩效，因此才可以设定相应的考核指标体系进行量化考核。

而对于由社会资本承担征拆费用一事，因项目用地征拆费用均有既定的范围和标准，支付进度由政府方主导，无法直接体现公共产品的可用性，也无从考核。在当前 PPP 实践中，是将其与建安费一并归入已建成项目设施或已形成“公共服务”的“公共服务绩效”考核的。而实际上，由社会资本承担征拆费用支出与项目产生的公共服务绩效优劣并无直接或必然的关系；是否由社会资本方承担征拆费用，并不必然影响社会资本方所提供公共产品的效益绩效。

第三，由社会资本承担征拆费用，无法体现相较于政府传统采购模式的优势，不利于促进公平竞争。

《政府和社会资本合作模式操作指南（试行）》（财金〔2014〕113 号）第八条规定，物有所值“定性评价重点关注项目采用政府和社会资本合作模式与采用政府传统采购模式相比能否增加供给、优化风险分配、提高运营效率、促进创新和公平竞争等”。而相较于政府直接承担征拆费用模式，先由社会资本方承担征拆再由政府采购，在项目投资成本、运营效率等方面并不能产生较大差距，但确实可以短暂解决因政府方财力有限难以覆盖大量项目用地征拆支出而产生的资金缺口问题，但这并不是国家推行 PPP 模式的初衷，反而应是重点防控的风险端倪，否则易使地方政府不切实际地“大干快上”，继续增加地方债务负担。

同时，《国家发展改革委关于开展政府和社会资本合作的指导意见》（发改投资〔2014〕2724 号）第三条“合理确定政府和社会资本合作的项目范围及模式”规定“PPP模式主要适用于政府负有提供责任又适宜市场化运作的公共服务、基础设施类项目”。这里的“适宜市场化”即是强调：对于纳入PPP合作范围的事项，应能够尽可能吸引各类社会资本，体现通过市场充分竞争选择的采购效果。

《关于在公共服务领域深入推进政府和社会资本合作工作的通知》（财金〔2016〕90号）进一步规定“积极引导各类社会资本参与。各级财政部门要联合有关部门营造公平竞争环境”，尤其强调“不得以不合理的采购条件（包括设置过高或无关的资格条件，过高的保证金等）对潜在合作方实行差别待遇或歧视性待遇，着力激发和促进民间投资。对民营资本设置差别条款和歧视性条款的PPP项目，各级财政部门将不再安排资金和政策支持”。

而由社会资本方承担巨额征拆费用并将之作为采购条件，不能公平体现各类社会资本参与项目的竞争能力，尤其对于融资资源有限的民营资本，相较于资金充裕或融资渠道众多的国有企业而言，无疑是带有歧视性的安排，或者至少会被利用以抬高采购条件。

第四，由社会资本承担征拆费用，会影响政府与社会资本方的责任风险的分担格局。

实践中，由社会资本承担征拆费用的情形可分为两类：一类是政府或平台公司已完成了征拆，相关征拆费用已由政府支付，再由项目公司将政府方“垫付”的征拆费用“归还”政府方；另一种是项目尚未完成征拆补偿，需要项目公司按政府指令将征拆费用支付给负责征拆的政府方使用。

对于第一类情形，实际上是政府方通过项目公司抽回已支付的征拆资金，并转由社会资本方垫支，由此形成的资金占用费以投资回报的方式计入政府采购对价。此举尽管没有影响政府方承担供地责任，但将“垫支”有关投融资责任转由社会资本方承担，同时增加了基于政府采购立场的项目总投资成本。

对于第二类情形，如果项目公司征拆资金未能及时到位，在政府方没有后补资金的情况下，势必影响项目征拆，进而影响项目用地供应和项目进展。此时，项目用地未及时供应的责任转由项目公司承担。

如果在项目实施方案或合同文件中未厘清上述有关责任风险的分担，则可能导致政府方和社会资本方相互推诿，最终影响项目实施。

三、关于 PPP 项目用地征拆费用分担的管控建议

鉴于在 PPP 项目中由社会资本方先行承担项目用地征拆费用系融资行为，建议对此实施管控，规范操作。具体如下：

首先，《关于联合公布第三批政府和社会资本合作示范项目加快推动示范项目建设的通知》（财金〔2016〕91 号）规定“PPP 项目的资金来源与未来收益及清偿责任，不得与土地出让收入挂钩”。又根据《国有土地使用权出让收支管理办法》（财综〔2006〕68 号）规定，包括土地征拆支出在内的土地费用支出实行严格的“收支”两条线，如果项目用地为出让地且由社会资本方承担征拆费用的，未来政府用以采购 PPP 项目的资金来源必将与土地出让收入挂钩，这是违反当前政策的。因此，对于项目用地为出让地或拟在合作期限内转为出让地的，不应由社会资本方承担征拆费用。

其次，对于政府方以划拨方式提供项目用地的，鉴于征拆费用承担不宜作为 PPP 合作范围，且无法进行物有所值评价和绩效考核，建议尽量不安排由社会资本承担征拆费用，尽量由政府通过其他方式筹资解决。根据《关于规范土地储备和资金管理等相关问题的通知》（财综〔2016〕4 号）规定，政府可通过发行地方政府债券或另行通过政府专门购买土地征收、收购、收回涉及的拆迁安置补偿服务的方式解决。

再次，当前多数市政基础设施项目均包含有由社会资本方承担征迁费用的安排，这是基于政府及其平台公司可用财力不足的现实性选择，但仍应规范运作，防范风险。对于以政府或平台公司支出的项目用地征迁支

出，尽量不再转由项目公司“垫支”；对于PPP项目社会资本方介入后新发生的征拆费用，如果确有必要由项目公司承担的，应限于PPP项目本身供地需要，而不应包括PPP项目外的其他建设用地费用，同时应从需要社会资本方承担的绝对金额及其在项目工程投资中所占比例上应加以限制，比如控制在20%以内。

如何实现土地招拍挂与PPP社会资本竞争采购环节的合并？

【作者简介】

孟　奕　江杰慧　周兰萍，北京市中伦（上海）律师事务所

【文章内容】

前言

2016年10月11日，财政部发布的《关于联合公布第三批政府和社会资本合作示范项目加快推动示范项目建设的通知》（财金〔2016〕91号）率先提出了“将通过竞争方式确定项目投资方和用地者的环节合并实施”。之后，国家发改委与国土资源部又先后发文鼓励将PPP项目的社会资本采购与项目建设用地的使用者确认环节合并实施。一系列政策文件的出台被看作是对我国现有土地招拍挂制度的一次历史性突破，但是由于现阶段仍然缺乏针对土地招拍挂与PPP社会资本采购合并实施的指导细则，导致实践中对于“合并实施”的操作路径理解不一。鉴于此，笔者特撰写本文，对于土地招拍挂与PPP社会资本采购环节合并实施的合规路径进行分析。

一、“土地招拍挂与PPP社会资本竞争采购环节合并实施”难题产生的背景

2013年下半年以来，中央部委在基础设施和公共服务领域力推政府和

社会资本合作（PPP）模式，全国各地的 PPP 项目呈井喷式增长，仅财政部第三批 PPP 示范项目就共计 517 个，计划总投资金额约 11708 亿元。但是，随着政府和社会资本合作机制的不断深化，PPP 项目中的创新性做法也不时出现。但由于目前相关配套的法律法规不完全到位导致实践中的诸多问题也逐步凸显出来，PPP 项目土地使用权的取得就是其中的难题之一。

（一）在鼓励国有土地有偿使用的政策背景下，通过竞争出让方式取得项目用地是经营性和准经营性 PPP 项目不得不面临的选择。

根据《中华人民共和国土地管理法》第五十四条的规定："建设单位使用国有土地，应当以出让等有偿使用方式取得，但是城市基础设施用地和公益事业用地，以及国家重点扶持的能源、交通、水利等基础设施用地，经县级以上人民政府依法批准，可以以划拨方式取得"。但是，并非所有 PPP 项目的项目用地均可以采用划拨的方式取得。根据国土资源部《划拨用地目的》（国土资源部令第 9 号）第三条的规定："对国家重点扶持的能源、交通、水利等基础设施用地项目，可以以划拨方式提供土地使用权。对以营利为目的，非国家重点扶持的能源、交通、水利等基础设施用地项目，应当以有偿方式提供土地使用权"。近期出台的《关于扩大国有土地有偿使用范围的意见》（国土资规〔2016〕20 号）也规定，对于可以适用划拨用地的能源、环境保护、保障性安居工程、养老、教育、文化、体育及供水、燃气供应、供热设施等项目，除可按划拨方式供应土地外，鼓励以出让、租赁方式供应土地。

据此，根据现行 PPP 项目用地相关政策规定可知，通过出让、租赁以及作价出资入股等有偿方式[①]取得项目用地是大势所趋。而客观上因为租赁和作价出资入股方式在适用上的局限性，通过出让方式取得土地使用权成为了不少 PPP 项目不得不面临的选择。具体就经营性和准经营性 PPP 项

---

① 具体可参见《PPP 项目运作实务》第六章"PPP 项目合同要点"章节，周兰萍主编，法律出版社（2016 年版）】

目而言，若是通过出让方式取得项目用地，按照规定只能通过招标、拍卖或者挂牌（以下简称“招拍挂”）这三种竞争出让方式（土地使用权出让还包括采用协议出让的方式，但是由于协议出让方式条件要求较高、适用范围较窄、具有明确的限定性条件，在 PPP 项目中较为少见，因此不再进行赘述）。由此，如何在 PPP 社会资本采购的同时一并取得竞争出让用地，即将“土地竞争出让与 PPP 社会资本竞争采购两大环节加以合并实施”以确保 PPP 项目用地的取得，成为了实践中无法回避的难题。

（二）土地竞争出让与 PPP 社会资本竞争采购适用的是不同的流程管理规定，流程之间的差异对于两大竞争环节的合并客观上形成了实施障碍。

根据我国现行土地出让的相关规定，通过招拍挂方式出让国有土地使用权的，必须严格执行《招标拍卖挂牌出让国有土地使用权规定》（国土资源部令第 39 号）和《招标拍卖挂牌出让国有土地使用权规范（试行）》（国土资发〔2006〕114 号）规定的程序和方法，并且主要由项目所在地国土资源管理部门实施招拍挂出让国有土地使用权的活动。而 PPP 项目社会资本的采购流程则主要遵循《中华人民共和国政府采购法》及其实施条例、《政府和社会资本合作项目政府采购管理办法》（财库〔2014〕215 号），以及《传统基础设施领域实施政府和社会资本合作项目工作导则》（发改投资〔2016〕2231 号）等法律、法规及规范性文件的相关规定，并且主要由项目所在地人民政府授权的项目实施机构负责社会资本的采购管理。可见，国有土地使用权的招拍挂与 PPP 项目社会资本的采购适用的是两套截然不同的实施和管理流程。实践中，即使社会资本通过竞争性的方式成功中选，但由于土地使用权需要严格按照招拍挂程序进行出让，在无法保证中选社会资本成功中标的情况下最终会导致 PPP 项目中选社会资本和土地使用权受让人不一致的情形，进而可能影响到项目资产所有权的归属、施工许可证的办理以及项目公司的融资方式受限等一系列问题。

二、“土地招拍挂与 PPP 社会资本竞争采购环节合并实施”难题破解的政策利好

如前所述，项目用地使用权问题一定程度上会影响 PPP 项目的实施，众多业内和学界人士也多次反映和呼吁出台相关土地政策破解当前项目用地使用权取得的困境，规范土地出让制度与社会资本采购制度的结合。

鉴于此，财政部于 2016 年 10 月 11 日发布的《关于联合公布第三批政府和社会资本合作示范项目》(财金〔2016〕91 号）率先提出了：“依法需要以招标拍卖挂牌方式供应土地使用权的宗地或地块，在市、县国土资源主管部门编制供地方案、签订宗地出让（出租）合同、开展用地供后监管的前提下，可将通过竞争方式确定项目投资方和用地者的环节合并实施”。

之后，国家发改委在同月 24 日发布的《传统基础设施领域实施政府和社会资本合作项目工作导则》(发改投资〔2016〕2231 号）中指出“各地要积极创造条件，采用多种方式保障 PPP 项目建设用地。如果项目建设用地涉及土地招拍挂，鼓励相关工作与社会资本方招标、评标等工作同时开展”。国土资源部在同月 28 日发布的《产业用地政策实施工作指引》(国土资厅发〔2016〕38 号）中也同样明确“采用政府和社会资本合作方式实施项目建设时，相关用地需要有偿使用的，可将通过竞争方式确定项目投资主体和用地者的环节合并实施”。

各部委规范性文件的出台无疑是 PPP 项目用地政策的一次重大突破，进一步体现了简化项目办事环节，提高行政程序效率的理念，为当前众多涉及出让供应用地的 PPP 项目提供了指导思路。但是，具体如何操作来实现 PPP 项目用地招拍挂和社会资本采购的合并实施，仍有待进一步的梳理和明确。

三、“土地招拍挂与 PPP 社会资本竞争采购合并实施”的路径分析

为实现土地招拍挂与 PPP 社会资本竞争采购环节的合并实施，首先应对土地招拍挂以及 PPP 社会资本竞争采购各自的适用特点进行全面的梳理和分析。

（一）土地招拍挂与 PPP 社会资本竞争采购方式的横向比较分析

土地招拍挂是指以招标、拍卖或者挂牌出让方式在土地的地表、地上或者地下设立国有建设用地使用权，实际包含了招标、拍卖和挂牌三种方式，其各自的实施程序与成交标准都有所不同（具体可参考表 1：土地使用权招拍挂方式对比表）。而根据财政部与国家发改委 PPP 相关政策文件，PPP 项目社会资本的竞争采购方式主要包含公开招标、邀请招标、竞争性磋商和竞争性谈判等，各方式之间也同样存在适用范围、采购流程、评审标准上的差异（具体可参考表 2：PPP 社会资本采购方式对比表）。

通过对比表中招拍挂方式以及社会资本竞争采购方式的对比结果，不难发现：

1. 建设用地使用权的招标出让与社会资本的招标方式具备相似的特点，同样包含了邀请不特定自然人、法人和其他组织参与投标的公开招标方式，以及邀请特定自然、法人和其他组织参与投标的邀请招标方式；在实施程序上，均需要遵循投递标书、开标、评标、定标和发出中标通知书的流程；在中标标准上，同样包含了价格评定和综合评定两套评价体系；在成交人数上，都要求有效的投标人不少于 3 人。因此，通过建设用地使用权招标出让与社会资本招标各自特点的比较发现，两者具备采用同一流程同步实施的法律基础。

表1　土地使用权招拍挂方式对比表

类别	定义	实施程序	中标 / 成交标准	终止 / 不成交
招标	是指市、县人民政府国土资源行政主管部门（以下简称出让人）发布招标公告，邀请特定或者不特定的自然人、法人和其他组织参加国有建设用地使用权投标，根据投标结果确定国有建设用地使用权人的行为	（1）投递标书； （2）开标； （3）评标【评标小组 / 如按价高者得，则可不成立评标小组】； （4）定标； （5）发出中标通知书	（1）综合评分：最大限度地满足招标文件各项综合评价标准：或者（2）价高者得：能够满足招标文件的实质性要求且价格最高的投标人，且该价格不低于底价或标底	（1）有效投标人少于3人； （2）投标人的投标价均低于底价或投标条件均不能够满足标底要求的，投标活动终止
拍卖	是指出让人发布拍卖公告，由竞买人在指定时间、地点进行公开竞价，根据出价结果确定国有建设用地使用权人的行为	（1）主持人点算竞买人； （2）主持人介绍拍卖宗地的面积、界址、空间范围、现状、用途、使用年期、规划指标要求、开工和竣工时间以及其他有关事项； （3）主持人宣布起叫价和增价规则及增价幅度。没有底价的，应当明确提示； （4）主持人报出起叫价； （5）竞买人举牌应价或者报价； （6）主持人确认该应价或者报价后继续竞价； （7）主持人连续三次宣布同一应价或者报价而没有再应价或者报价的，且该价格不低于底价的，主持人落槌表示拍卖成交； （8）主持人宣布最高应价或者报价者为竞得人； （9）出让人与竞得人签订成交确认书	（1）价高者得，当场成交； （2）可以不设底价	（1）有效申请人少于3个； （2）竞买人的最高应价或者报价未达到底价时，主持人应当终止拍卖

续表

类别	定义	实施程序	中标 / 成交标准	终止 / 不成交
挂牌	是指出让人发布挂牌公告，按公告规定的期限将拟出让宗地的交易条件在指定的土地交易场所挂牌公布，接受竞买人的报价申请并更新挂牌价格，根据挂牌期限截止时的出价结果或者现场竞价结果确定国有建设用地使用权人的行为	（1）公布挂牌信息：在挂牌公告规定的挂牌起始日，出让人将挂牌宗地的面积、界址、空间范围、现状、用途、使用年期、规划指标要求、开工时间和竣工时间、起始价、增价规则及增价幅度等，在挂牌公告规定的土地交易场所挂牌公布； （2）符合条件的竞买人填写报价单报价； （3）挂牌主持人确认该报价后，更新显示挂牌价格； （4）挂牌主持人在挂牌公告规定的挂牌截止时间确定竞得人； （5）出让人与竞得人签订成交确认书	1. 价高者得 （1）在挂牌期限内只有一个竞买人报价，且报价不低于底价，并符合其他条件的，挂牌成交； （2）在挂牌期限内有两个或者两个以上的竞买人报价的，出价最高者为竞得人；报价相同的，先提交报价单者为竞得人，但报价低于底价者除外。 2. 可以不设底价	在挂牌期限内无应价者或者竞买人的报价均低于底价或者均不符合其他条件的，挂牌不成交

表 2　PPP 社会资本采购方式对比表

采购方式	定义	采购流程	评定标准	供应商数量要求
公开招标	是指招标人在公开媒介上以招标公告的方式邀请不特定的法人或其他组织参与投标	1. 发布招标公告和招标文件 2. 成立评标委员会 3. 开标 4. 成立谈判工作组并开展谈判 5. 确定成交商 6. 签订采购合同	政府采购招标评标方法分为最低评标价法和综合评分法。最低评标价法，是指投标文件满足招标文件全部实质性要求且投标报价最低的供应商为中标候选人的评标方法。综合评分法，是指投标文件满足招标文件全部实质性要求且按照评审因素的量化指标评审得分最高的供应商为中标候选人的评标方法	3 家以上

续表

采购方式	定义	采购流程	评定标准	供应商数量要求
邀请招标	招标采购单位依法从符合相应资格条件的供应商中邀请三家以上供应商，并以投标邀请书的方式邀请其参加投标	1. 发出投标邀请书和招标文件 2. 成立评标委员会 3. 开标 4. 成立谈判工作组并开展谈判 5. 确定成交商 6. 签订采购合同	政府采购招标评标方法分为最低评标价法和综合评分法。最低评标价法，是指投标文件满足招标文件全部实质性要求且投标报价最低的供应商为中标候选人的评标方法。综合评分法，是指投标文件满足招标文件全部实质性要求且按照评审因素的量化指标评审得分最高的供应商为中标候选人的评标方法	3 家以上
竞争性谈判	采购人等按规定的程序，通过与符合项目资格要求供应商依据谈判文件进行谈判，最后确定成交供应商的采购方式	1. 成立谈判小组并制定谈判文件 2. 发布资格公告征集供应商 3. 向合格供应商提供谈判文件 4. 供应商提交首次响应文件 5. 开展谈判并重新提交响应文件 6. 确定成交商 7. 签订采购合同	谈判小组应当从质量和服务均能满足采购文件实质性响应要求的供应商中，按照最后报价由低到高的顺序提出 3 名以上成交候选人，并编写评审报告	最少 2 家
竞争性磋商	是指采购人、政府采购代理机构通过组建竞争性磋商小组与符合条件的供应商就采购货物、工程和服务事宜进行磋商，从而确定供应商的采购方式	1. 发布公告和磋商文件 2. 供应商首次提交响应文件 3. 开展磋商并重新提交响应文件 4. 确定成交商 5. 签订采购合同	经磋商确定最终采购需求和提交最后报价的供应商后，由磋商小组采用综合评分法对提交最后报价的供应商的响应文件和最后报价进行综合评分	最少 2 家

2. 建设用地使用权的拍卖出让要求出让人在发布拍卖公告后，竞买人应在指定时间、地点进行公开竞价。由于涉及竞买人当场进行多轮举牌应价、报价的程序性要求不适用于 PPP 社会资本的采购活动，因此拍卖出让的方式不宜与社会资本采购合并实施。

3. 建设用地使用权的挂牌出让要求出让人在土地交易场所发布挂牌公告，在竞买人自行填写报价单报价后，由挂牌主持人确认报价并更新显示挂牌价格。虽然挂牌出让方式同样允许二次报价，且只依据价格因素确认成交结果，与竞争性谈判的采购方式类似，但是，由于挂牌出让的报价方式属于公开报价，无法对竞买人的报价逐一进行评价打分，且挂牌出让方式允许在只有一个竞买人报价的情况下成交，无法体现 PPP 社会资本采购的竞争性，因此挂牌出让方式同样不宜与社会资本采购合并实施。而实践中，PPP 与土地挂牌结合的方式主要是指在采用竞争性方式确定社会资本之后，出让人通过在挂牌公告中规定限制性报价条件的方式将土地使用权定向出让给社会资本或项目公司。但是，该“定向挂牌”的土地使用权供应方式在合法合规性上仍有待商榷。

综上分析，笔者认为，在现行法律框架体系下，只有在同为招标方式下，土地使用权竞争出让以及 PPP 社会资本竞争采购环节的合并才是最稳妥可行的。

（二）土地使用权招标出让与 PPP 社会资本招标采购流程的纵向比较分析

为实现土地使用权招标出让与 PPP 社会资本招标采购环节的合并实施，还应当对现行土地使用权招标出让以及 PPP 项目招标采购所应遵循的程序性要求进行全面梳理和分析。

根据《招标拍卖挂牌出让国有土地使用权规范（试行）》（国土资发〔2006〕114 号）第 4.4.5 条的规定，土地使用权招标出让程序应当包括：（1）公布出让计划，确定供地方式；（2）编制、确定出让方案；

（3）地价评估，确定出让底价；（4）编制出让文件；（5）发布出让公告；（6）申请和资格审查；（7）招标拍卖挂牌活动实施；（8）签订出让合同，公布出让结果；（9）核发《建设用地批准书》，交付土地；（10）办理土地登记；（11）资料归档。

而根据财政部关《政府和社会资本合作模式操作指南（试行）》（财金〔2014〕113 号）以及国家发改委《传统基础设施领域实施政府和社会资本合作项目工作导则》（发改投资〔2016〕2231 号）的相关规定，PPP 项目操作流程可分为项目识别、准备、采购、执行和移交五个阶段，具体应包括：

（1）制定 PPP 项目年度实施计划；（2）编制项目实施方案；（3）进行物有所值和财政承受能力验证；（4）项目实施方案审查和审批；（5）准备资格预审文件并发布公告；（6）资格预审查；（7）采购活动实施；（8）公示采购结果并签订项目合同；（9）设立项目公司（如有）；（10）项目实施。

通过比较可以发现，土地使用权招标出让程序与 PPP 项目操作流程之间不存在根本性冲突，甚至在个别环节的设置上具有相同的程序性要求和目标，如对于土地计划或项目实施计划的制定、出让方案和项目实施方案的编制等均是为了满足城市的发展规划要求和投资政策引导；再比如对申请人资格的预先审查以保证申请人对于土地出让的投标或竞买资格，以及社会资本参与 PPP 项目投标或响应的资格等方面都体现了两者在程序上的关联性。结合上文提到的建议优先选择的土地使用权招标出让和 PPP 社会资本招标方式的合并实施，笔者总结归纳在项目实践中的具体路径（如下图所示）。

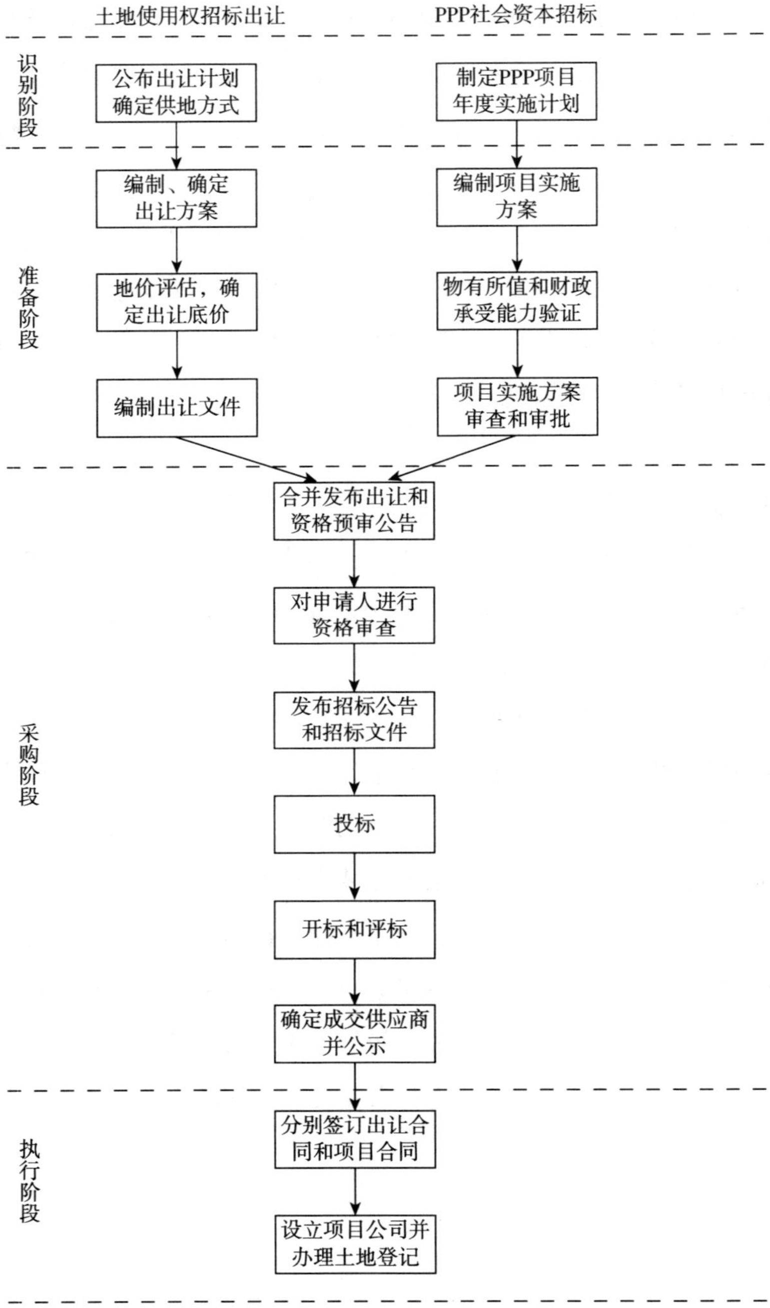

图 1　项目实践中的具体路径

四、“土地使用权招标出让与PPP社会资本招标采购合并实施”的实务操作要点

根据上文的梳理分析，笔者认为，采用招标方式出让国有建设用地使用权（以下简称“土地使用权招标出让”）并采用招标方式完成PPP社会资本的采购（以下简称“PPP社会资本招标采购”），在当前土地招拍挂制度和PPP社会资本采购制度下存在合并实施的操作空间。但是，由于目前具体指导细则的缺失以及两套制度在管理模式方面的差异，实践中可能仍然存在不少问题有待摸索和解决。结合实践经验，笔者从以下方面作了初步总结并提出相关建议措施。

（一）程序合并后的实施主体问题

根据《招标拍卖挂牌出让国有土地使用权规定》（国土资源部令第39号）的相关规定，建设用地使用权出让年度计划的编制、拟出让地块出让方案的拟定以及招标公告的发布等工作，均由市、县人民政府国土资源行政主管部门负责完成。而在PPP项目中，政府或其指定的有关职能部门或事业单位都可以作为项目实施机构负责项目的准备、采购、监管和移交等工作。因此，在土地使用权招标出让与PPP社会资本招标采购合并实施的情况下，建议由地方政府出具授权委托书，指定国土资源行政主管部门和有关职能部门或事业单位共同作为项目的实施机构，并在授权书中明确两者的权利和职责划分；或者由地方政府指定的职能部门或事业单位牵头，国土资源行政主管部门全程协同配合完成项目的准备和采购管理工作，以有序推进土地使用权招标出让工作与PPP社会资本招标采购工作的同步开展。

（二）出让方案和实施方案的编制统筹问题

根据土地招拍挂制度要求，市、县人民政府国土资源行政主管部门应

当按照出让年度计划，会同城市规划等有关部门共同拟订拟招标出让地块的出让方案，包括拟出让地块的具体位置、四至、用途、面积、年限、土地使用条件、供地时间、供地方式、建设时间等。鉴于土地出让方案和实施方案的编制主体可能存在不一致的情况，因此两方在方案编制过程中应当做到信息和意见的有效沟通和统筹，使得拟出让地块的位置、四至、用途、年限等方面满足 PPP 项目实施方案对于项目合作范围、用地范围和使用权限制以及项目合作期限等的要求。

（三）申请人资格审查阶段的衔接问题

虽然土地使用权招标出让和 PPP 社会资本招标采购都要求对申请人资格进行预先审查以保证申请人对于土地出让的投标资格，以及社会资本参与 PPP 项目的投标资格，但是两者在具体程序上存在部分差异。如土地使用权招标出让的资格审查是由出让人直接对收到的申请进行审查，而 PPP 社会资本的资格预审则要求由项目实施机构代表和评审专家共同组成的评审小组进行审查。另外，在目前 PPP 项目实践中，社会资本的资格预审并非法定强制性的流程，部分项目也的确采用了资格后审的方式进行资格的审查。对此笔者认为，在土地使用权招标出让与 PPP 社会资本招标采购合并实施的前提下，对于申请人的资格要求应当具备更高、更严的标准，而资格后审在时间上已无法实现对参与土地投标主体资格的提前把控，因此资格预审在两者合并实施中显得尤其必要。而关于评审小组审查的问题，则可以通过将国土资源行政主管部门相关专业人员作为实施机构代表，与其他代表和专家共同组建评审小组参与审查的方式解决。

（四）出让公告和采购公告的发布平台问题

根据《招标拍卖挂牌出让国有土地使用权规范（试行）》（国土资发〔2006〕114 号）要求，国有土地使用权招标拍卖挂牌出让公告应当由市、县国土资源管理部门通过中国土地市场网和当地土地有形市场发布，而

PPP 社会资本招标采购公告则通常由实施机构在政府采购网站发布。对此，在土地交易平台与政府采购平台无法实现合并运作的前提下，笔者建议将与土地使用权出让内容合并后的采购公告（资格预审公告）在土地交易平台与政府采购平台同时发布，并对土地使用权招标出让与 PPP 社会资本招标采购的合并实施事宜进行说明。

（五）评审标准和评审因素的设置问题

在采用土地使用权招标出让的情况下，出让人通常会将投标价格作为主要考量因素并采用价高者得或综合评判的原则进行评标，而 PPP 社会资本的招标评标方法分为最低评标价法和综合评分法。为避免两者在评审标准上的差异，笔者建议在优先选择综合评分法的前提下，综合考量土地使用权招标出让与 PPP 项目采购的投资比重，合理安排招标文件中的评审因素量化指标和分值设置，体现社会资本对于土地使用权受让以及项目建设、运营和管理的综合能力。

结语

随着政府和社会资本合作制度深化改革步伐不断地迈进，未来土地招拍挂与 PPP 社会资本采购制度的突破与创新已是一大发展趋势。本文中，笔者结合理论与实践对两者的合并实施作了初步的路径探索，仅作抛砖引玉之用，后续仍有待具体指导细则的出台，进一步规范土地使用权竞争出让与 PPP 社会资本竞争采购环节的合并做法。

社会资本是否必须具备施工资质?

【作者简介】

钱　冲，北京盈科（长沙）律师事务所高级合伙人，专注于房地产与建筑工程、基础设施。

【文章内容】

近日，某公众号推送的文章《PPP 案件审判的司法对策（上）》，引起业界强烈反响，该文来自江苏高院民一庭调研报告《政府与社会资本合作（PPP）的法律问题研究报告》，是对于 PPP 领域司法裁判的一次有力发声，虽没有司法解释的效力，但基于发表平台与撰写主体的特殊性，仍引起广泛关注，关于社会资本方的施工资质问题，该文认为“社会资本方参与 PPP 项目是否必须具备施工企业资质，对此存在不同观点。一种观点认为，社会资本方必须具备施工资质，否则 PPP 协议无效。另一种观点认为，社会资本方无须具备施工资质，PPP 协议并不因此无效。我们认为，对此需要区分情况，如果 PPP 协议包含工程建设的内容，社会资本方应具备相应的施工资质，或者通过联合体投标，以符合资质规定。如果 PPP 协议不包含工程建设的内容，则社会资本方无须具备施工资质。”笔者认为，此观点有待商榷，司法裁判观点虽不同于项目实操指南，但基于司法裁判解决争议的终局性（司法裁判将反向强力引导实务操作），故有必要拿来分析探讨。

根据该文观点，PPP 协议如果包含工程建设内容，则社会资本方（包括联合体成员，下文中不再区分）必须具备施工资质。那么，我们可从三个层面去分析PPP协议是否包含工程建设内容，一个是PPP模式的构成，一个是财政部以及发改委的PPP合同示范文本，一个是实务操作中，政府与社会资本方所签署的PPP协议是否包含工程建设内容。

首先，PPP虽然是以提供公共产品与服务为目的，但在我国，PPP模式运用于基础设施与公共服务领域，目前新建或改扩建项目占非常大的比重，PPP项目的实施基本上建立在工程建设的内容之上，因此，工程建设相关内容是PPP模式的重要构成。

其次，财政部PPP示范合同文本第七节“项目的建设”章，包含项目的设计、项目的建设等条款，基于其示范文本的特性，没有明确表述建设的内容是什么，但结合示范文本项目的范围等章节，在实际适用该文本时，工程建设内容部分或全部包含其中属常见；发改委的PPP示范合同文本第六章工程建设，从政府提供的建设条件、进度质量、变更管理等方面去进行约定，未明确约定建设的内容是什么，但有相关表述。

再次，从实务中PPP协议的内容来看，以笔者接触的多个项目合同来看，都会包含工程建设的内容，比如某市政道路基础设施建设PPP项目合同，就包含建设的是哪些道路、设计标准是什么、项目的管理与进度要求、建设质量要求等内容。

综上，“如果PPP项目协议不包含工程建设内容”本身就是一个“不精准的”假设，如果这样的假设由真实的PPP纠纷去检验，可能出现的情形就是“剪不断，理还乱”。那么，如果不考虑这个假设存在的前提，完全站在社会资本方是否应当具备施工资质的角度去分析，又会得到怎样的答案，这是笔者在这篇文章中要重点探讨的问题。

一、法规、政策对于社会资本的资质能力有何要求？

1.《基础设施和公共服务领域政府和社会资本合作条例（征求意见稿）》第二条规定，本条例所称社会资本方，是指依法设立，具有投资、建设、运营能力的企业；

2.《国务院办公厅转发财政部发展改革委人民银行关于在公共服务领域推广政府和社会资本合作模式指导意见的通知国办发〔2015〕42 号》规定，政府和社会资本合作模式是公共服务供给机制的重大创新，即政府采取竞争性方式择优选择具有投资、运营管理能力的社会资本；

3.《关于推广运用政府和社会资本合作模式有关问题的通知》规定，政府和社会资本合作模式是在基础设施及公共服务领域建立的一种长期合作关系。通常模式是由社会资本承担设计、建设、运营、维护基础设施的大部分工作，并通过“使用者付费”及必要的“政府付费”获得合理投资回报。

从上述三种规定可知，相关政策法规，对于社会资本的资质能力要求，对于运营能力的要求是统一的，对于建设能力的要求有一定差异，对于投资能力的要求，看似不统一而实际上没有太大差异，因为建设能力一般以投融资能力为基础。

二、在 PPP 模式下，“建设能力”是否等同于“施工资质”？

在弄清这个问题之前，我们先对几个相关概念进行描述与界定，“建设单位”也称为项目业主，指建设工程项目的投资主体或投资者，它也是建设项目管理的主体；“施工单位”是指建筑工程的总承包单位或分包单位、劳务分包单位，如果工程项目由具有施工资质的建设单位施工，那建设单位同时也是施工单位；通过以上两个概念，我们可以看出，建设单位所具备的能力是项目投资、管理，而施工单位所具备的能力就是施工，举一个例子来说明，某保障性安置小区 PPP 项目，如果某大型建筑企业成为社会资本，后成立项目公司，则建设单位是项目公司，大型建筑企业通过招投标成为项目承包方，则施工单位是该大型建筑企业，该大型建筑企业之所以可以承建该项目，并不是因为其具备建设能力，也不是因为其社会资本身份（站在法律视角分析），而是因为其具备施工资质。那么，我们可以看出，“建设能力”与“施工资质”是两个不同的概念，其一般对应两个不同主体，比如开发商具备建设能力，承包方具备施工资质。

三、以项目为视角，PPP 模式与 BT 模式有何差异？

在笔者看来，江苏高院的观点之所以对社会资本有施工资质要求，或多或少与 BT 项目的影响有关，因为 BT 模式就是由江苏的某知名企业在国内首创，在江苏运用的也比较多（此处为笔者推测），BT 模式虽然加入了融资功能，其本质还是工程承包施工，工程款拉长分期支付，故 BT 项目的社会资本需要具备施工资质，那么，以项目为视角，PPP 模式与 BT 模式一样吗？可从以下几方面分析：

1. 产出物不同，PPP 模式的产出物提供的公共产品和服务是什么，即使有工程的内容表述，也会只作为基础，而不会作为本质；BT 模式的产出物就是工程项目本身，至于公共产品与服务，这不是 BT 模式中的社会资本所考虑的问题；

2. 项目移交的时间不同，PPP 模式一般在合作期满移交或提前终止时移交，当然，如果采取 BTO 模式，在建设完成以后就移交，但这毕竟还是占小部分；而 BT 模式在建设完成以后就移交属于常态，在合作期满后再移交属于非常态；

3. 绩效考核内容与期限不同，PPP 模式当然也需要考核工程项目，但最重要的绩效考核内容是所提供的公共产品或服务，且考核期限是全生命周期；而 BT 模式因其本质上就是工程项目，故考核一般就是竣工验收或交付，考核期限一般就是建设期；

4. 风险分担不同，PPP 模式中，社会资本承担了融资、建设、运营、市场等风险，且全生命周期绩效考核的缘故，并不存在保底与固定回报；而 BT 模式中，社会资本一般只承担融资与建设风险，对于之后的运营风险、市场风险，社会资本不承担，且 BT 项目一般采取固定回报模式；

5. 社会资本采购所适用的法律体系不同，PPP 模式中，社会资本的选择适用《政府采购法》；而 BT 模式中社会资本的选择一般适用招标投标法律体系。

基于以上五点差异（差异远不止以上五点），PPP 模式与 BT 模式有本质的区别，既然有本质区别，适用于 BT 模式资质要求的裁判规则当然不能参照适用于 PPP 模式当中。

四、PPP 项目到底是采购什么？

关于 PPP 项目到底是采购什么，业界有几种不同的声音，一种观点认为，基于 PPP 项目大多数以建设工程为基础，PPP 项目采购是选择建设承包方，故社会资本需要具备施工资质；另一种观点认为，PPP 项目以提供公共产品和服务为目的，但建设工程是基础，故既是选择项目投资方与运营方，也是选择施工承包单位，二者是平行关系，因此，社会资本需要施工资质。

笔者认为，PPP 项目采购是通过竞争方式，选择具备投资、建设与运营能力的社会资本，这些能力当中，投资与管理能力是关键，采购的方式有公开招标、邀请招标、竞争性谈判、竞争性磋商等，在选择社会资本以后，社会资本可以组建项目公司或者不组建项目公司，如果组建项目公司，则由项目公司作为建设方与发包方，由项目公司通过招投标程序选择承包方，如果没有组建项目公司，则社会资本是建设方与发包方，由社会资本通过招投标程序选择承包方，当满足“两标并一标”的条件时，可由社会资本直接施工（详见笔者曾发表的文章《PPP 项目中，中选社会资本能否直接施工？》）。

而我们如果分析“两标并一标”的相关法律规定，可以发现，“两标并一标”方式的适用有一句潜台词，其潜在含义是 PPP 项目中，工程一般需要再一次招投标，只有满足特殊条件时，才可以合并实施，但是实际操作中，这种潜在含义被弱化，将“两标并一标”的结论作为对过程与程序的论证支撑，进而推断出社会资本需要施工资质，实属逻辑错误。

也有学者认为，PPP 项目采购大多以公开招标方式进行，而公开招标是源自对建设工程领域承发包关系的规制（即《招标投标法》），因此，社会资本需要具备施工资质。笔者认为，这种观点也是片面的。

首先，从承发包关系来看，实施机构很显然不是建设方与发包方，那么，其选择施工单位于法无据。

其次，以公开招标选择社会资本仅仅是一种采购模式，与建设工程招投标是两个不同的概念，在 PPP 项目采购程序中，可以招投标方式进行，也可以竞争性磋商等方式进行，如果以招标投方式进行，则使用招标投标法律体系，而对于工程项目，招投标是强制使用的（除了可以不招标而直接发包以外）。PPP 项目采购是典型的上下二元体系，社会资本的选择应严格执行政府采购法律体系，工程承包单位的选择在政府采购体系之下，应严格适用招标投标法律体系。

综上，PPP 项目采购绝不仅仅是采购施工方，而是采购具备投资、建设与运营能力的社会资本，这些能力当中，投资与管理能力是关键。

五、一直被诟病的“重建设、轻运营”与社会资本的施工资质之间有何关联性?

前不久，财政部 PPP 工作领导小组组长、副部长史耀斌在京主持召开进一步推进 PPP 规范发展工作座谈会上指出“PPP 项目要以运营为核心，发挥社会资本的优势，提高公共服务供给效率。但从实际情况看，当前参与 PPP 项目的多为施工企业，既不愿意承担运营风险，也不具备运营能力，主要通过施工获取利润。同时，一些地方政府也更看重‘上项目’的短期目标。两方‘一拍即合’，导致部分项目‘重建设、轻运营’的倾向仍然严重”。

笔者认为“重建设、轻运营”的表述还不是很精准，实际上，目前所反映出来的问题是政府“重建设、忽视运营”，社会资本“重施工、不想运营”，就目前社会资本的采购情况来看，部分 PPP 项目采购将施工资质作为重大选择标准，有些甚至作为资格预审条件，这实际上设置了竞争壁垒，同时，也将会使轻运营的趋势进一步恶化。笔者并不反对施工企业参与 PPP 项目，施工建设是 PPP 项目成功的第一道关口，应予以足够的重视，但是因为一棵大树就丢掉整片森林的做法显然是不明智的。

因此，笔者认为，必须从源头抓起，社会资本的施工资质是充分而非必要条件，通俗地讲，施工资质不应该成为门槛，更不能成为 PPP 项目合同效力的评判标准，而只能是社会资本采购的评分或加分项，正所谓不忘初心，方得始终，千万别忘了 PPP 模式是为了什么。

以上是笔者的个人看法，如有不同观点，欢迎通过湖南民咨信息咨询有限公司或湖南君见律师事务所与笔者取得联系，深度交流！

PPP“小股大债”是如何运作的

【作者简介】

郭　上，中国政企合作投资基金股份有限公司

伍家颖，中国政企合作投资基金管理有限责任公司

聂登俊，中国财政科学研究院

【文章内容】

摘要：在现阶段 PPP 投资实践中，“小股大债”是一种常见但存在争议的融资模式，亟须从政策层面进行规范。本文在厘清“小股大债”的内涵，阐明其政策背景的基础上，分析了采用“小股大债”融资模式的 PPP 典型案例，从PPP项目不同主体视角加以解读，并提出了相应的政策建议。

关键词：PPP　小股大债　融资模式

随着 PPP 改革进程的不断深入，PPP 项目落地难尤其是融资难，已经成为影响 PPP 改革全局的关键问题。“小股大债”作为现阶段 PPP 项目实践中为各方所接受的一种融资安排，一方面，为部分 PPP 项目融资合作的缔结提供了可能，客观上有利于提高 PPP 项目落地率；另一方面，也与现行政策有打“擦边球”甚至相违背的地方，因此存在不少争议。本文在总结实践经验的基础上，对 PPP 项目“小股大债”的运作情况进行研究，以期为政策层面的进一步规范提供借鉴。

一、PPP 项目“小股大债”的内涵

顾名思义，“小股大债”指的是在项目投资中，股权投资占比明显较

小，而债权投资占比明显较大的一种投资方式。本文所研究的 PPP 项目“小股大债”，指的是在项目资本金层面，各方认缴出资（即股权投资）比重较小，而以股东借款形式（即债权投资）作为补充比重较大的 PPP 项目融资模式。这一定义包括以下三点内涵：

一是 PPP 项目“小股大债”主要涉及项目资本金层面。项目整体层面的小股权 + 大债权投资，在以股权形式解决了项目资本金之后，有商业银行贷款等多种形式提供债权投资；而 PPP 项目“小股大债”，其项目资本金中的股权投资部分，一般同时作为注册资本金。债权投资部分作为项目资本金与注册资本金的差额，其所占比重明显较大。

二是 PPP 项目“小股大债”是一种融资模式。PPP 项目之所以采用“小股大债”的形式，主要目的是发挥其融资方面的作用，解决 PPP 项目资本金层面的融资需求。投资方以小部分股权投资进入项目公司，大部分资金通过债权投放，既以较少股权资金获得项目公司经营和风险管理权限，又不对公司控股股东地位造成影响。这一项目整体层面的小股权 + 大债权，实际上是一种治理结构的考虑，因此不属于本文的主要讨论内容。

三是 PPP 项目“小股大债”中的“债”一般指股东借款。从实践情况来看，PPP 项目“小股大债”一般通过股东借款的形式为项目资本金出资，并将其计入“资本公积”科目，也有部分将其计入“其他应付款”科目。

二、PPP 项目“小股大债”的政策背景

一般认为，PPP 项目“小股大债”并不违规，但存在与现有政策打“擦边球”，或者与政策精神不一致的地方。这一情况在项目资本金的相关政策中体现最为明显。《国务院关于固定资产投资项目试行资本金制度的通知》（国发〔1996〕35 号）中明确，项目资本金是指在投资项目总投资中，由投资者认缴的出资额，对投资项目来说是非债务性资金，项目法人不承担这部分资金的任何利息和债务；投资者可按其出资的比例依法享有

所有者权益，也可转让其出资，但不得以任何方式抽回。尽管在此之后陆续出台《国务院关于调整固定资产投资项目资本金比例的通知》(国发〔2009〕27号）和《国务院关于调整和完善固定资产投资项目资本金制度的通知》(国发〔2015〕51号）对项目资本金的固定比例进行了适当的调整，但对项目资本金的属性界定始终没有改变，即项目资本金属于“非债务性资金”，且“不得以任何方式抽回”。

在PPP项目“小股大债”的运作过程中，项目资本金大部分通过股东借款的形式实现，且一般计入“资本公积”科目，也有部分计入“其他应付款”科目。如果计入“其他应付款”科目，属于负债类科目，显然不符合政策要求的“非债务性资金”。如果计入“资本公积”科目，属于所有者权益类科目，但“资本公积”一般是指“企业在经营过程中由于接受捐赠、股本溢价以及法定财产重估增值等原因所形成的公积金”。从表象上看，项目资本金比其注册资本所占份额多，只能用计入“资本公积”方式处理。但事实上，新设项目公司尚没有获得接受捐赠、股本溢价以及法定财产重估增值等机会，不应该产生“资本公积”。因此，计入“资本公积”科目实际上在打政策的“擦边球”，与项目资本金相关政策提高投资效益、约束投资风险的政策精神并不一致。

此外，PPP项目“小股大债”的结构设计，使得原本应该是股的部分变成了债，穿透来看有谋求固定回报之嫌。有些项目还会要求地方政府提供付息和回购承诺。在先后出台的《关于进一步共同做好政府和社会资本合作（PPP）有关工作的通知》(财金〔2016〕32号),《关于在公共服务领域深入推进政府和社会资本合作工作的通知》(财金〔2016〕90号）等政策文件中都提出，要避免通过回购安排、固定回报承诺进行变相融资，防止政府以回购安排、固定回报承诺等方式承担过度支出责任。

但必须指出的是，尽管PPP项目“小股大债”有一些不规范的地方，但目前尚未有政策明确禁止，PPP项目“小股大债”并不一定违规。而且，在PPP项目“明股实债”已被严令禁止，适合同股同权投资的项目难有机会参与，且 PPP 项目退出渠道相对有限的现实情况下，“小股大债”作为一种在 PPP 项目各方反复博弈中逐渐被普遍接受的一种融资结构安排，被广泛运用于现阶段 PPP 项目融资中是不难理解的。

三、典型案例分析

某省市综合开发类 PPP 项目，总投资 29.50 亿元，项目资本金 8.85 亿元，包括快速公路项目、保障房项目等 6 个子项目。由社会资本组成的联合体 A 成功中标，并与该市政府签署了《PPP 项目合同》，2016 年 8 月注册成立项目公司，注册资本 3000 万元，项目贷款资金（18.5 亿元）由某商业银行省分行 B 承担。

为解决项目资本金问题，基金管理公司 C 作为普通合伙人（GP）发起设立有限合伙基金，基金规模 10 亿元，存续期限 13 年。其中，商业银行省分行 B 作为优先级 LP 出资 6.08 亿元；某政策性资金 D 作为中间级 LP 出资 2 亿元；联合体 A 作为劣后级 LP 出资 1.747 亿元；基金管理公司 C 作为 GP 出资 200 万元，管理费率 0.5%。有限合伙基金的结构如下图：

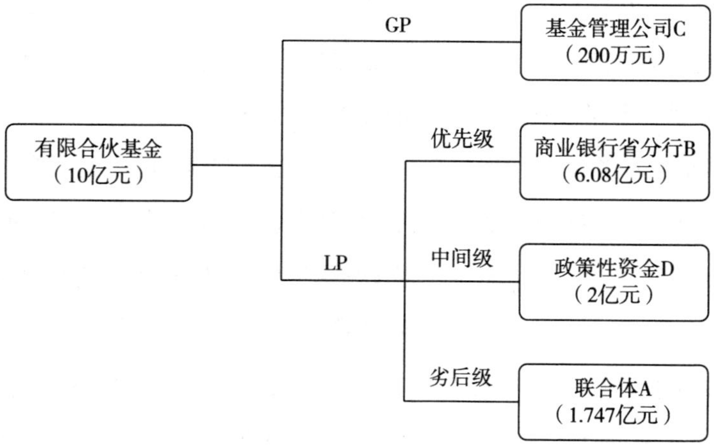

图 1　有限合伙基金结构图

有限合伙基金设立后，出资 1530 万元受让项目公司 51% 股权，其余资金以股东借款名义注入项目公司资本公积，占总投资额的 33.38%。政府平台公司 E 按照 PPP 合同规定出资 8850 万元，其中 300 万元作为注册资本金，8550 万元作为股东借款。政策性资金 D 出资 300 万元作为注册资本金，占 10%，联合体 A 出资 870 万元作为注册资本金，占 29%。交易结构如下图：

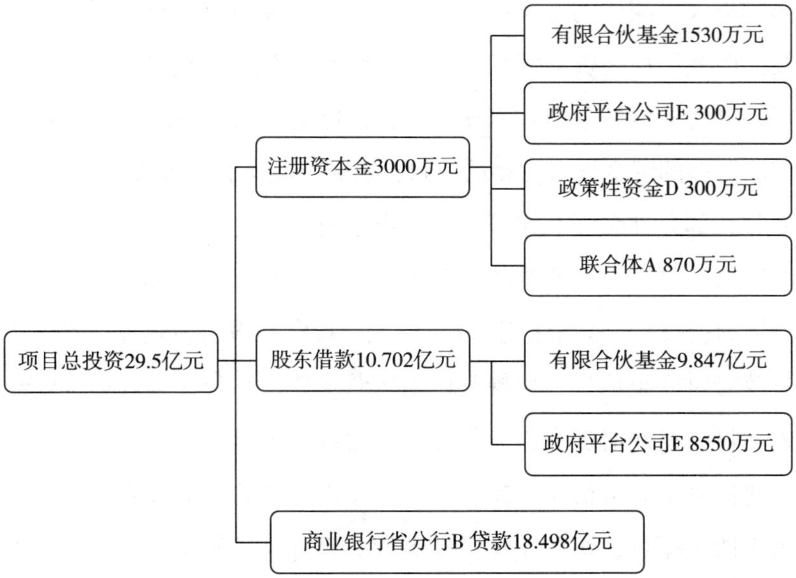

图 2　交易结构图

本案例中，存在着项目资本金和项目整体两个层面的“小股大债”。在项目资本金层面，项目公司初始设计的注册资本金仅为 3000 万元，小部分资金进入项目公司既作为注册资本金，也作为项目资本金的股权投资部分。大部分资金以股东借款方式计入资本公积，通过这种方式解决项目资本金问题；在项目整体层面，小部分资金进入项目公司，大部分资金为项目贷款。然而，该项目后续贷款手续以银行业监管部门不认可为由，未获商业银行省分行 B 的总行审批通过。目前，该项目重新调整了交易结构，将项目公司注册资本金增资为 8.85 亿元，等同于项目资本金。

四、PPP项目不同主体视角下的“小股大债”

（一）从社会资本的视角

如果社会资本将大量自由资金或贷款作为项目资本金投入PPP项目，按照政策规定，这些资金是不能抽回的非债务性资金，社会资本多以股权转让、减资或到期清算等方式实现退出，而股权转让的流程比较复杂且受政策影响较大，减资的工商程序繁琐且影响后续债权融资，而到期清算时间较长。因此，社会资本通过“小股大债”的方式进入PPP项目，建设完工之后大量资金以债务形式实现退出，仅保留小部分股权在PPP项目中，以此获取更多的资金投入更多的项目，占领市场，提高业绩。

而且，部分社会资本尤其是施工类企业，一定程度上存在重建设、轻运营的思想，原有工程类项目一般完工后3—5年即可收回工程款，而PPP项目投资周期较长，甚至长达30年以上，投资回报与绩效考核紧密相关，尤其是政府付费类项目。为规避后期运营责任，部分社会资本方以较少资金投入项目公司注册资本，大部分资金通过股东借款方式进入，工程利润在项目建设完工后可快速覆盖自有资金投入，之后的运营期绩效考核收入主要用于偿还项目公司负债和股东借款。通过这样的操作，社会资本方就规避了因考核不达标而导致的自有资金无法收回的风险。

此外，对部分社会资本尤其是央企而言，大量资金投入PPP项目，很有可能提高其资产负债率，但央企的资产负债率受到国资委的严格监管，不能突破国资委有关“工业企业资产负债率不得超过75%，非工业企业不得超过80%”的规定。因此，央企以“小股大债”的方式进入PPP项目，股权部分投资相对较少，不需要举债融资，也不要求央企对PPP项目公司进行合并报表，满足了央企“出表”的需求。

（二）从金融资本的视角

对投资机构而言，目前PPP项目大多为政府付费和可行性缺口补助模式，由于政府付费资金和可行性缺口补助资金多存在前低后高的现象，项目公司折旧摊销需每年计提，从而导致项目公司在建设期和运营期前几年没有利润，投资机构靠分红回笼资金太慢。因此，投资机构出于资金退出和稳定现金流的需要，会通过“小股大债”方式投资 PPP 项目，从而变通地实现每年稳定现金流回报，而到期可以实现退出。

对商业银行而言，实际上不愿意各参与方以“小股大债”的方式投资 PPP 项目，因为项目资本金抽走后，商业银行的贷款就失去了一层“安全垫”。且后期寻求商业银行项目贷款时，未必能够得到银行业监管部门的审批认可，可能还需重新谈判交易结构，从而增加 PPP 项目投资的交易成本。从实践情况来看，将股东借款计入“其他应付款”科目的，一般很难争取到商业银行贷款；将股东借款计入“资本公积”科目的，则要视各商业银行的不同情况而定。

（三）从地方政府的视角

在经济增速放缓，地方债务高企的现实情况下，部分地方政府在实施本地区重大民生类 PPP 项目时，缺乏财政资金的支持，特别是缺乏项目资本金部分的资金。这种情况下出于稳定发展的现实考虑，接受“小股大债”的融资模式是为数不多的几个选项之一。而部分地方政府为了尽快上马更多的重大项目，在本地区财政实力相对有限的情况下，采用“小股大债”的方式，可以解决项目资本金的难题。因此，地方政府有 PPP 项目“小股大债”的动力。

但是，在 PPP 项目“小股大债”中，各方大部分资金都以债权形式退出，如果工程不达标，或者项目运营出现问题，地方政府失去了问责的抓手。同时，地方政府有提供公共产品和服务的责任，“小股大债”类 PPP 项目可能会增加政府或有债务，一旦项目失败，这部分或有债务很可能会由地方政府承担。

五、政策建议

一是尽快从政策层面规范 PPP 项目“小股大债”。要明确界定 PPP 项目“小股大债”的内涵和适用范围，对哪些属于亟待规范的 PPP 项目“小股大债”，哪些属于项目整体层面的“小股权 + 大债权”投资，要有明确的区分。要严格规范哪种方式可为，哪种方式不可为，给予市场主体明确积极的信号。要建立健全包括 PPP 项目“小股大债”在内的融资模式监督管理机制，守住 PPP 模式规范运作的底线。

二是拓宽 PPP 项目中金融资本的退出渠道。金融资本之所以愿意采用“小股大债”方式，主要还是出于方便退出的考虑。由于 PPP 项目合作周期较长，与现有融资工具存在期限错配，许多金融资本对 PPP 项目资产的流动性尤为关注。同时，PPP 项目本身较为复杂，合作期内存在各种不确定性因素，金融资本对 PPP 项目资产的长期持有不符合其风险管控要求。因此，只有为金融资本提供多元化、规范化、市场化的退出渠道，增强 PPP项目资产的流动性，才有可能从根本上实现PPP项目融资的规范发展。

三是努力实现 PPP 项目各方风险的合理分配。在 PPP 项目“小股大债”的运作过程中，社会资本通过股东借款的形式，提前抽回大部分的项目资本金，从而将项目建设、运营的风险留在了项目公司，穿透来看，实际上是将本应由社会资本承担的建设运营风险，转嫁给了其他利益相关方。PPP 项目风险分配是影响 PPP 项目成功实施的关键因素，这就要求在 PPP 项目中要有科学合理的风险分配框架，让最合适的一方承担最合适的风险。不同的项目风险分配框架的设计有所不同，但不管是什么项目，最核心的一点就是要讲求公允和平等互利，讲求风险共担、利益共享，谁也不要独享利益，谁也不要牟取暴利。

四是建立全生命周期的绩效考核机制。PPP 项目全生命周期包含了设计、融资、建设、运营维护等不同阶段，其项目周期至少在 10 年以上，有的项目甚至长达 30 年以上。如果采用“小股大债”的结构设计，社会资本在运营的早期阶段就已经通过债权形式实现大部分项目资本金的退出，因此失去了提高效率、降低成本的动力，也无须承担大部分的项目完工风险。这显然与PPP模式全生命周期的特征不相契合。因此，要建立全生命周期的绩效考核机制，抓好各环节尤其是运营环节，根据绩效付费，切实提高公共产品和服务的供给效率。

参考文献

[1] 周兰萍.PPP项目中易混财会术语的法律辨析[J].建筑，2017，(08)：36-39.
[2] 胡祖铨.固定资产投资项目资本金制度研究[J].宏观经济管理，2015，(11)：76-78.
[3] 孟春，郭上.加快完善PPP风险分配机制[J].发展研究，2016，(02)：4-7.
[4] 董杰岚.股权投资还是债权投资？从PPP角度看有限合伙的投资方式[A].面向“一带一路”的律师法律服务——第八届西部律师发展论坛论文集，2016.

中标联合体
可否改变内部出资比例签署采购合同？
——以某 PPP 项目为例

【作者简介】

禹龙国，贵州匠心律师事务所律师

【文章内容】

摘要：政府与社会资本合作（PPP）项目具有综合性强、周期长、投资大等特点，其全生命周期涵括了投资、融资、设计、施工、运营维护等阶段和内容，单一的投资人一般不具备全流程的运作能力。因此各方社会资本出于资源整合、优势互补的考虑，通常会采取联合体形式投标参与 PPP 项目。但由于联合体的特殊性以及不同联合体成员在项目中的利益出发点存在差异等原因，难免会出现联合体部分成员在 PPP 项目的采购阶段及后续项目合作期内提出特殊诉求。本文拟结合笔者处理的一个案例，探讨在 PPP 项目采购阶段，中标联合体是否可以改变联合体内部成员对项目公司的出资比例签署采购合同这一实务问题。

关键词：政府与社会资本合作项目；联合体；改变出资比例；采购合同

一、问题：从一个案例说起

某县住房和城乡建设局（以下简称“县住建局”）作为实施机构，采取 PPP 模式实施该县某河道治理项目（以下简称“某县项目”或“该项目”），以竞争性磋商方式采购社会资本合作方。2017 年 1 月，县住建局作为采购人委托招标代理机构在某市公共资源交易中心网站及该省指定的政府采购网站发布了该项目的《采购公告》，根据采购人发布的《竞争性磋商文件》：项目资本金为 20000 万元（与项目公司注册资本金等同），其中政府方出资额为 2000 万元，占项目资本金的 10%；社会资本方出资额为 18000 万元，占项目资本金的 90%。以社会资本对资金成本的年化率报价作为报价评标项，按磋商文件的评分办法进行综合评分选择供应商。有效年化率报价不得高于 8%，并不低于成本价。项目允许联合体投标。

A 公司作为牵头人，与 B 公司及 C 公司组建联合体进行投标并最终成为中标社会资本，招标代理机构向联合体发出《成交通知书》。

根据中标联合体提交的融资方案，针对项目资本金，政府方出资代表某县城市投资建设发展有限公司（以下简称“县城投公司”）及联合体成员出资比例如下：

出资人名称	出资金额（万元）	持股比例
县城投公司	2000	10%
A 公司	15000	75%
B 公司	100	0.5%
C 公司	2900	14.5%
合计	20000	100%

《成交通知书》发出后，采购合同（PPP 合同）签署前，牵头人 A 公司因上级主管单位对投资管理出台新规定，要求其不得成为所投资的 PPP 项目公司的控股股东。为此，经联合体成员协商一致，共同向采购人提出在不改变联合体对项目资本金的出资时间、出资总额的前提下，将联合体内部成员的出资比例进行如下调整（以下简称“本次出资结构调整”）：

出资人名称	出资金额（万元）	持股比例
县城投公司	2000	10%
A 公司	200	1%
B 公司	16800	84%

续表

出资人名称	出资金额（万元）	持股比例
C 公司	1000	5%
合计	20000	100%

问题由此产生：即在 PPP 项目中，中标联合体是否可改变联合体成员内部出资比例与采购人签署采购合同？

采购人就上述问题咨询笔者，笔者查阅了相关法律、法规及该项目的《实施方案》《竞争性磋商文件》及《投标文件》等项目文件资料，并进行了相关分析。本文拟结合该项目具体情况对类似问题提出分析思路建议，以供参考。

二、分析：以是否违反法律、法规的强制性规定及项目文件为视角

目前我国 PPP 项目操作模式并无统一立法规定，散见于国务院、国家发改委、财政部等部委出台的行政规章及规范性文件中，且笔者查阅了相关文件，对本文提出的实务中问题并无明确规定。为解决实务中遇到的上述问题，笔者认为可以从《政府采购法》《招投标法》等 PPP 项目采购应遵循的法律、行政法规中寻求答案，至少需要回答以下两个问题：

（一）是否违反联合体参与 PPP 项目采购的法律规定？

1. 关于联合体对外责任承担：法定连带责任

《招标投标法》第三十一条规定“联合体中标的，联合体各方应当共同与招标人签订合同，就中标项目向招标人承担连带责任。”《政府采购法》第二十四条规定“联合体各方应当共同与采购人签订采购合同，就采购合同约定的事项对采购人承担连带责任”。由此可见：

（1）联合体是一种合同关系。联合体既不是法人组织，也非合伙企

业，是一种以联合体协议为基础的合同关系。在联合体投标模式下，联合体本身不具有签订合同的法律资格，只能以联合体各方自己的名义，共同与采购人签署采购合同。

（2）联合体成员对外承担连带责任。由于联合体自身不存在独立的财产，对招标人、采购人承担责任时，由联合体各成员对外承担连带责任。至于联合体成员内部责任承担，各方应按照联合体协议约定进行分担。

从以上分析可以看出，根据现行法律规定，联合体成员对外承担的是法定连带责任，即无论联合体成员内部对项目资本金的出资比例如何调整，联合体成员各方均应对联合体整体承担的全部出资义务对采购人承担连带责任。因此从联合体法定连带责任规定考量，联合体成员内部出资比例的改变和调整，并不影响联合体对采购人应承担的责任和义务。

2. 关于联合体成员的出资比例：并无法定限制，重点关注项目文件的特殊要求

就联合体成员参与 PPP 项目的出资比例问题，《招标投标法》《政府采购法》及其实施条例中均无明确要求和限制。目前仅在交通运输部《经营性公路建设项目投资人招标投标管理规定》这一规章中规定“以联合体形式参加投标的，应提交联合体各方签订的共同投标协议。共同投标协议应当明确约定联合体各方的出资比例、相互关系、拟承担的工作和责任”。但从该规定来看，也仅要求联合体在投标文件中进行明确各方出资比例，并未对各方出资比例的标准和限额进行具体要求。

PPP 项目实践中，笔者认为应当重点关注项目文件对联合体成员出资比例有无特殊要求。即若项目文件有特殊约定和限制，中标联合体成员内部出资比例的调整不得违反项目文件的要求。以某县项目为例，《实施方案》规定“如果联合体中标，联合体的施工总承包单位必须是项目公司的股东”“若社会资本为联合体，则联合体中至少有一方的股权比例应高于政府方的持股比例”。将本次出资结构的调整与项目文件进行对比，调整后联合体成员均仍是项目公司股东履行出资义务，并未出现任何一方不予出资的情形，且调整后 B 公司在项目公司的股权比例符合高于政府方持股比例 10% 的要求，因此本次出资结构调整并未违反采购人在项目文件中的规定。

3. 关于联合体成员的锁定：中标后联合体成员不得增减或变更

根据《招标投标法实施条例》第三十七条规定："招标人接受联合体投标并进行资格预审的，联合体应当在提交资格预审申请文件前组成。资格预审后联合体增减、更换成员的，其投标无效。"因此，对于联合体参与 PPP 项目，要求在整个采购阶段，自递交资格预审文件开始，一直到 PPP 项目合同签订，联合体成员不得增减或变更，否则投标无效。

结合某县项目的本次出资结构调整，并未涉及联合体成员的增减或变更。

（二）联合体中标后如何签署采购合同？

1. 关于中标后如何签署采购合同：允许进行变更，但不得签署背离合同实质性内容的其他协议

根据合同法原理，采购公告为要约邀请，投标文件为要约，成交确认书为承诺，也即成交通知书送达投标人，合同即成立。就中标后如何签署采购合同，主要有以下法律规定：

《政府采购法》第四十六条"采购人与中标、成交供应商应当在中标、成交通知书发出之日起三十日内，按照采购文件确定的事项签订政府采购合同。中标、成交通知书对采购人和中标、成交供应商均具有法律效力。中标、成交通知书发出后，采购人改变中标、成交结果的，或者中标、成交供应商放弃中标、成交项目的，应当依法承担法律责任"。《招标投标法》第四十六条"招标人和中标人应当自中标通知书发出之日起三十日内，按照招标文件和中标人的投标文件订立书面合同。招标人和中标人不得再行订立背离合同实质性内容的其他协议"。《合同法》第七十七条"当事人协商一致，可以变更合同"。

根据上述法律规定，笔者认为中标后签署采购合同核心要求为不得签署背离合同实质性内容的其他协议，否则应承担违约责任等相应的法律责任，当然也即是说允许对合同非实质性内容进行变更。

2. 关于“合同实质性内容”的认定：需结合法律规定和项目文件多角度分析

（1）所谓“合同实质性内容”，目前相关法律、法规并无明确定义。但根据《合同法》第十二条“合同的内容由当事人约定，一般包括以下条款：（一）当事人的名称或者姓名和住所；（二）标的；（三）数量；（四）质量；（五）价款或者报酬；（六）履行期限、地点和方式；（七）违约责任；（八）解决争议的方法”和《招标投标法实施条例》第五十七条“招标人和中标人应当依照招标投标法和本条例的规定签订书面合同，合同的标的、价款、质量、履行期限等主要条款应当与招标文件和中标人的投标文件的内容一致。招标人和中标人不得再行订立背离合同实质性内容的其他协议”之规定，笔者认为“合同实质性内容”一般指标的、数量、价款、质量、履行期限等与合同履行紧密联系的核心条款。

结合某县项目本次出资结构调整，仅改变联合体成员内部出资比例，并不改变联合体整体 90% 的出资总额以及出资时间，并未改变联合体整体关于融资义务的标的、数量、履行期限等实质条件，因此笔者认为不属于对合同实质性内容进行变更的情形。

（2）是否属于背离合同实质性内容另行签署协议，应重点考量变更事项对采购人和投标人的权利义务有无增加或减少。前述法律、法规明确规定招标人、采购人不得与中标人签署背离合同实质性内容的其他协议，主要系为公平、公正和防止串标之目的。因此，笔者认为，认定是否属于签署背离合同实质性内容的其他协议的情形，可以从变更事项的对采购人和中标人的权利义务有无明显增加或减少这一角度进行分析论证。

以某县项目本次结构调整为例，如前所述，联合体中标后，联合体成员对采购人承担连带责任。因此，联合体内部成员出资比例变更，并不增加或减少联合体作为社会资本方整体向采购人应承担的出资义务和责任，对政府方的权利、义务也无任何增加或减少。

3. 法定情形：不可抗力及情势变更

除此之外，还应结合中标联合体提出变更的原因进行分析。比如，根据《合同法》及其司法解释相关规定，出现不可抗力或者情势变更等法定情形，相关方可要求对合同进行相应变更。某县项目不涉及此种法定变更情形，对此笔者不再赘述。

结合上述分析意见，针对某县项目本次出资结构调整，笔者认为并不违反法律、行政法规的强制性规定和项目文件的实质性规定，可以按照调整后出资比例签署采购合同。但从项目推进和操作的角度出发，应在采购合同及项目公司出资协议、公司章程等协议中对联合体成员的连带责任承担方式进行更为详细的约定。

三、结论：不能一概而论，应针对具体项目具体分析

综合上述分析意见，关于联合体参与 PPP 项目，中标后是否可以改变联合体成员内部出资比例签署采购合同，笔者认为：若以联合体成员的法定连带责任为立足点，看似并不违反法律、法规的强制性规定。但鉴于 PPP 项目的复杂性，也不能一概而论，应从项目文件对联合体成员内部出资比例有无特殊要求、调整后联合体尤其是政府方的权利和义务是否有明显增加或减少、是否属于“签署背离合同实质性内容的其他协议”的情形以及引起变更的原因等多角度进行具体分析和论证，方能得出结论。

参考文献

[1] 白如银. 联合体投标的相关法律问题及对策 [J]. 招标与投标，2014（03）
[2] 蒋修宝. PPP 模式下的投资人联合体 [J]. 中国政府采购，2016（08）
[3] 陈雅丽. 浅谈中标后的合同变更问题 [J]. 经济，2017（01）

如何理解 PPP 项目中的固定回报和合理收益？

【作者简介】

高　磊，北京市万商天勤律师事务所合伙人，财政部 PPP 专家
朱　玲，国家发改委、财政部 PPP 专家库专家

【文章内容】

国家相关部门明确政府方在 PPP 项目中不能承诺固定回报，但又都明确要保障社会资本方在 PPP 项目中的合理收益。那么如何理解什么是固定回报、什么是合理收益，如何确保社会资本方获得合理收益的同时，又避免被认定为固定回报，成为业内大家非常关注的问题。笔者在梳理政策规定的基础上，根据多年来项目实操以及重大项目评审经验，和大家探讨固定回报和合理收益的相关问题。

一、相关部门禁止 PPP 项目固定回报的规定

1. 建设部 2003 年 3 月 7 日《关于转发江苏省政府〈关于进一步推进全省城市市政公用事业改革的意见〉的通知》（建城〔2003〕48 号文）明确，规范融资行为，采用BOT、TOT等形式引进资金，不得承诺固定回报。

2. 国家发改委等六部委 2015 年 4 月 25 日《基础设施和公用事业特许经营管理办法》（25 号令）明确，政府在特许经营协议中不得承诺固定投

资回报和其他法律、行政法规禁止的事项。

3. 2015 年 6 月 25 日，《关于进一步做好政府和社会资本合作项目示范工作的通知》（财金〔2015〕57 号）明确，严禁通过保底承诺、回购安排、明股实债等方式进行变相融资，将项目包装成 PPP 项目。

5.2016 年 5 月 28 日，《关于进一步共同做好政府和社会资本合作（PPP）有关工作的通知》（财金〔2016〕32 号）明确，要避免通过固定回报承诺、明股实债等方式进行变相融资。

4. 2016 年 6 月 8 日，《关于组织开展第三批政府和社会资本合作示范项目申报筛选工作的通知》（财金函〔2016〕47 号）明确，对采用建设－移交（BT）方式的项目，通过保底承诺、回购安排等方式进行变相融资的项目，将不予受理。

5. 2016 年 10 月 11 日，《关于在公共服务领域深入推进政府和社会资本合作工作的通知》（财金〔2016〕90 号）明确，各级财政部门要会同有关部门统筹论证项目合作周期、收费定价机制、投资收益水平、风险分配框架和政府补贴等因素，科学设计 PPP 项目实施方案，确保充分体现“风险分担、收益共享、激励相容”的内涵特征，防止政府以固定回报承诺、回购安排、明股实债等方式承担过度支出责任。要加强项目全生命周期的合同履约管理，确保政府和社会资本双方权利义务对等，政府支出责任与公共服务绩效挂钩。

6. 2017 年 4 月 26 日，《关于进一步规范地方政府举债融资行为的通知》（财预〔2017〕50 号）明确，地方政府及其所属部门参与 PPP 项目时，不得以任何方式向社会资本方承诺最低收益。

7. 2017 年 5 月 31 日，《关于深入推进农业领域政府和社会资本合作的实施意见财金〔2017〕50 号》明确，严禁通过政府回购安排、承诺，严禁项目公司债务向政府转移。

根据以上的梳理，我们发现，相关的政策文件中，只是明确地方政府不得在 PPP 项目中承诺固定回报，我们也发现一系列文件中还明确要保障社会资本方在 PPP 项目获得合理的收益，但是何为固定回报、何为合理收益，却没有明确的标准。

二、实践中对于固定回报的不同理解

固定回报的概念起源于金融领域，即存款人存入的资金或其他金融产品投资人投入的资金，无论金融机构或相关项目的发生多少亏损，存款人及投资人都不承担任何风险，均可以获得固定收益。随着投资方式的变化，后来产生了所谓的“明股实债”，即虽然为股权投资，但是不参与公司经营管理，不承担公司亏损风险，只获得固定收益。由此可见，所谓的固定回报，即为不参与经营管理，仅获得固定收益。

通常情况下，PPP 项目的招标方案中，根据不同的财务模型以及不同的项目类型（主要为缺口补助项目和政府付费项目），可能需要社会资本方报合理收益率或资本金内部收益率等。但对于国家禁止的 PPP 项目中的固定回报与这些合理收益的关系，实践当中却有以下不同的理解：

1. PPP 合同中约定的合理收益不属于固定回报

实践当中，有些专家认为该等收益率可以直接写入合同，由政府承诺保障社会资本方的该等收益，并认为该部分收益的保障，不属于固定回报。

其认为所谓固定收益，即从投资人从政府方获得的收益是否为固定的。而即便是 PPP 合同中约定了合理收益率，但是投资人还要承担项目投融资、建设及运营等全过程的一切风险，一旦社会资本方未按合同约定，提供符合要求的可用性服务和运营服务，社会资本方将面临绩效考核的制约及违约责任的处理，因此，即便合同约定了项目的合理收益，但是并不意味着社会资本方可以获得固定回报，社会资本是否能获得该收益还取决于项目的融资、建设、运营管理水平。

2. PPP 合同中不能约定合理收益

另外一部分专家认为，虽然有不同的财务模型，但是所谓的收益率不能写入合同，不能由政府兜底承诺最低收益，而应根据不同的财务模型，由政府方对于最低供应量或需求量进行保底，合理地分担项目的运营风险。

以通常使用的国家发改委《建设项目经济评价方法与参数（第三版）》（下称《方法与参数》）为例，按《方法与参数》，财务内部收益率指标涉及三种指标：一是“项目投资财务内部收益率”指标，二是“资本金财务内部收益率”，三是“投资各方财务内部收益率”指标。这也是目前 PPP 项目中可能会用到的三个指标。三个指标皆是以项目全周期净现金流为考察对象的动态指标，是指在项目计算期内各年净现金流量（现金流入 – 现金流出）现值累计值为零时的折现率。“财务内部收益率”一般都是通过编制现金流量表而计算获得，可用以下公式予以概括：

$$\sum_{t=1}^{n}(CI-CO)_t(1+FIRR)^{-t}=0$$

式中：*FIRR*– 财务内部收益率。

其中：

CI：项目现金流入量；

CO：项目现金流出量；

（*CI–CO*）*t*：第 *t* 年的净现金流量；

n：财务计算期（对于 PPP 项目为政府和社会资本合作期）

“项目投资财务内部收益率”“资本金财务内部收益率”和“投资各方财务内部收益率”指标皆根据以上公式计算，但所使用的现金流入和流出不同。按《方法与参数》的解释，“项目投资财务内部收益率”属“融资前”分析指标，包括所得税前和所得税后两项指标，融资前分析可选择计算所得税前指标和（或）所得税后指标；“资本金财务内部收益率”和“投资各方财务内部收益率”则属“融资后”分析指标。《方法与参数》对投资项目评价所涉及的各种“财务内部收益率”指标以时间轴为核心按“融资前”指标和“融资后”指标的划分和定义，符合建设项目资金筹措方案随前期工作不断推进而逐步明晰落实的演进过程，并与我国基本建设程序中“项目建议书—可行性研究报告”的审批递进程序相匹配和衔接，在投资项目决策评估中发挥着重要作用。

在PPP项目中，尤其对于贯穿投资、建设、运营和移交全周期的BOT项目，以上三种财务内部收益率指标通常是政府方在引入社会资本过程中用于确定项目收益水平、制定招标控制价和测算可行性缺口补贴的依据。

但在合同中，部分专家认为不能直接约定收益率，而应当参照前述财务模型，根据确定的收益率，反推项目的资金流入，确定政府方和社会资本方的风险分担原则，并认为通常情况下政府方仅需承担最低的现金流入的承诺保障。如需要缺口补助的高速公路项目，由政府方承诺最低的车流量，根据该车流量以及其他财务参数计算项目政府需要缺口补助的资金。

三、我们的意见

正如大家所了解到的，PPP项目分为使用者付费（含缺口补助）和政府付费两大类型，因此，笔者认为前述两种意见，没有考虑到项目的特点，都存在一定的偏颇。我们认为，需要根据项目的类型，来确定如何即让社会资本方获得合理收益，又避免被认定为固定回报。即：

对于使用者付费，存在最低供应量和需求量的概念，因此，合同中可以约定最低供应量和需求量，并配合基础价格及调价机制和绩效考核机制，可以较好地实现政府方和社会资本方的风险分担，保障社会资本获得合理收益，并实现PPP模式的价值功能。

但对于政府付费项目，由于项目本身是纯公益项目，不存在实际的运营环节，笔者建议应更多地通过绩效考核的方式，而非最低供应量和需求量的模式，来实现政府方和社会资本方的风险配置，并确保社会资本获得合理收益。而对于绩效考核的标准及基数设置，可能又涉及另外一个重要话题，也是实践中大家争论较大的热点，笔者将另外梳理并和大家分享。

谈谈招标采购那些事之“两标并一标”

【作者简介】

荆志超，南京如神高科投资咨询有限公司

【文章内容】

一、开篇闲聊——条块问题

任何一部法律都不是一概而全的，也不可能将某一范围内的所有情形全部写入到一部法规中，因此对于一个领域，就需要根据社会的发展以及外部环境的变化，对原有法规进行不断地修订、完善。或者由中央政府及其职能部门制定相应的实施条例、细则、办法以及补充规定等，来满足社会进步的需求。国家层面的法律法规需要考虑到整个国家的整体均衡，并不一定完全适应某个地方经济的发展速度，因此各个地方可以在国家法律法规的基础上制定相应的地方行政法规、单行条例。就此而形成法律的层级。

接下来我们还是谈谈两条主线的问题。笔者将国家的招标采购定性为两条主线（可以看笔者以前的文章《谈谈招标采购那些事之“最低价中标”》）。因此依据这两条线，按照不同的层级，我国的招标采购就形成了两个体系。

以《招标投标法》为主的法律体系中就出现了像《招标投标法实施条例》（国务院令第613号）、《工程建设项目货物招标投标办法》（七部委 27 号令）、《评标专家和评标专家库管理暂行办法》（国家发展计划委员会令第 29 号）等行政法规和部门规章。而这些行政法规、部门规章中都会提及依照《招标投标法》或依照招标投标法及其实施条例制定本办法（条例）。

而以《政府采购法》为主线的法律体系里则形成了《政府采购法实施条例》（国务院令第 658 号）、《政府采购货物和服务招标投标管理办法》（财政部第 87 号令）、《政府采购评审专家管理办法》（财库〔2016〕198 号）……同上一条主线一样，这些单行法中也会表述依照《政府采购法》及其实施条例制定本办法（条例）。（目前我们只研究国家层面的相关规定，对于地方层面的行政法规、单行条例等不在本文研究范围之内）。

因此，依据以上表述，我们就很容易分清一部有关招标采购的行政法规或者部门规章是哪条线上的。那么，除了这个方法，还有什么方法可以看出来一份文件是规范政府采购的，还是规范招标投标的呢？这就要从部门职责分工来看了。

按照 2000 年 5 月 3 日国务院办公厅印发的《国务院有关部门实施招标投标活动行政监督的职责分工意见的通知》（国办发〔2000〕34 号）中提出：“国家发展计划委员会指导和协调全国招投标工作，会同有关行政主管部门拟定《招标投标法》配套法规、综合性政策和必须进行招标的项目的具体范围、规模标准以及不适宜进行招标的项目，报国务院批准；指定发布招标公告的报刊、信息网络或其他媒介。有关行政主管部门根据《招标投标法》和国家有关法规政策，可联合或分别制定具体实施办法。”

国办发〔2000〕34 号文中所说的国家发展计划委员会前身是国家计划委员会，成立于 1952 年，至今已有 66 年的历史。原国家计划委员会于 1998 年更名为国家发展计划委员会，在 2003 年 3 月 10 日第十届全国人民代表大会第一次会议通过的《关于国务院机构改革方案的决定》中确定，为“完善宏观调控体系，将国家发展计划委员会改组为国家发展和改革委员会（以下简称‘发改委’）”，将原国务院体改办和国家经贸委部分职能并入。至此，在以后的机构改革和调整中，发改委的名字没有变更过，只是对部分职能进行调整，但是对于招投标的指导和协调职能没有调整出去，依然在发改委职责之内，在其对外公布的委内职责中具体负责招投标指导协调工作的是法规司。

招投标的指导协调在发改委，那政府采购又是谁来管呢？

这时我们就不得不说一下中华人民共和国财政部，该部门自 1949 年 10 月 1 日成立至今，名称和主要职能一直没有变化，可以算是国务院组成部门中的常青树。

在 1998 年 7 月 4 日国务院办公厅印发《财政部职能配置内设机构和人员编制规定的通知》（国办发〔1998〕101 号）中明确财政部的主要职能包括："管理中央财政公共支出；拟定和执行政府采购政策；管理财政预算内行政机构、事业单位和社会团体的非贸易外汇和财政预算内的国际收支；制定需要全国统一规定的开支标准和支出政策；拟定和执行《事业单位财务规则》《行政单位财务规则》；制定基本建设财务制度。"

而在财政部内部负责"拟订并监督执行政府采购政策，对全国政府采购工作进行指导和信息统计分析"工作的部门是国库司。

所以，综上，招投标工作由发改委牵头，政府采购工作由财政部统管，所以看看发文牵头部门，也可以大致看出招标采购的条线。至此，我们在适用法律法规的时候就可以依据需求来选取相应的条线规定，不至于走错了门路，找错了法规。

看似闲聊，但是笔者一直以来所明确的就是：

每一部法律法规、规章制度都有其适用范围，我们不能超范围使用法律，但也不能缩小法律所适用的条件。

二、进入正题——端倪可察

先说说什么是"两标并一标"。目前国家大力推行 PPP 项目已经有三个年头了[①]，自推行伊始，政府和社会资本合作（以下简称“PPP”）项目的招标采购一般涉及两次招标采购过程，即首先按照《政府采购法》的要求确定PPP项目的社会资本方，然后再按照相关法律法规规定，对必须进行招标确定的项目建设方、货物生产商或者服务提供商进行招标采购。这就是“两标并一标”中所说的“两标”，即需要经过两次招标。

“并一标”又是怎么回事？那就要推出本文的主角——《财政部关于在公共服务领域深入推进政府和社会资本合作工作的通知》（财金〔2016〕90号）（以下简称“90号文”）。该文件在第九点中明确提出“对于涉及工程建设、设备采购或服务外包的PPP项目，已经依据政府采购法选定社会资本合作方的，合作方依法能够自行建设、生产或者提供服务的，按照《招标投标法实施条例》第九条规定，合作方可以不再进行招标”。因此，该文件对于两次招标的问题进行了简化，即只要满足文件规定条件，对于后期合作方将不再进行招标。至此，对于社会资本承接PPP项目的两次招标采购过程就变为一次政府采购的过程。

笔者前面的几篇关于招标采购的文章中提到过，PPP项目的招标采购，适用的是《政府采购法》这一条线，而不适用与《招标投标法》这一领域。而对于可以不进行招标的问题，《招标投标法》这条线上的相关法规早有规定，比如说90号文提及的《招标投标法实施条例》第九条规定，“除招标投标法第六十六条规定的可以不进行招标的特殊情况外，有下列情形之一的，可以不进行招标：……（三）已通过招标方式选定的特许经营项目投资人依法能够自行建设、生产或者提供；……”比如说《工程建设项目施工招标投标办法》（七部委2003第30号令2013年4月修订）第十二条“依法必须进行施工招标的工程建设项目有下列情形之一的，可以不进行施工招标：……（三）已通过招标方式选定的特许经营项目投资人依法能够自行建设；（四）采购人依法能够自行建设；……”比如说《公路

① 自2014年9月23日《财政部关于推广运用政府和社会资本合作模式有关问题的通知》（财金〔2014〕76号）发布算起

工程建设项目招标投标管理办法（交通运输部令 2015 年第 24 号）》第九条“有下列情形之一的公路工程建设项目，可以不进行招标：……（三）采购人自身具有工程施工或者提供服务的资格和能力，且符合法定要求；（四）已通过招标方式选定的特许经营项目投资人依法能够自行施工或者提供服务；……”

三、步步深入——抽丝剥茧

既然招标投标法早已规定可以不招标的情形，为什么 PPP 项目的政府采购，直到 90 号文出现，“两标并一标”才算符合法定程序呢？

其根本原因还是在两条主线上。

这里再次强调“没有任何一部法律是放之四海而皆准的——法律都有适用范围”，PPP 项目的招标采购遵循的是《政府采购法》，而不是《招标投标法》这才是这一问题的根本原因。

通过上一节的描述可以看出，在《招标投标法》这一主线上，“两标并一标”的问题早已不是问题，只是需要满足一定的基本条件。即分为两种情况：

第一种情况，是采购人自身不具备条件，但是通过招标采购而选定的特许经营投资人满足相应的资格条件，可以进行项目实施的；

第二种情况，是采购人本身就具备实施项目所需资格条件，而且符合法定要求的。

按照上述两种情形，就可以明确，采购人不具备资格条件的，就要招标选择符合条件的特许经营投资人。这里需要注意的一点就是，一定要通过招标方式选择符合条件的特许经营投资人以后，才可以不再进行二次招标。如果在选择特许经营投资人的时候不是以招标形式选择的，那么即使其具备项目实施所需的资格条件，在正式开展项目前，还是要通过招标来选择项目的具体实施主体。

而在90号文中，对于社会资本的确认所进行的表述是“已经依据政府采购法选定社会资本合作方的……合作方可以不再进行招标”。因此对于PPP项目而言，可以看出，只要是按照《政府采购法》这一条线规定，通过政府采购程序，使用相应的采购方式（具体方式可以看笔者所写的《谈谈招标采购那些事之“招标采购方式”》在此不再详述），确定符合条件的社会资本合作方后，社会资本具备承接该项目所需的相应资格条件即可以不再进行招标。

前面所讲的是第一种规定情况下，可以不招标的情形。下面我们来看看第二种，即采购人自身具备相关条件的情形。

PPP项目的具体实施主体或者说操作主体应当是由政府出资方与社会资本方通过合法程序组建的项目公司（SPV公司），而且按照财政部《关于规范政府和社会资本合作合同管理工作的通知》（财金〔2014〕156号）附件《PPP项目合同指南》中表述：“项目公司是依法设立的自主运营、自负盈亏的具有独立法人资格的经营实体。项目公司可以由社会资本（可以是一家企业，也可以是多家企业组成的联合体）出资设立，也可以由政府和社会资本共同出资设立。但政府在项目公司中的持股比例应当低于50%且不具有实际控制力及管理权。”

因此，当项目公司作为采购人主体时，因其成立的时间特性、人员属性等问题，其自身都不具备承接项目所必须的、符合国家现行法律法规所要求的资格条件，所以项目公司作为采购人来满足第二种情形的所述条件，不进行招标是不具备法律基础的。

四、简单总结——时有终始

综上所述，《招标投标法》主线对于“两标并一标”的问题，已经表述得很清楚，即在其规定的适用范围内，满足其条线相应法律法规规定的条件选择的特许经营投资人或者采购人自身具备合规的资格条件，就可以不进行二次招标。而《政府采购法》主线对于此问题则是采用参照的做法，即参照《招标投标法》这一主线的相应规定来执行。

区别在于《招标投标法》条线上的“两标并一标”必须要经过一次招标过程，而《政府采购法》条线上的“两标并一标”可以不经过招标，采用其他符合《政府采购法》规定的采购方式选定后即可不再招标。

所以不管是特许经营投资人还是政府采购的社会资本，只要具备相应资格条件，能够自行完成所需的建设、制造或者提供服务，就不需要再次用招标来确定同类别的实施主体，而由其自行完成即可。但是对于不同类别的实施主体，只要达到需要招标的规模，则还是需要通过招标采购来确定。这个地方需要举例说明。

比如说，一个 PPP 项目，包含设计、勘察、施工、监理、运营等内容，但是按照《政府采购法》通过合规方式确定的社会资本方具备项目设计、施工和运营的资质。那么在项目公司组建后，对于项目的设计、施工和运营，就可以不用通过招标方式来确定。而项目的勘察和监理还是需要通过招标的方式来确定。而在选择勘察和监理的过程需要依据《政府采购法》的规定，涉及以招标方式采购工程的，参照《招标投标法》执行。

那对于特许经营项目呢？按照有关规定，特许经营项目属于政府采购范畴。至于为什么，这个就在我的下一篇文章来讨论吧。

看着是不是有点乱啊？那我最后就再聊采购主体的问题吧。

五、最后闲聊——采购主体

再强调一次，任何法律都有适用范围，同样也有适用主体和适用行为，不同的主体和行为使用不同的法律，受不同法律的约束。所以，即使只是针对同样一个行为——招标采购——采购人不同，适用的法律同样不同。这就是采购主体的问题。

对于 PPP 项目按照《财政部关于推广运用政府和社会资本合作模式有

关问题的通知》（财金〔2014〕76 号）中表述：“政府和社会资本合作模式的实质是政府购买服务，……”因此在 PPP 项目选择社会资本方的时候，适用的法律条块是《政府采购法》，因为采购的主体是政府或者政府相关职能部门，采购的对象是服务。虽然 PPP 项目一般都包含大量的基础设施或者公用工程的设计、勘察、施工、监理等工作，但是因为 76 号文的定性，所以 PPP 项目社会资本方的采购使用《政府采购法》条块没有法律障碍。

当社会资本方采购完成，其与政府方出资机构组建项目公司（SPV 公司）以后，采购的主体发生了变化——由单纯的政府采购变更为项目公司采购。但是对于这种变更主体后的采购性质，是一个值得商榷的问题。由此我们就要探讨一下项目公司的性质。

按照财金〔2014〕156 号文件的说法，项目公司是独立法人企业，政府占股不超过 50%，且不具有实际控制力及管理权。因此，有的观点认为：项目公司的招标采购行为应当是被看成企业行为，而不应当再被看成政府行为。但是，笔者认为，这种企业行为不是原有意义上的企业投资或扩大再生产的行为，而是为了满足政府需求，提供公共产品或公共服务的行为。笔者对此种行为的定义叫“代位执行行为”，就是指项目公司按照政府要求，代替政府行使提供公共产品和公共服务的行为。

按此种定义表述，项目公司的性质就不再是一般社会企业，其表现的行为也不是一般的社会企业行为。而对于项目公司的性质应当理解为政府的代位执行人（类似于代理人）。所以，虽然其具备独立法人资格，虽然政府在项目公司不具备实际控制力和管理权，但是，对于项目实施而言，项目公司行使的是代位执行权，需要在政府授权范围内或《PPP 项目合同》约定范围内行使其相对自主权力。而对于承接项目以外的事情，项目公司则具备完全的自主决策权，但是如果政府在授权或《PPP 项目合同》中明确约定“项目公司不得进行除本项目相关工作以外的其他事项”后，项目公司则变成完全意义上的“代位执行人”。

按照《政府采购法》第二条第二款规定“本法所称政府采购，是指各级国家机关、事业单位和团体组织，使用财政性资金采购依法制定的集中采购目录以内的或者采购限额标准以上的货物、工程和服务的行为”。政府采购的主体应当是各级国家机关、事业单位和团体组织。项目公司并不在其列。但是按照笔者前面所提出的观点，项目公司只是政府的“代位执行人”，其真实的意思表示是政府的意识形态。因此其主体性质应当按照政府性质来考虑。

主体性质满足了，我们再来看看行为标准。

按照《政府采购法》第二条中规定主体使用的资金是财政性资金。《政府采购法实施条例》第二条对财政性资金进行了规范即指纳入预算管理的资金，以及以财政性资金作为还款来源的借贷资金，视同财政性资金。因此按照这一标准，如果 PPP 项目公司采用政府付费回报模式的，其行为标准就满足了要求。

《政府采购法实施条例》第二条还规定：“采购项目既使用财政性资金又使用非财政性资金的，使用财政性资金采购的部分，适用政府采购法及本条例；财政性资金与非财政性资金无法分割采购的，统一适用政府采购法及本条例。”因此如果项目采用的是可行性缺口补助回报模式的，那么基本无法分割哪一部分采用的是财政性资金，哪一部分采用的是非财政性资金。因而此类行为标准也满足要求。

但是对于完全采用使用者付费回报模式的，那么其使用的资金就不属于政府性资金了，其行为标准也就不满足要求了。

啰唆这么多，笔者的主要目的就是说明，项目公司的主体性质应当参照政府主体性质。如果其行为标准满足规定，即采用政府付费或者可行性缺口补助的项目，项目公司招标采购时依据的就是《政府采购法》条线；如果是使用者付费项目，则参照市场化原则，充分引入竞争机制，招标采购时按照《招标投标法》条线执行。

一家之言，不足以蔽之，还请读者海涵。

PPP 项目提前终止补偿机制探析

【作者简介】

张　婷，湖南华伦咨询有限公司

【文章内容】

PPP 项目合同提前终止补偿机制在项目实施中具有重要的意义，其设置将直接影响政府和社会资本是否发生道德风险和项目可融资性。若提前终止补偿金有利于社会资本方，即在“两标并一标”的情形下，社会资本通常为施工方，其参与 PPP 项目主要为获取施工利润，而非长期的合作运营，因此建设期结束，如若补偿金可以完全覆盖投资成本和施工利润时，社会资本便会利用较高的补偿金选择提前终止项目；若提前终止补偿金有利于政府方，即政府方在项目建设完成后，项目公司在运营中期已收回投资成本，且还能获取较高的利润时，政府可能利用合同设置中较少的补偿金来终止项目，通过自己运营来获取更高收益。同时合同中约定的提前终止补偿方式是债权人在提前终止情况下能否收回债务本息的重要考量因素，其对项目融资也会产生较大的影响。因此合同中提前终止补偿机制合理设置可以平衡双方利益，提高项目融资的可获得性，促使政府和社会资本方长期稳定合作。

财政部《PPP 项目合同指南（试行）》（财金〔2014〕156 号）对于提前终止补偿方法介绍了账面价值法和市场价值法，近期世界银行发布的《PPP 合同条款指南》（2017 版）则提出账面价值法和基于融资法，而笔者通过分析三种方法的优缺点，同时结合 PPP 项目实践经验，提出建设期账面价值法和运营期基于融资法混合的提前终止补偿方式。

一、提前终止补偿基本原则

根据PPP项目的合作契约精神，提前终止补偿应遵循公开、公平、公正的基本原则。《PPP项目合同指南（试行）》规定了政府方违约、项目公司违约和不可抗力三种情况下导致项目提前终止的补偿原则，“对因政府方违约、法律变更或政府行为，或政府选择终止所导致的PPP项目合同提前终止的，一般的补偿原则是确保项目公司不会因项目提前终止而受损或获得额外利益”，“对于因项目公司违约事件导致项目合同提前终止的，一般原则是尽可能避免政府不当得利并且能够吸引融资方的项目融资”，“由于自然不可抗力属于双方均无过错的事件，一般原则是由双方共同分摊风险”。

二、账面价值法、市场价值法和基于融资法比较分析

账面价值补偿方式是基于项目公司在PPP项目中的投资成本。其具有客观性和谨慎性的优点，但也具有显著的缺点，一是账面价值受会计准则的影响较大，如果会计准则在PPP合同存续期间发生改变，会使账面价值随着会计准则的变化而变化；二是在运营期，计提摊销方式和（或）未确认融资费用的不同将直接改变资产的账面价值，影响账面价值的客观性；三是由于通货膨胀或技术进步使得账面价值偏离市场价值；四是账面价值是一种静态的估价标准，以资产负债表为基础，不考虑现时资产市场价值波动，也不考虑资产收益情况。因此采用账面价值补偿方式不能全面反映资产的真实价值，且可能在补偿时会多付或少付，造成过度激励社会资本或引发金融机构不能收回项目债务本息的风险。

市场价值补偿方式则考虑PPP项目在有效市场中的价格。首先选定价格可比的资产，然后通过市价的选择或调整确定PPP项目资产的价格。但

是要求其选定的参照物与 PPP 项目资产大体上具有可替代性，且参照交易实例的交易条款与交易条件能够反映正常的市场状况和市场价格标准。该方法虽然看似容易实施，但需政府和社会资本进行多轮谈判才能确定，而且现实中由于真实交易资料难以获得，参照物的替代性较弱，第三方评估机构的独立性和专业性都会影响项目资产的价格评估，因此该补偿方式的局限性较大，实际执行较难。

基于融资补偿方式是世行在《PPP 合同条款指南》提出的，其专注于 PPP 项目融资而形成的债务、股权和第三方费用。其中债务补偿为未偿还本金和利息，包括融资违约的罚款和提前赎回费用；股权的补偿为投资者能够获得约定的股权内部收益率；第三方费用为因提前终止社会资本方可能需要支付遣散费和向分包商支付的其他费用。鉴于第三方费用是或有费用且占比较低，因此本文的提前终止补偿金计算方式暂忽略该笔费用。

在实际执行中，该补偿方式的未偿还本金和利息可通过项目融资合同确定，股权内部收益率在项目合同中约定，整合债务和股权的补偿可知其实质为“资本金内部收益率”下的补偿，因此即可根据“资本金内部收益率”这一指标来确定提前终止下政府应补偿金额，该方式满足了股东的股权回报和债权人的债务收回，且易于实施，兼顾各方利益，减少双方谈判的次数，防范双方道德风险。

三、账面价值法和基于融资法的混合方式分析

笔者基于以上分析提出以账面价值法和基于融资法的混合作为提前终止政府补偿金的计算方式，其中建设期采用账面价值法，运营期采用基于融资法。由于建设期一般为 1 ~ 4 年，该时间内会计准则不会发生较大变化，且会计分录主要为“在建工程”，不会因为运营期摊销方式和（或）未确认融资费用的人为确定而有较大误差，因此建设期适用账面价值法。以账面价值法为基础，政府违约考虑第三方费用，以到账未用于在建工程

的债务资金违约金为准；项目公司违约则在补偿金的基础上扣除以建设期履约保函为基准的惩罚性违约金。运营期采用基于融资法，用已运营期数的资本金内部收益率进行补偿。

本文摒弃预测利润总额并按照内部收益率贴现的方式，主要是因为无论选用何种方式，预测数据总会与真实数据存在较大偏差，且在具体补偿时需要双方长时间的博弈谈判。而已运营的收入、成本、已偿还债务本金和利息、付费或补助等相关数据容易获得，满足设定资本金内部收益率下对政府补偿金的测算数据要求。

在政府违约、项目公司违约和不可抗力提前终止情况下，可设置三种不同的资本金内部收益率。政府违约下补偿的资本金内部收益率为正常运营下的资本金内部收益率，不可抗力下补偿的资本金内部收益率为其1/2，项目公司违约下补偿的资本金内部收益率为零。下面具体分析不同情况提前终止下的补偿金变化：

假设某 PPP 项目建设期 2 年，运营期为 10 年，项目总投资 7.68 亿元，资本金 1.92 亿（建设期均等投入），项目借款 5.76 亿，等额本金还款，融资利率 5.88%，提前终止年支付未偿还本金和本年应付利息的 1/2，经营收入与经营成本相等，相关税费为 0，正常运营时的预期资本金内部收益率为 8%，根据以上假设测算可得出每年政府支出 10815 万元。

若运营期第一年政府违约提前终止合同，根据项目资本金 1.92 亿元、未偿还本金 5.76 亿元、应付利息 0.17 亿元、资本金内部收益率 8%，可测算出政府需支付的补偿金为 80880 万元，其他运营期和提前终止情况以此类推，三种情况下各年限提前终止补偿金如下表和图：

表 1　三种提前终止情形下补偿金情况

单位：万元

运营年份	政府违约（8%）	不可抗力（4%）	项目公司违约（0%）
1	80880	79693	78534
2	74879	72845	70939

续表

运营年份	政府违约（8%）	不可抗力（4%）	项目公司违约（0%）
3	68500	65610	63000
4	61720	57970	54725
5	54510	49900	46120
6	46840	41410	37169
7	38650	32450	27870
8	29920	23020	18250
9	20600	13100	8280
10	10650	2670	-2030

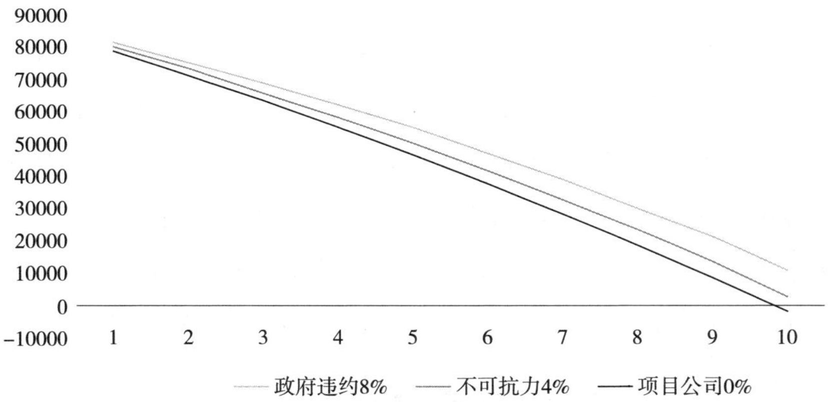

从上表和图可知总投资 7.68 亿元，双方合作良好运营期结束项目公司可获得约 10.82 亿元。若第一年政府违约，项目公司可得到 8.09 亿元，补偿金超过投资成本 5.34%，因此政府会谨慎选择违约；若第一年项目公司违约，其取得 7.85 亿元，但扣除应付债务本息、违约成本（对两标并一标的 PPP 项目可以在项目合同中约定占总投资一定比例的违约金）和实际中的第三方费用，扣除后社会资本不一定能取得施工合理利润，因此项目公司会权衡第一年恶意提前终止的利弊。

随着运营期延长，三种情况下政府支付的补偿金差距加大，政府违约的补偿金远远高于其他两种，因此在运营中期政府也会慎重提前终止项目。再次回顾资本金内部收益率的本质，可知政府的补偿金只是给予股权回报和债务本息补偿，由于债务是已知确定的，因此可将运营期补偿金集中于资本金内部收益率这一指标，大大简化补偿金计算，减少人为会计估计性，提高实际执行效率。

PPP 项目中若已约定预期资本金内部收益率，则补偿金的资本金内部收益率参照其约定；若没有约定，则可依据资本资产定价模型，即 $R = R_f + \beta \times (R_m - R_f)$，根据在签订合同时的无风险利率（国债）加上风险溢价来确定。

四、结论

综上分析，同时考虑筹备期也可能导致提前终止，筹备期的补偿金以投标保证金作为参照标准。由于项目公司会被要求投保，在不可抗力的情况下，项目公司在未恢复出险前的状态时才可能导致提前终止，因此因不可抗力获得的保险金应抵减一部分补偿金。而在项目公司未按照政府批准投保范围投保，导致保险金减少的，该未投保部分也应抵减政府补偿金。结合以上剖析，本文提出 PPP 合同中提前终止补偿金计算方式如下表：

表 2　三种提前终止情形补偿金计算方式

期间	政府方违约	项目公司违约	不可抗力
筹备期	A1	A1	0
建设期	A2+A4	A2–A3	A2+A4–A8–A9
运营期	A5	A6–A10	A7–A8–A9

A1 投标保证金金额

A2 项目公司资产的账面净值

A3 违约金 = 建设期履约保函

A4 第三方费用 = 到账未用于在建工程的债务资金违约金（由融资合同确定）

A5 已运营期数的资本金内部收益率（为正常运营的预期资本金内部

收益率）政府应支付金额

A6 已运营期数的资本金内部收益率为 0 政府应支付金额

A7 已运营期数的资本金内部收益率（为正常运营的预期资本金内部收益率 *1/2）政府应支付金额

A8 项目公司遵守《PPP 项目合同》项下的购买保险义务，并根据相关保险合同获得的全部保险付款（包括认定保险赔款）

A9 因项目公司未按政府批准的投保范围进行投保，导致所获保险赔款无法使项目设施恢复到出险前的正常状态和价值的恢复性建设费用缺额部分（如有）

A10 若项目为两标并一标，在运营初期参照施工利润确定占总投资一定比例的违约金

PPP 项目公司会计核算相关问题探讨

【作者简介】

籍丽华，高级会计师，中铁十七局集团玉溪项目公司财务部负责人

【文章内容】

摘要：近年来，PPP 模式推广步伐加快，国家配套政策措施陆续出台，但由于涉及会计核算方面的问题较为复杂，到目前还没出台 PPP 项目公司会计核算方面的相关制度办法，这给财会工作带来了挑战。本文从 PPP 项目公司采用金融资产模式进行会计核算，结合实际工作，进行了粗浅分析与探讨，提出了自己的看法和建议。

关键词：PPP 项目公司；金融资产；会计核算

一、PPP 项目运作方式

PPP 即政府和社会资本合作模式（Public—Private—Partnership 的英文首字母缩写 PPP）。PPP 是指在基础设施及公共服务领域，政府为增强公共产品和服务供给能力、提高供给效率，采取竞争性方式选择具有投资、运营管理能力的社会资本，双方按照平等协商原则订立合同，由社会资本提供公共服务，政府依据公共服务绩效评价结果向社会资本支付对价，即通过特许经营、购买服务、股权合作等方式，与社会资本建立的利益共享、风险分担及长期合作关系。

什么是 PPP 项目公司？财政部印发的《PPP 项目合同指南（试行）》

指出:“项目公司是依法设立的自主运营、自负盈亏的具有独立法人资格的经营实体。”绝大部分 PPP 项目都是通过设立 SPV（Special Purpose Vehicle，简称 SPV）这一特殊目的公司，负责资本金投资、项目融资、建设、运营期的运营及维护、财务管理等事宜，保证 PPP 项目正常运营。

PPP 模式具有资本集中度高、投资额度大、投资期限长等特征。可分为建设—运营—移交（BOT）、建设—拥有—运营（BOO）、转让—运营—移交（TOT）、租赁—运营—移交（LOT）、改建—运营—移交（ROT）等不同运作方式。

二、PPP 项目公司收入和成本的确认

由于 PPP 模式涉及的会计核算较为复杂，财政部政府和社会资本合作中心编著出版的《政府和社会资本合作项目会计核算案例》，对 PPP 最具代表性的 BOT 业务提出了在现行企业会计准则体系下的具体核算指引。PPP 模式可参照《企业会计准则解释第 2 号》确认收入和成本。如果项目公司提供实际建造服务，建设期对于所提供的建造服务按照《企业会计准则第 15 号——建造合同》确认相关收入和费用。如果项目公司未提供实际建造服务，按照《企业会计准则第 22 号——金融工具确认和计量》。

三、PPP 项目公司会计核算及账务处理

PPP 模式业务种类很多，但会计处理可以按照建造后资产类型分为三类，一是形成金融资产，二是形成无形资产，三是无形资产和金融资产的混合模式。采用什么模式的会计核算直接影响项目公司后期的税负和利润。

1. PPP 项目公司建设期的会计处理

笔者参与的 PPP 项目是以市政道路、地下综合管廊和一段国道改扩建

为主的基础设施建设项目，且项目公司不直接参与施工建设，而是将所有工程总承包给有施工资质的社会资本牵头方，不涉及使用者付费，属于政府付费方式。其中，还有政府拨付的国家专项补助资金。根据 PPP 合同相关条款规定，政府对项目公司所投入的每笔资金给予确定比例的融资成本补偿。

项目公司在建设期不确认建造合同收入。项目公司作为 PPP 项目的业主方，会计科目的设置遵循《企业会计准则》和《国有建设单位会计制度》，项目建设期建造成本通过“在建工程”科目核算相关成本费用。可以根据 PPP 合同约定的相关条款分设二级、三级明细，比如建筑安装工程直接费，工程建设其他费等科目，“在建工程——建筑安装工程直接费——× × 工程项目”“ 在建工程——建设单位其他费——× × 工程项目”，不同的 PPP 项目可以根据具体合同情况增设不同的明细科目。

如果合同涉及工程项目不止一个，按照新会计准则和国有建设单位会计制度，建议将“工程建设其他费”先放在“待摊投资”科目的二级科目核算，其三级科目设置“建设单位管理费”、建设期发生的前期费用“项目建设前期开办费”“监理设计费”“征地拆迁费”“PPP 项目咨询服务费”以及项目公司人员“工资薪金”等。项目公司发生的各项管理费如项目公司人员日常发生的办公费、差旅交通费、业务招待费等等，应归集在“待摊投资——工程建设其他费——建设单位管理费”科目。在每月或每季度末，按照每个工程项目完工程度计算分摊率，分摊计入“在建工程——工程建设其他费——× × 工程项目等”。建设期满，根据政府方作出的竣工结算审计确认价记入“长期应收款——× × 市政府（× × 市财政）”。

具体会计科目如下：

借：待摊投资——工程建设其他费——工程项目前期预备费等

——PPP 项目咨询服务费等

——建设单位管理费—各管理费明细科目

应交税费——应缴增值税——进项税额

贷：银行存款（应付账款等）

在每月末或季度末根据各工程项目完工程度计算分摊率，将归集在“待摊投资”科目下的所有费用分摊计入“在建工程”

借：在建工程——工程建设其他费——××工程项目（等）

贷：待摊投资——工程建设其他费——工程项目前期预备费

——PPP 项目咨询服务费等

——建设单位管理费—各管理费明细科目

2. 对施工总承包方计量支付时

借：在建工程——建筑安装工程直接费——××工程项目（等）

应交税费——应缴增值税——进项税额

贷：应付账款——应付××工程项目工程款——××总包方

——应付××工程项目质保金——××总包方等

如果按照总承包合同约定有预付款的借“预付账款”，贷“银行存款等”，待计价结算时借“在建工程”，贷“预付账款”“银行存款”等科目。

3. PPP 合同与政府约定有融资成本补偿的账务处理

笔者所在的项目公司 PPP 合同相关条款明确规定：“乙方（即 PPP 合同中的项目公司）投入资金享有获得融资成本补偿的权利，投入的资金（包括注册资本金、项目资本金及融资资金）按其每笔资金的投入金额、占用时间和融资成本确定（资金按工程进度合理投入）。投入金额按每笔资金进入项目公司共管专户的金额为准；融资成本起算时间为资金到达共管专户的时间。在本项目合作期内融资成本补偿率按照投标报价确定的百分比执行”。根据 PPP 合同的此项条款规定项目公司可按照每笔资金进入项目公司银行账户的时间计算融资成本补偿额。

建议按照每笔资金进入项目公司银行账户的时间开始起算，可与银行结息日同步计提，也可以每月最后一日计提，并取得政府相关有权部门签字认可。账务处理借记“长期应收款”，同时确认为一项“递延收益”。

4. 如果合同总承包方前期有垫资施工款项的账务处理

因 PPP 项目的复杂性和特殊性，PPP 合同的签订以及融资资金进入一般都会滞后，为了不影响工程施工进度，施工总承包方可能会有垫资施工款，这部分款项经政府方确认，可以作为计算融资成本补偿依据的，按上述方法计提并确认融资成本补偿。账务处理同（3.）的处理。

项目公司对总承包方垫资款支付利息是根据双方签订的垫资借款合同条款确定。即使垫资借款合同约定的利率同融资成本补偿率，也要分开两级做会计处理，切不可混为一体。对借款合同账务处理借记“财务费用——A 总承包方垫资利息”；贷记“应付利息——A 总承包方”。待支付利息时，借记“应付利息——A 总承包方”；贷记“银行存款”。

5. 对于项目公司在实施 PPP 合同的建造过程中发生的对外融资借款利息，应按照《企业会计准则第 17 号——借款费用》的规定处理。

根据财政部财税〔2016〕36 号文有关规定，“纳税人接受贷款方支付的与该笔贷款直接相关的投融资咨询服务费、手续费等相关费用，其进项税额不得从销项税额中抵扣”。因此，项目公司发生的与投融资贷款业务相关的费用，即使取得增值税专用发票，其进项税额也不得从销项税额中抵扣。

根据国有建设单位会计制度的有关规定“在建设期贷转存的银行利息收入，可以冲减‘在建工程’等建设期成本”。

6. 政府专项补助资金的会计处理

新准则充分借鉴了《国际会计准则第 20 号——政府补助的会计和政府援助的披露》关于“政府补助应当在与其拟补偿的相关成本相配比的期

间内，系统地确认为收益，政府补助不应当直接贷记股东权益”的内容，将政府补助通过“递延收益”、当期损益等形式配比并系统地确认为收益，取消了原来直接计入所有者权益的特殊形式。

在 PPP 项目中有政府专项补助资金的情况下，建议不计入“专项应付款”贷方科目。如果该笔款项是指定用于某一工程项目并为政府方提前付费的一部分，在收到时借记“银行存款”，根据 PPP 合同的具体规定以及款项的用途，先行计入“递延收益——× × 项目政府专项补助款”贷方核算。待建设期满转入运营维护期，再分期摊销确认收入。借“递延收益——× × 项目政府专项补助款”；贷相关收入。

项目公司接受的政府补助，在享有了收取政府补助权利的同时，也将在一定程度上会虚增企业资产，增加应纳税所得额，因而有可能增加企业税负。政府专项补助资金应确认为项目公司的一项非税收入，这就要求企业寻求相关依据，争取减免税政策。

7. PPP 项目公司的财税管理与会计处理

PPP 项目的施工总承包方一般都是 PPP 项目公司的社会资本牵头方，在增值税税负上建议项目公司和总承包综合考虑做整体税负测算，依据测算结果确定适用简易计税还是一般计税。对于项目公司是按照 PPP 合同的服务条款对政府提供服务，目前有学者建议项目公司对政府层面不缴纳税费，但国家还没出台相关政策法规。如项目公司税率适用服务业 6%，总承包方适用建筑安装企业一般计税 11% 税率，那么项目公司将有很大的进项税额留抵，在建设期和运营维护期可能都不用缴纳增值税。因此，很有必要做增值税税负测算，如果适用简易计税就要根据财税〔2016〕36 号文相关条款提前做好合同签订准备工作。增值税税负测算可参照下表：

表 1 增值税税负测算表

序号	项目基本情况		不含税金额	增值税		取得各类发票所占比率									价税合计金额
	内 容	成本占比		销项税	进项税	进项综合税率	占比小计	增值税专用发票所占比例						其他发票	
								17%	13%	11%	6%	5%	3%		
一	收入														
二	成本														
1	人工费														
	在岗职工														
	外包劳务														
2	材料费														
	主 材														
	××××														
	辅 材														
	××××														
3	机械费用														
	自 有														
	外 包														
	××××														
	其 他														
4	管理费用														
	职工薪酬														
	办公费														
	差旅费														
	××××														
5	其他费用														
三	税 金	销项税额—进项税额													
四	利 润	收入—成本费用													
五	利润率	（收入—成本费用）/ 收入													
六	增值税税负	（销项税额—进项税额）/ 收入													

笔者所参与的项目公司是在营改增后成立的适用一般计税，施工总承包方也适用一般计税。在 PPP 项目公司对施工总承包方根据工程完成情况计量支付时，取得总承包方开具的建筑安装企业 11% 税率的增值税发票，

作为项目公司的进项税额可以抵扣销项税额。

项目公司对当地政府是否应以 PPP 合同约定服务项目缴纳相关税费，经与当地主管税务机关沟通。可以按服务业 6% 税率计算缴纳增值税，但需要上报上级主管税务机关批准。笔者在参加近期举办的 PPP 培训班时，就此问题同税务专家学者请教，给的说法与税务机关一致。至于当地主管税务机关要上报审批，是因为现在的开票系统里没有与此相关的业务。

由此可见，对于 PPP 项目在实际操作过程中会遇到许多不确定因素，尤其，现行税收政策体系与 PPP 项目的实施范围、付费机制、合作期限等无法匹配。亟待国家尽快出台相应的税收法规，以规范 PPP 项目公司税收征管问题。

四、PPP 项目运营维护期的会计处理

项目建设期结束后，项目公司根据政府方竣工决算审计确认价，确定政府付费总金额。借记“长期应收款——×× 市政府（×× 市财政）”；贷记“在建工程——×× 工程项目（等明细）”同时贷记“未实现融资收益”。“未实现融资收益”在整个项目运营期内按照实际利率法分期摊销，计入应确认的收入。

在运营期内根据项目公司将运营维护外包还是自营来确定适用的会计准则，将发生的各项费用支出合理设置会计科目核算。

五、PPP 项目公司资产移交的会计处理

PPP 项目公司资产移交是政府与社会资本方合作期满或出现提前终止协议的情况，项目公司将建造或运营期的资产根据 PPP 协议约定，有偿或无偿的方式移交给当地政府，项目公司进入资产清算，社会资本方退出 PPP 项目。

按照项目公司对所建造及运营的资产是否具有控制权以及PPP合同中付费方式的不同，适用不同的会计准则进行会计核算。

资产移交时应按照《企业会计准则第23号——金融资产转移》的相关规定进行账务处理。如果运营期结束后将资产无偿移交给当地政府。此种情况下，项目公司在PPP合同约定期内已经将金融资产全部收回，只要所移交资产达到合同约定的可使用状态，则无须作会计处理。

需要说明的是，PPP项目公司的会计核算是对两个合同主体的核算，一是对施工总承包方的核算，二是对当地政府的核算。对总承包方项目公司是站在业主的角度适用建设单位会计制度。对当地政府则是提供PPP合同服务的一方，对政府的核算是根据政府的竣工结算审计确认价，将会计核算分为金融资产、无形资产还是二者兼有。切不可将两个合同主体的会计核算混在一起，这将为项目后期带来很大的审计风险。

以上是笔者结合工作实践，对PPP项目公司采用金融资产模式进行会计核算，以及对存在的问题所作的浅析与探讨。在我国PPP目前还处在探索推广阶段，因此，在实践中遇到会计核算等相关问题，应根据国家最新出台的相关政策制度，结合项目实际，务实谨慎进行处理。

参考文献

[1]财政部政府和社会资本合作中心编著.财政部政府和社会资本合作项目会计核算方法探讨.

[2]财政部政府和社会资本合作中心编著.政府和社会资本合作项目会计核算案例.

如何减轻政府财政压力
——PPP 项目实操中的心得体会

【作者简介】

付冬梅，江苏义行律师事务所专职律师

【文章内容】

一、撬动存量资产

如何撬动存量资产，如何通过撬动存量资产来减轻政府财政压力，让笔者最近一直在苦苦纠结。尤其是最近参与的 PPP 项目大多是一些综合体项目开发，不仅包括基础设施，而且包括安置房、学校、养老院、污水处理等投资、建设、运营维护内容。类似 PPP 项目本身无法通过项目建设后运营的收入达到收支平衡，即：无法通过使用者付费完全覆盖社会资本方的合理投资，需要通过政府可行性缺口补助来回报社会资本方。然而，每年大数额的可行性缺口补助，特别是数个 PPP 项目同时进行的地区，将会给财政带来巨大的压力，其后果就是部分 PPP 项目无法顺利开展，只好搁置。

面对此困惑，《国家发展改革委关于加快运用 PPP 模式盘活基础设施存量资产有关工作的通知》（发改投资〔2017〕1266 号）给了我们解决的出口，该通知指出，“对拟采取 PPP 模式的存量基础设施项目，根据项目特点和具体情况，可通过转让—运营—移交（TOT）、改建—运营—移交（ROT）、转让—拥有—运营（TOO）、委托运营、股权合作等多种方式，将项目的资产所有权、股权、经营权、收费权等转让给社会资本”。

言外之意，我们可以全面调研PPP项目本身，是否存在存量项目，如一些综合体性质的PPP项目，遗留部分具有经营性质的建筑物。对此，政府方可以采用转让—运营—移交（TOT）方式将该类建筑物转让给中标社会资本方或者其成立的项目公司，由其负责运营维护工作，并可以将该经营性建筑物获得的收入作为使用者收入的来源，减少政府方可行性缺口补助的数额，减少财政压力。

对已经采取PPP模式且政府方在项目公司中占有股份的存量基础设施项目，可通过股权转让等方式，将政府方持有的股权部分或全部转让给项目的社会资本方或其他投资人。除外之外，对于存量的基础设施，也可以由政府出资方代表以该资产评估作价入股与中标社会资本方共同成立的项目公司，减少政府出资方代表货币出资压力。发改投资〔2017〕1266号提出，对采用PPP模式盘活存量资产的基础设施项目，也支持通过资产证券化、发行PPP项目专项债券等方式开展市场化融资，提高资产流动性，拓宽资金来源，以此来吸引更多社会资本参与。

然而，对于上述存量资产，无论是采用资产所有权、股权、经营权、收费权等转让，还是采用作价入股项目公司，还是采用资产证券化、发行PPP项目专项债券等方式，均需要做好尽职调查、清产核资等前期工作，合理确定国有资产公允价值，严防国有资产流失，当然也要保障好社会资本方的合法权益。

二、配套资源补偿

根据《关于推广运用政府和社会资本合作模式有关问题的通知》（财金〔2014〕76号）可知，各级财政部门重点关注城市基础设施及公共服务领域，如城市供水、供暖、供气、污水和垃圾处理、保障性安居工程、地下综合管廊、轨道交通、医疗和养老服务设施等，同时优先选择收费定价机制透明、有稳定现金流的项目。

由此可见，此类项目具有较强的公益性，大多属于非经营性项目或者准经营性项目，无法仅靠项目本身，包括项目内的存量项目达到收支平衡。所以，政府方将需要通过配套资源补偿的方式来增强项目的吸引力，同时通过此资源补偿方式减少政府付费的压力。

《国家发展改革委关于开展政府和社会资本合作的指导意见》（发改投资〔2014〕2724 号）提出，要完善投资回报机制，依法依规为准经营性、非经营性项目配置土地、物业、广告等经营资源，为稳定投资回报、吸引社会投资创造条件。如在道路附近、地铁站中涉及的广告资源，无形中提高了项目收益。

《关于运用政府和社会资本合作模式推进公共租赁住房投资建设和运营管理的通知》（财综〔2015〕15 号）提出，“在新建公共租赁住房政府和社会资本合作项目中，可以规划建设一定比例建筑面积的配套商业服务设施用于出租和经营，以实现资金平衡并有合理盈利，但不得用于销售和转让”。

除此之外，实践中更多的是给予配套土地补偿。

如一些无收入的市政基础设施项目，通过政府出资方代表二级市场出让摘牌成功后，开发配套的周边地块，并将该地块的开发收益用来部分平衡对项目的缺口补贴。如果未能摘牌成功，则建议政府方将该地块的出让收益（扣除一级开发成本以及应缴纳各种计提基金后的剩余部分），定向用于本项目的缺口补贴资金来源。

但是，在此一定要注意，土地出让收入实行彻底的“收支两条线”，其中，土地收入的支出应从《政府收支分类科目》明确的支出科目中进行支出。言外之意，PPP 项目的资金来源与未来收益及清偿责任，不得与土地出让收入挂钩（《关于联合公布第三批政府和社会资本合作示范项目加快推动示范项目建设的通知》财金〔2016〕91 号）。

三、土地使用权作价入股项目公司

根据上述财金〔2016〕91 号规定，“PPP 项目用地应当符合土地利用总体规划和年度计划，依法办理建设用地审批手续。在实施建设用地供应时，不得直接以 PPP 项目为单位打包或成片供应土地，应当依据区域控制性详细规划确定的各宗地范围、用途和规划建设条件，分别确定各宗地的供应方式：（一）符合《划拨用地目录》的，可以划拨方式供应；（二）不符合《划拨用地目录》的，除公共租赁住房和政府投资建设不以盈利为目的、具有公益性质的农产品批发市场用地可以作价出资方式供应外，其余土地均应以出让或租赁方式供应，及时足额收取土地有偿使用收入……”。

此外，在《关于运用政府和社会资本合作模式推进公共租赁住房投资建设和运营管理的通知》（财综〔2015〕15 号）中规定，“……对于新建公共租赁住房项目，以及使用划拨建设用地的存量公共租赁住房项目，经市县人民政府批准，政府可以土地作价入股方式注入项目公司，支持公共租赁住房政府和社会资本合作项目，不参与公共租赁住房经营期间收益分享，但拥有对资产的处置收益权……”。

由上可知，公共租赁住房和政府投资建设不以盈利为目的、具有公益性质的农产品批发市场用地可以作价出资方式入股项目公司。但是，除此之外由政府出资方代表通过出让方式取得的土地能否作价入股项目公司呢？

根据《关于扩大国有土地有偿使用范围的意见》（国土资规〔2016〕20 号）规定，“对可以使用划拨土地的能源、环境保护、保障性安居工程、养老、教育、文化、体育及供水、燃气供应、供热设施等项目，除可按划拨方式供应土地外，鼓励以出让、租赁方式供应土地，支持市、县政府以国有建设用地使用权作价出资或者入股的方式提供土地，与社会资本共同投资建设。市、县政府应依据当地土地取得成本、市场供需、产业政策和其他用途基准地价等，制定公共服务项目基准地价，依法评估并合理确定出让底价。公共服务项目用地出让、租赁应遵循公平合理原则，不得设置不合理的供应条件，只有一个用地意向者的，可以协议方式供应。国有建设用地使用权作价出资或者入股的使用年限，应与政府和社会资本合作期限相一致，但不得超过对应用途土地使用权出让法定最高年限。加快修订《划拨用地目录》，缩小划拨用地范围”。

根据上述财金〔2016〕91 号、国土资规〔2016〕20 号的约定，笔者理解，鼓励市、县政府以国有建设用地使用权作价出资或者入股的方式提供土地，所以，政府出资方代表通过出让方式取得的土地可以作价入股项目公司。

实践中，一般由政府出资方代表为 PPP 项目投资建设之目的取得项目的土地使用权，并以政府方出资代表身份注册成立全资子公司作为实施本项目的项目公司，土地使用权证办在项目公司名下，项目公司以增资扩股的方式引入经由公开市场采购选择的社会资本方。在 PPP 合作期满后，社会资本方采用期末资产无偿移交的方式退出。

当然，也有政府出资方代表对于取得的出让土地，以评估作价的方式直接入股与社会资本方共同成立的项目公司，后期合作期满后，社会资本方采取股权移交等方式退出。

具体采取哪种方式作价入股项目，可以根据项目自身的特点来确定，但是无论哪种方式，都要保证政府出资方代表所占的股权比例不得超过 50%。然而，土地作价出资后，现实中会出现政府出资方代表在项目公司所占的比例超过 50% 的情形。所以，又要面临解决项目公司负债的问题，否则将会造成国有资产流失。

综上所述，笔者在近期参与的 PPP 项目实施方案研讨活动中，发现上述几个问题与政府财政付费紧密相连。上述问题的解决，无论是对实施方案顺利通过联审，还是对项目后期的顺利开展和实际落地，均影响重大。为此在此提出，作为对自身工作的一种总结，也希望能够对需要的人有所帮助，有所启发。

PPP 模式交易结构设计中的财务关注点是什么

【作者简介】

桑国权，北京思泰工程咨询有限公司副总裁、北京百瑞律所 PPP 咨询首席财务顾问

石慧杰，北京市百瑞律师事务所合伙人 / 律师，百瑞律所 PPP 中心主任

【文章内容】

PPP 项目交易结构设计，事关政府和社会资本方在项目中的投入与产出等利益安排，影响着社会资本方参与项目的意愿和政府方实施项目的动力和能力，因此，十分重要与关键。而投入与产出则与项目投资总额、资本金、现金流及投资回报率等财务指标密切相关，只有将这些财务指标经过测算和妥当设定后，交易结构设计才能合理确定与完成，从而为项目推进奠定前提与基础。

一、政府和社会资本方在 PPP 项目中利益诉求的财务指标有哪些

政府实施 PPP 项目，在追求项目社会效益的同时，也需要满足物有所值和财政承受能力的要求，而社会资本方参与 PPP 项目，在于获取必要的

投资回报，双方皆有所求，都为利而来，正所谓“天下熙熙皆为利来，天下往往皆为利往”。

物有所值、财政承受能力和投资回报指标是否合适，取决于项目投资总额和项目经营性收入状况，取决于对政府付费和补贴数额的测定，取决于资本金设定、政府与社会资本方各自在项目中投入比例、项目合作期限、资金回收方式、利益分配方式、合理利润率、折现率等指标值的设定和测算。

二、交易结构设计与财务测算相互作用互为影响

（一）PPP 项目交易结构的基本内涵

根据《政府和社会资本合作模式操作指南（试行）》（财金〔2014〕113 号）的表述，PPP 项目交易结构主要包括项目投融资结构、回报机制和相关配套安排，其中：

项目投融资结构主要说明项目资本性支出的资金来源、性质和用途，项目资产的形成和转移等。

项目回报机制主要说明社会资本取得投资回报的资金来源，包括使用者付费、可行性缺口补助和政府付费等支付方式。

相关配套安排主要说明由项目以外相关机构提供的土地、水、电、气和道路等配套设施和项目所需的上下游服务。

可见，交易结构设计就是围绕项目投资总额进行资本金、债务资金、政府和社会资本方投入比例与金额设定、社会资本方投资回报的资金来源安排（即项目收入来源与分配）和政府其他配套投入。

实务中交易结构设计还需要包括合作期限、收益分配方式、资金回收方式、交易双方的选择以及税收政策等方面的设计与安排。

（二）财务测算的内容与交易结构设计的关系

PPP 项目财务测算的内容包括项目收入、成本费用、税金、利润、现

金流、内部收益率、回收期、物有所值、政府支出和财政承受能力等，测算的前提需要对项目投资总额、资本金比例、融资成本、资金投入和回收期限和时点、政府和社会资本方的投入、有关风险分配比例进行设定。然而，在测算过程中，往往会根据测算出来的结果反过来调整资本政府和社会资本方的投资比例、寻找其他经营性收入来源、扩大资源补偿方式、调整延长合作期限，借以调整社会资本方的投资收益水平（即财务内部收益率）。经过多次测试调整，最终确定投融资结构、回报机制、合作期限等交易结构要素，确定项目内部收益率、回收期、物有所值和财政承受能力等指标。

因此，财务测算与交易结构设计相互影响，彼此依赖，在经过多次的试值与调整后才能确定彼此，都并非一蹴而就。

三、具体指标与交易结构和财务测算的关系

1. 经营性收入水平决定着项目出资比例和回报机制的类型

这里的经营性收入是指项目来自使用者付费的收入。当其来源充裕收入充分的情况下，既无须政府在建设期出资，也无须政府运营期补贴，项目回报机制即为使用者付费；当其收入不够充裕时，通过测算，调整延长运营期限，回报机制也可设计为使用者付费；当其缺口较大，即便延长期限，收益率也不足以达到项目全部投资的合理回报水平时，可单独或同时采用加大政府出资、采用政府缺口补贴方式，来满足社会资本方合理的投资回报，此时回报机制为政府缺口补贴；当项目为没有任何使用者付费来源时，回报机制为完全政府购买服务。

2. 投资总额较大和经营性收入较少的项目对社会资本方出资比例和资源补偿的影响

这种情况下，只能通过增加政府出资、运营补贴或其他资源性开发补偿方式才能实现吸引社会资本方参与项目投资运营。如北京地铁四号线，“A+B”模式实质上是将 153 亿元项目投资的 70% 由政府投资（由北京地

铁四号线投资有限责任公司代持），而真正的项目公司投资只占全部项目投资的 30%，在这 30% 份额中，社会资本方香港铁路有限公司和北京首创集团有限公司投资分别出资 49%，北京基础设施投资有限公司投资 2%。之所以采用这样的出资比例，一是项目投资额巨大，二是更主要的在于，相对于投资项目的经营性收入还是较低，通过地铁票价收入和站内商业经营收入不足以覆盖项目全部投资成本和合理回报。如此只能降低社会资本方出资比例和投资额，以便经营性收入能够覆盖社会资本方的投资成本和合理回报。

深圳地铁六号线的“轨道 + 物业”方式，则是双管齐下，一方面降低社会资本方出资比例（只占项目投资总额的 49%），另一方获得地铁沿线地产物业开发收益，以资源开发方式来反补地铁运营本身经营收入不足，实现项目持续运营。

总投资 449 亿元的杭绍台高铁也是如此，社会资本方投资占全部投资的比重也仅为 49%。

3. 项目资本金比例高，并不是解决项目盈利弱和吸引社会资本参与项目投资的有效设计

无论是股权资本（指资本金性质）还是债权资本，投入项目都是为了获得利益，获得投资回报，而且因为股权资本劣后于债权资本获得收益，其承担的风险更高，对投资回报的要求也更高，在一段时间不能获得收益，股权投资人可以忍受，但一定是寄希望于后期获得更高的回报，以弥补前期项目亏损、没有回报或回报不足。

另外，高比例的股权融资，也削弱了项目公司债务融资的空间和获得财务杠杆收益的机会。当然，在项目盈利不足的情况下，高比例乃至 100% 资本金出资，可以一定程度上缓解如采用债务融资需定期支付本息的压力，但是，这并不能从根本上解决项目盈利不足而导致股权投资者对投资回报的期望和要求。

因此，资本金比例高，并不是解决项目公司盈利能力较弱、吸引社会资本方投资的有效设计。

4. 项目收益水平是筹资成本的上限

无论是基金、银行借款、险资、融资租赁、夹层融资，还是其中的两种或以上组合，其综合成本不能高于项目收益水平，除非综合体投标方式下施工方让渡部分施工利润。

资产证券化的优势在于其盘活社会资本方投入在项目公司的固化资产，但是，ABS 是否能够成功实施，根本上也在于项目收益水平。

5. 资金收付方式影响内部收益率高低和运营期

这里的资金收付方式主要是指运营期间政府付费或缺口补贴资金的支付时点、支付次数以及社会资本方从项目公司回收资金的方式。政府支付款项的时点在运营年度的期初、期中或是期末，影响着资金的时间价值，尽管支付总额不变。同样，一年支付一次和一年支付两次，其时间价值也不一样。这两种方式都会影响到社会资本内部收益率，从而影响着项目对社会资本方的吸引力。

另外，社会资本从项目公司回收投资的方式，也影响着社会资本的回报。测算社会资本内部收益率的现金流，也就是社会资本方从项目公司获得现金回收的时点和方式，只要项目公司在支付现金运营成本后有项目现金盈余，即分配给社会资本方；或者是政府付费项目直接将款项支付给社会资本方，而不是等到项目公司实现盈利进行利润分配的时候（因为项目公司某个年度不盈利，但是不代表没有现金富余）。如果社会资本方只有在项目公司有利润才可收回资金，而不是有现金结余就可收回资金，则造成大量通过折旧或摊销等方式积累的资金闲置在项目公司，导致社会资本方内部收益率降低，既造成资金闲置浪费，又因内部收益率降低而不利于项目招商引资。

6. 考虑通胀调价因素

净现值和内部收益率应以实价进行计算以反映投资的实际盈利能力。在预测项目未来产品或服务的成本和售价时，如果考虑通胀进行了调价处理，则计算的内部收益率有些“浮肿”，高于实价情况下的净现值和内部收益率，在此情况下，应剔除通胀影响，以免错判社会资本方收益率，准确把握投资实际盈利水平和投资回报。相反，预测未来现金流量时不考虑通胀情况，虽然净现值和内部收益率是实际盈利能力，但是，未来年度政府在实际付费时应考虑调增金额，不能以测算时的价格予以支付，那样将降低实际的净现值和内部收益率。

7. 明股实债融资方案的财税风险

根据《企业会计准则——基本准则》规定，企业应当按照交易或者事项的经济实质进行会计确认、计量和报告，不应仅以交易或者事项的法律形式为依据。《企业会计准则第 22 号——金融工具确认和计量》和《企业会计准则第 37 号——金融工具列报》等具体准则也规定，企业应根据所发行的金融工具的合同条款及其所反映的经济实质而非仅以法律形式，并结合金融资产、金融负债和权益工具的定义，在初始确认时对该金融工具或其组成部分进行分类，不得依据监管规定或工具名称进行会计处理。

因此，采用明股实债的基金或信托方式融资，LP 取得的固定收入要作为利息收入而非股息收入入账，且利息收入需要多交一道增值税，增加了税负，降低了投资收益。另外，LP 到期退出，由谁回购及作价，应作出约定。在由项目公司回购的情况下，如果项目收益水平不好，现金流不充足，则无法回购，如果由其他股东回购，回购价格如何约定，超出项目实际盈利水平的价格，会造成其他投资人亏损。

8.BOT 和 BOO 方式不是影响社会资本方参与项目的根本因素

PPP 项目能否吸引社会资本方参与，核心和首要的考虑是项目投资能否满足其投资收益的需求，一个内部收益率达不到合理期望的水平，无论社会资本方是否能够拥有资产或者可以获得无限期特许运营，社会资本方也不会参与，即便参与了，项目资产和运营也转让不出去，ABS 也难以成功实施。

9. 税收影响

税收影响着项目公司的盈利水平、现金流量、内部收益率，从而也会对项目的运营期限、政府付费产生影响。因此，要及时跟踪使用最新税务政策，以免引用了老的税收政策导致项目现金流和投资回报测算出现错误。另外，税收筹划要与项目合同对社会资本方的内部收益率的约定统筹考虑。如果项目合同对社会资本方内部收益率做出限制，超过部分被政府全额拿走的情况下，则税收筹划和税收优惠政策应用，致使现金流和内部收益率超过了限定水平部分，并不能提升社会资本方投资收益水平。

10. 可研数据的可靠性

理论上可研数据由具有专业资质的机构和人员做出，且有行业监管单位等进行监控，应该比较合理可信。但也会出现可研数据粗制滥造的情况，使用者付费和运营成本数据预测合理性不足，需要鉴别修正，否则会导致测算结果和投融资结构设计、回收期、政府缺口补贴（需要的情况下）和内部收益率等出现较大偏差。

11. 物有所值和财政承受能力

物有所值的量化与项目投资总额、出资比例、使用者付费、合作期限、政府付费或缺口补贴以及风险分配等因素影响密切相关，其中风险分配除了考虑风险优化、对等、可控等原则和回报机制等因素外，在具体分配时采用比例法、概率法或情景法，对风险成本的分配结果也不相同，从而最终影响到 PSC 和 PPP 值大小和比较结果。

财政承受能力同样与投资总额、出资比例、回报机制和风险分配等因素密切相关，互为影响。除此之外，财政承受能力还与项目实施年度财政一般公共预算支出基数及其增长率的设定均有关系，不仅需要考虑项目需要，更需要考虑财政增长的可能。财政承受能力还要考虑当地 PPP 项目的均衡性。

12. 政府付费公式的选择与设定

对于纯粹政府付费或者缺口补贴项目，付费公式的选择与设定对政府付费金额、物有所值及财政承受能力等指标均产生不同影响。一般而言，按照财金〔2015〕21 号文公式测算，因为政府付费前低后高，总体付费金额要大于等额本息和等额本金方式。

实操中还有政府提出前期加大付款，比如运营开始第一年支付建设成本的 20% 或更多，这种方式有利于降低政府付款总额，但有可能导致前期项目盈利，交了所得税，后期亏损却又无法弥补，从而加重了项目公司税收负担。

13. 股债分离的影响

有的地方政府采用股债分离方式，就社会资本方的资本金投入和融资投入分别按照不同的投资收益率和利息补贴方式计算政府付费金额。这种方式根据资金性质进行不同的回报处理，似乎有一定道理，但实质上以上这些付费，只是计算方式不同，从满足社会资本收益率角度看，并不能降低政府付费总额。另外，这种人为将融资本金平均在运营期支付，而不是考虑将项目公司根据项目公司现金流情况优先偿付债务，在没有其他获利机会的情况下，实际上增加了项目公司利息支出，降低了项目公司盈利和社会资本方资本金收益率。

14. 特许经营权价值

尽管《财政部关于印发〈政府和社会资本合作项目财政管理暂行办法〉的通知》（财金〔2016〕92 号）和《财政部关于在公共服务领域深入推进政府和社会资本合作工作的通知》（财金〔2016〕90 号）都对特许经营权合理折价入股或授予转让做出规定，但正如《PPP 项目特许经营权“折价入股”刍议》（参见：http://blog.sina.com.cn/s/blog_4838e4da0102wnr3.html）一文所述，这种基于行政许可性质的特许权的折价入股与法理不通，与最高人民法院《指导案例 53》相悖，与国家深化投融资改革和建立竞争性市场化目标相违背。从 PPP 项目本身国家要求只能获得合理回报看，这种特许经营权也不允许获得超额利润。不能获得超额利润，特许经营权要估值折股，社会资本方当然也不认可。

因此，交易结构设计和财务测算中无法也无须对此进行计量。

15. 项目资产升值

项目资产如果升值，理论上社会资本方可以通过转让项目公司的股权获得资本利得，从而带来超额投资回报。但是，资本利得具有高度的不确定性，无法事前进行量化，因此，在财务测算和交易结构设计时，也无法考虑。

16. 政府付费的或有性

李克强总理在十二届全国人大五次会议政府工作报告中表示，要落实和完善促进民间投资的政策措施，深化政府和社会资本合作，完善相关价格、税费等优惠政策，政府要带头讲诚信，决不能随意改变约定，决不能“新官不理旧账”。政府付费经过人大会议列入财政预算，并通过协议约定，授予项目公司无条件地收取可确定的金额的权力，应该具有较强的保障性和可确定性。根据会计准则，或有资产因为其结果具有较大的不确定性，只有随着情况的变化，通过某些未来不确定事项的发生或不发生，才能证实其是否会形成企业的真正资产，因此，或有资产不同于企业真正的资产。而政府付费，不同于或有资产，具有较强的保证性，因此，应将其确认为金融资产，在测算时无须过多担心而将其不预测为现金流入。

交易结构设计和财务测算的结果，为政府和社会资本方在 PPP 项目中的投入和产出安排提供了数据支持和合作基础，咨询团队、政府和社会资本方都需要准确理解其涵义和实质，把握其中的影响因素及相互关系，防止在出资比例、资本结构、融资方案设计中出现方向偏差，重心偏离，造成政府和社会资本方经济付出和回报等财务指标出现重大失误，从而使得项目推进低效、无效，或者埋下后遗症，造成项目失败。

图书在版编目（CIP）数据

名家谈 PPP：2017 年 PPPwiki 精选集 /PPPwiki 主编
. -- 北京：经济日报出版社，2018. 5
ISBN 978 - 7 - 5196 - 0350 - 2

Ⅰ. ①名… Ⅱ. ①P… Ⅲ. ①政府投资 - 合作 - 社会资本 - 中国 - 文集 Ⅳ. ①F832. 48 - 53②F124. 7 - 53

中国版本图书馆 CIP 数据核字（2018）第 085474 号

名家谈 PPP——2017 年 PPPwiki 精选集

作　　者	PPPwiki
责任编辑	肖小琴
责任校对	薛银涛
出版发行	经济日报出版社
社　　址	北京市西城区白纸坊东街 2 号 A 座综合楼 710
邮政编码	100054
电　　话	010 - 63584556（编辑部）　63588446（发行部）
网　　址	www. edpbook. com. cn
E - mail	edpbook@ sina. com
经　　销	全国新华书店
印　　刷	北京文昌阁彩色印刷有限责任公司
开　　本	710 × 1000 mm　1/16
印　　张	24. 25
字　　数	330 千字
版　　次	2018 年 6 月第一版
印　　次	2018 年 6 月第一次印刷
书　　号	ISBN 978 - 7 - 5196 - 0350 - 2
定　　价	88. 00 元